Por que a Meritocracia é justa e a Igualdade injusta?

Dr. Haroldo Monteiro
Autor de *Newgotiation 4.10*

Por que a Meritocracia é justa e a Igualdade injusta?

Como utilizar os conceitos meritocráticos e obter sucesso num mundo desigual

ALTA BOOKS
GRUPO EDITORIAL
Rio de Janeiro, 2024

Por que a Meritocracia é Justa e a Igualdade Injusta?

ISBN:978-85-508-2448-2

Impresso no Brasil — 1ª Edição, 2024 — Edição revisada conforme o Acordo Ortográfico da Língua Portuguesa de 2009.

Dados Internacionais de Catalogação na Publicação (CIP)
(BENITEZ Catalogação Ass. Editorial, MS, Brasil)

M776p
1.ed. Monteiro, Haroldo
Por que a meritocracia e justa e a igualdade injusta? : como utilizar os conceitos meritocráticos e obter sucesso num mundo desigual / Haroldo Monteiro. – 1.ed. – Rio de Janeiro : Alta Books, 2024.
320 p.; 15,7 x 23 cm.

ISBN 978-85-508-2448-2

1. Desenvolvimento profissional. 2. Gestão de negócios. 3. Meritocracia. 4. Pesquisa. 5. Trabalho. I. Título.

07-2024/32 CDD 658

Índice para catálogo sistemático:
1. Desenvolvimento pessoal : Meritocracia : Administração 658
Aline Graziele Benitez – Bibliotecária – CRB-1/3129

Grupo Editorial Alta Books

Produção Editorial: Grupo Editorial Alta Books
Diretor Editorial: Anderson Vieira
Editor da Obra: J. A. Ruggeri
Vendas Governamentais: Cristiane Mutüs
Gerência Comercial: Claudio Lima

Produtora Editorial: Ana Clara Tambasco
Revisão: Denise Himpel e Karina Pedron
Diagramação: Rita Motta
Capa: Lorrahn Cândido

ALTA BOOKS
GRUPO EDITORIAL

Rua Viúva Cláudio, 291 — Bairro Industrial do Jacaré
CEP: 20.970-031 — Rio de Janeiro (RJ)
Tels.: (21) 3278-8069 / 3278-8419
www.altabooks.com.br — altabooks@altabooks.com.br
Ouvidoria: ouvidoria@altabooks.com.br

Editora **afiliada à:**

Sumário

3ª parte - Muitos não vencem, pois não conhecem o "outro lado"

4ª Parte - Como vencer barreiras e alcançar o sucesso - O tripé do sucesso: mindset, garra e resiliência

5ª parte - Você é um produto, faça com que você seja desejado

6ª parte - A ambição x ganância

7ª Parte - Reflexões - Fazendo uma pausa para entender o passado, avaliar seu presente e planejar o futuro

Prefácio

O livro **Por que a Meritocracia é Justa e a Igualdade Injusta?** é uma fonte de reflexão para o leitor que deseja se desenvolver profissionalmente, ou que deseje conseguir uma vida melhor. O conceito meritocrático fala resumidamente em crescimento por meio de muito esforço, resiliência e garra, sem considerar a base de sua família, o poder econômico, ou, ainda, sua origem social. Porém, na minha opinião, esse é um conceito muito simplista, e um novo olhar para o tema se faz necessário. Sabemos também que este é o ponto no qual o conceito de meritocracia recebe mais críticas. Concordo com a tese de que nem sempre só pelo esforço pessoal os objetivos são alcançados, mesmo que venham a se esforçar muito. Muitas vezes, faltam a essas pessoas a confiança, a construção de uma mentalidade vencedora, uma mente que esteja aberta a novos conhecimentos, como também analisar determinadas situações e fazer a escolha certa. Contudo, em seu cerne, a meritocracia é considerada o modelo mais justo para que alguém possa basear sua estratégia de vida e obter sucesso, pois a ela tem seus pilares baseados na liberdade pessoal. Por outro lado, o discurso de uma sociedade cheia de desigualdades, ganha força em todo o mundo. No entanto, em toda a história houve desigualdades, faz parte da vida. Assim, neste livro, exploramos o conceito do que é a igualdade sob todos os seus significados e mostramos por que ela é injusta.

Portanto, foi pensando nesse cenário de desafios, na luta por um lugar de destaque na vida e no desenvolvimento de uma sociedade melhor que escrevi este livro, onde faço uma análise de nosso dia a dia, das dificuldades que encontramos para superá-las e de como obter o êxito necessário para maiores conquistas. Minha pretensão aqui, nesta obra, não é de apresentar uma receita de bolo para o leitor se tornar milionário, ou um empreendedor de sucesso, estamos bem distantes desse tipo de coisa como, por exemplo, palestras, onde se ouve uma frase bem comum do tipo, "Sim, você pode, você consegue, bastar querer". Você pode querer, mas tem que saber o que fazer para subir na escala meritocrática. Neste livro, ensino uma forma de encarar a escala meritocrática como a única forma de obter sucesso. Dessa maneira, para que saibamos subir os degraus da meritocracia, necessitamos, além de esforço pessoal e garra, a abertura de nossas mentes para novos aprendizados e a forma de como encarar os fatos, para que aí, sim, possamos tomar as decisões corretas.

Sobre o Autor

Haroldo Monteiro é DSc em Business Administration pela Universidade de Rennes, na França, exerce atualmente o cargo de executivo em uma empresa do mercado financeiro. Possui uma vasta experiência como gestor em empresas, e atua como professor e pesquisador sobre temas como liderança e *soft skills*, que são hoje fundamentais para as empresas desenvolverem uma estratégia de sucesso.

Meu desejo de escrever esta obra partiu de exemplos que obtive na caminhada da vida, profissional e familiar, e minha vontade desde criança de ser um jornalista/escritor. Filho de um pai comerciante e de uma mãe com afazeres domésticos, éramos uma família de classe média moradora de um subúrbio na cidade do Rio de Janeiro. Nascido na década de 60 e criado no ambiente da ditadura militar, como qualquer criança da época, pouco sabíamos o que se passava no resto do Brasil e no mundo. Estudei sempre em escola pública (onde, no antigo primário, aos 8/9 anos, já escrevia um pequeno jornal, impresso em mimeógrafo sobre as notícias da escola), depois estudei sete anos do antigo ginásio e segundo grau no Colégio Pedro II, no Rio de Janeiro, Brasil, que na época me enchia de orgulho. Tive uma vida relativamente tranquila até meus 17 anos, quando nessa época meu pai ficou doente e tive que começar a sustentar a casa. No término de meu segundo grau, prestei vestibular e não fui aprovado para a universidade pública no curso de jornalismo. Com o óbito do meu pai, sete anos após prestar meu vestibular, fiquei em situação financeira bastante difícil, vivendo com minha mãe. Não era formado ainda e fiquei vários anos sem cursar uma universidade, pois não consegui estudar jornalismo e não sabia o que queria ser na vida. Passamos vários momentos difíceis com o meu desemprego, sem imóvel próprio, tinha que pagar aluguel. Nesse período, comecei a enxergar realmente o quão difícil era a vida e, sempre muito obstinado, comecei a me esforçar ao máximo para ajudar minha mãe nas despesas de casa e no nosso sustento. Porém, no auge do governo Collor e seu plano econômico baseado no "só estão liberados CR$50 mil (cruzeiros)", fiquei novamente desempregado. Assim, para não faltar nada em casa, havia saído de um escritório com a possibilidade de um cargo promissor, e passei a ser entregador de jornal da *Folha de S.Paulo* e cobrador de porta em porta do extinto *Jornal do Brasil*. Ou seja, minha vida piorou muito em qualidade (não vejo nenhum demérito em ser entregador de jornal ou cobrador, mas, nesse caso, fiz um enorme *downgrade* em minha carreira). Porém, quando me vi nessa situação, um filme passou em minha mente e me mostrou que aquilo era passageiro e que, sim, eu poderia virar o jogo e ter uma vida de sucesso. Para que isso ocorresse, esforcei-me para fazer minha faculdade de administração, financiada pelo Programa de Crédito Educativo (CREDUC) e, após me formar, comecei a fazer uma pós-graduação. Tudo isso acontecia enquanto entregava jornal de madrugada, estudava à noite e dormia de dia. Foram tempos difíceis, de muita luta e obstinação; mesmo assim, continuava lutando, arrumei um emprego e voltei a um escritório num cargo de analista financeiro e, assim, continuei estudando sempre e progredindo em minha carreira.

Mas ainda eram tempos difíceis, que me exigiam várias renúncias no presente para que pudesse ter uma vida melhor no futuro. Após ter uma melhora em minha carreira e vida pessoal, decidi montar uma empresa, que durou cinco anos, até sua extinção, deixando-me com dívidas. Novamente tive que recomeçar tudo, pois havia perdido todos os meus bens pessoais para pagar as dívidas. Foi aí que voltei a ser empregado num cargo de diretor financeiro; quitei as dívidas e, novamente, tive que me esforçar muito para recuperar o tempo perdido. No que tange à minha vida pessoal, demorei a casar, divorciei, e tive dois filhos no segundo casamento, criei-os, consegui fazer um mestrado nos Estados Unidos e, após, um doutorado na França, no qual pude escrever uma tese sobre características pessoais necessárias a um gestor financeiro e seus impactos na performance das empresas. Uma tese sobre *soft skills*, que são habilidades extremamente necessárias no mundo atual para você obter o sucesso.

Muitos poderão perguntar, após viver todas essas experiencias, você obteve sucesso, seguindo os conceitos meritocráticos? Eu diria que, sim, venci, porém, talvez não tenha chegado onde eu gostaria, nem me tornei um milionário, enfrentei preconceitos, "puxadas de tapete", injustiças mil, mas nunca abandonei o que acho que é a única escada para o sucesso: A Meritocracia.

Introdução

A origem etimológica da palavra meritocracia remonta do latim *meritum*, que significa "mérito", acrescida ao sufixo grego *cracía*, que significa "poder". Dessa forma, o significado literal de meritocracia seria "poder do mérito". Em geral, a meritocracia é definida como um sistema de distribuição de recursos e recompensas baseado no mérito individual, que em sua concepção original é uma combinação de talento e esforço (Young, 1962).

A meritocracia é um conceito que vem sendo debatido há algumas décadas. O início da criação semântica do termo se deu em 1958 no livro do autor Michael Young, *The Rise of Meritocracy*, onde recebe uma conotação pejorativa, pois de acordo com esse autor, esse conceito se relacionava com uma segregação da sociedade por intermédio de dois principais aspectos: a inteligência (QI elevado) e um grande nível de esforço (Allen, 2011). Desde aquela época, autores a favor e contra a meritocracia vêm discutindo o assunto, sendo que este tema hoje já ganha até uma conotação política entre adeptos da esquerda (contra) e da direita (a favor).

Na definição "pura" da meritocracia, o desenvolvimento profissional e social é o resultado dos méritos individuais, ou seja, dos seus esforços e entrega pessoal. Segundo os pilares meritocráticos, os cargos mais altos em uma corporação seriam direcionados àqueles que estivessem mais capacitados educacionalmente e apresentassem melhores condições morais e qualidades técnicas ou profissionais específicas em determinadas áreas. Logo, a crítica recai sobre a eficácia do método de avaliação desses "méritos".

O processo de crescimento por meio da escala meritocrática é aplicado em larga escala por empresas e organizações privadas, que valorizam e premiam os profissionais que apresentam melhor performance, seja com majoração de salário ou promoção a cargos superiores. A meritocracia nas companhias é uma maneira de premiar e motivar os funcionários, que se esforçam em suas funções em busca de atingir melhores oportunidades como resultado dos seus méritos.

Muito ainda há o que se discutir a respeito desse conceito. Porém, o autor deste livro é um ferrenho defensor dessa forma de reconhecimento do mérito e do esforço das pessoas. Ocorre em muitas análises apenas a visão de um lado do que o sistema oferece, e muitas vezes o debate entra no campo ideológico, ofuscando assim as suas virtudes. Defendemos o conceito, porém, a sua aplicação não passa apenas por aquela máxima de que só o esforço basta e de que não existem fatores não meritocráticos, ou ainda que possamos afirmar que muitas vezes alguma desigualdade não atrapalha o crescimento de uma pessoa. Dessa forma, neste livro, mostramos uma nova visão sobre o tema e procuramos desmistificar a meritocracia, trazendo à luz do debate formas de se livrar de certos obstáculos para ter seu mérito reconhecido e vencer na vida. A partir de minha experiência de vida, leitura de livros e artigos científicos, nos quais pude observar que não somente, na maioria das vezes, aqueles que têm mérito por seu trabalho obtêm sucesso. Construí a hipótese de que, além do mérito pelo seu esforço pessoal, você necessita de outras habilidades para ter seu mérito reconhecido e obter pleno sucesso. Portanto, neste livro, partimos dessa hipótese para explorar o significado de meritocracia, interpretando-a e trazendo-a para a luz da realidade, sem utopias acadêmicas e debates ideológicos, com o objetivo de desenvolver uma estratégia através desse conceito, e que seja nossa aliada na busca pelo sucesso.

1ª PARTE

Definindo conceitos de meritocracia e igualdade

"Os seres humanos nascem com capacidades diferentes. Se eles são livres, não são iguais. E se forem iguais, não são livres."

Aleksandr Solzhenitsyn

01

Definindo meritocracia

1.1 Críticas ao sistema meritocrático

Vários sociólogos, filósofos, políticos e intelectuais não consideram a meritocracia como um sistema justo de hierarquização, dado que a ascensão profissional ou social não depende única e exclusivamente do esforço individual, pois, segundo eles, outros fatores impactam esse crescimento como as oportunidades que cada indivíduo tem ao longo da vida.

Um dos fatores que mais pesam nessas análises são referentes à situação socioeconômica, pois as pessoas que têm melhores condições financeiras, com acesso às melhores instituições de ensino e um forte networking têm maiores chances de conquistar uma posição de destaque em relação àquelas que não têm essa condição ou "sorte", como esses analistas contrários à meritocracia gostam de se referir a uma situação de desigualdade. Os progressistas, globalistas, socialistas e demais ideologias, que utilizam veementemente o conceito de uma sociedade igualitária, também são contra a meritocracia.

Neste livro, o autor desmistifica o conceito meritocrático, mostra que ele é relativo, e que, sim, existem pontos a favor e contra na essência da meritocracia, porém é possível nos utilizarmos tanto dos pontos positivos e negativos para obtermos sucesso e vencer as adversidades.

Veremos nesta obra que não podemos generalizar, pois não adianta termos grandes oportunidades na vida se não nos esforçarmos e não lutarmos com vontade para aproveitá-las. Portanto, mostraremos que mesmo se tivermos o mesmo ponto de partida, individualmente seria muito difícil obter o mesmo resultado; nossas habilidades inatas são diferentes de nossa motivação para atingir resultados positivos e, com certeza, nem todos farão o mesmo esforço.

Concordamos com a principal crítica a esse sistema feita pelos "contra o processo meritocrático" quando falam que o esforço não é o único fator que define o sucesso ou o fracasso, mas sim apenas uma das partes desse processo, em que existem também outros conceitos mais complexos que estão presentes nas sociedades e devem ser considerados. E essa foi a grande motivação para escrevermos este livro. Nesse ponto, exploraremos várias estratégias que devem ser adicionadas ao esforço pessoal para que você utilize o sistema meritocrático e seja premiado. Na realidade, falaremos aqui sobre vários conceitos complexos que ajudarão você a subir na escala meritocrática, e que este é o único sistema que existe no qual conseguirá atingir seus objetivos e obter sucesso.

Esta obra foge do lugar-comum acerca do tema meritocracia, onde suas mazelas são discutidas por diversos autores, sociólogos e onde seus pontos positivos e negativos são abordados. Na realidade, este conceito sofre duras críticas de vários autores, pois consideram-no injusto e promove a desigualdade. Porém, detectamos um *gap* na literatura, onde faltam temas ligados ao aproveitamento do conceito meritocrático em sua essência, para que possamos obter sucesso e vencer as adversidades, independentemente de classe social, posição profissional, gênero, cor e idade. Para tanto, discutimos o conceito meritocrático como sendo algo relativo, que se encontra presente em toda a sociedade de diversas formas, e apresentamos tanto a maneira de encará-lo, entendê-lo e como se planejar para obter sucesso e vencer as adversidades.

O fato é que o ser humano é desigual por si, no que tange ao objetivo de vida, gostos, capacidade física, saúde, riqueza pessoal, local de nascimento, cor, gênero, enfim, em tudo somos desiguais; portanto, nada assegura que mesmo partindo de uma mesma base atingiremos o mesmo resultado, pois sempre haverá diferenciação de objetivos, importância da conquista para a satisfação pessoal e garra aplicada ao seu desenvolvimento.

Cabe ressaltar que muitos olham o conceito de meritocracia somente pelo ângulo dos mais ricos em relação aos mais pobres. Dessa forma, apelam para o conceito de desigualdade e pelo vitimismo. Com base no pensamento desses conceitos de desigualdade e vitimismo, as pessoas acabam desanimando de lutar por uma vida melhor e, como resultado desse pensamento, acabam não se desenvolvendo profissionalmente ou melhorando suas vidas pessoais. Dessa forma, o objetivo principal desta obra é fazer o leitor refletir melhor sobre as oportunidades que a vida oferece, ensiná-lo a se planejar e a traçar um caminho para seu desenvolvimento com ajuda do conceito meritocrático.

Outro ponto importante é quando muitos na literatura falam mal da meritocracia, definindo-a como inexistente por conta de corrupção, falta de ética por parte de gestores em privilegiar A ou B; esses fatores, eu os considero fora do conceito meritocrático e não podem ser levados em conta em qualquer análise sobre o tema. Podemos fazer uma analogia a isso no caso da disputa de um campeonato entre dois times de futebol: um deles tem capacidade financeira para ter um time de astros; o outro, mais humilde, tem menos jogadores de boa qualidade que terão de fazer mais esforço para obterem sucesso; no entanto, o time mais rico tem receio de perder a partida e suborna o goleiro do time mais humilde para vencer. Ou seja, a corrupção foge a qualquer padrão meritocrático e não serve como desculpa para muitos tentarem desconstruí-lo. Por isso, esta obra é tão relevante para desmistificarmos a meritocracia. Uma nova visão se faz necessária!

Para embasar suas ideias, o autor utiliza pesquisas feitas com base em artigos acadêmicos, dados coletados em livros de autores famosos sobre o tema, conceitos de finanças e microeconomia, em conjunto com sua experiência de vida, onde, por meio de uma visão de futuro e planejamento de ações, é possível alcançar o sucesso.

1.2 O que é meritocracia

A palavra meritocracia é formada pela palavra *metro* ("ser digno, ser merecedor") e o sufixo grego *kratos* ("poder, força"), que significa o alcance do poder através do merecimento. Na realidade, a meritocracia tem despertado o interesse de várias culturas ao longo do tempo.

Vários estudos apontam que a meritocracia é um sistema social, que tem seus pilares baseados na capacidade de méritos dos indivíduos, e não na base de sua família, poder econômico, riqueza ou ainda sua origem social (Bellows, 2009; Castilla & Beard, 2010; Poocharoen & Brillantes, 2013; Imbroscio, 2016). Segundo Michael Young, ele define a meritocracia em uma equação: Mérito = Inteligência + Esforço (Young, 1962).

A verdade é que o tema meritocracia tem sido debatido e criticado por muitos. Em um mundo de desigualdades crescentes, o sistema meritocrático assume um papel de "vilão", onde os não adeptos do sistema buscam a todo custo descaracterizar o seu principal objetivo, que é premiar aqueles que alcançam seus objetivos por mérito próprio. Nesse sentido, podemos também incluir a liberdade do indivíduo como uma das principais características positivas da meritocracia, pois cada um tem a liberdade de escolha e a possibilidade de ascensão, dependendo do seu esforço e de suas habilidades. Concordamos que para um mundo melhor deva existir uma uniformidade na "largada", para que todos possam competir em igualdade de condições; porém, este é um fato utópico. Na realidade, haverá sempre alguém que tenha uma condição diferenciada, e, com certeza, teremos resultados diferentes; logo, para obtermos sucesso, deveremos aprender a lidar com isso. Os contra o sistema meritocrático apenas ficam bradando por mais inclusão, pedindo mais intervenção estatal, mais impostos para redução de desigualdades, porém não focam desenvolver soluções e mostrar novos caminhos para aqueles que queiram se desenvolver. Falaremos neste livro de como a meritocracia é relativa e como todos podem utilizá-la para obter sucesso. Cabe ressaltar que confiar no sistema meritocrático e achar que ficará milionário, seguindo seus princípios, poderá ser decepcionante. Enfatizamos que seguir o sistema meritocrático não te fará necessariamente rico, mas, com certeza, você obterá sucesso pessoal.

Existe uma linha de pensamento de estudiosos no tema que citam, que no processo meritocrático, os objetivos são atingidos por aqueles que se esforçam e têm as devidas habilidades, onde não devem ser considerados herança ou origem social. Dessa forma, essas pessoas devem ser premiadas e bonificadas de maneira proporcional. De forma contrária, os indivíduos que não obtêm sucesso são considerados aqueles que não se empenharam o suficiente, por isso não conseguiram ascender em suas carreiras e atingir seus objetivos. A essas pessoas, cabe o resultado de fracasso pela falta de esforço pessoal. É nesse ponto sobre fracasso que existe muito debate e críticas, pois o que seria fracassar especificamente? Utilizar a palavra fracasso apenas para mostrar o sucesso da pessoa A (vencedora) em relação à B (fracassada)? Ou analisar toda uma conjuntura e verificar que a pessoa B atingiu o sucesso dentro daquilo que seria possivelmente alcançável por ela? Ou elogiar uma pessoa que partiu em condição de muita inferioridade e passou à frente de outra em melhores condições (nesse caso, a fracassada)? Portanto, esse é o ponto. Devemos ter muito cuidado quando analisamos uma situação de maneira simples.

Vejamos então o exemplo de duas pessoas que saem de uma mesma linha de partida e correm em direção à chegada. Logicamente, vence quem chega primeiro. Logo, nessa hipótese, é mérito do vencedor a sua vitória. Ou, em outras palavras, ele venceu porque mereceu. Por outro lado, segundo outra corrente de pensamento, autores enfatizam que as pessoas que convivem nas escolas, universidades, empresas e demais locais nem sempre partem do mesmo ponto na sociedade; dessa forma, não competem em iguais condições e não obtêm sucesso quando concorrem com pessoas mais preparadas (cultural ou financeiramente). Afinal, a desigualdade social é traço característico da humanidade.

Quando analisamos essa discussão, cabe ressaltar que esses autores levam a questão da desigualdade do ponto de partida, influenciando o sucesso do indivíduo como sendo uma hipótese 100% correta, quando, na realidade, não é verdade, pois muitos em condições inferiores também ascenderam na vida de alguma forma ou até chegam a performar melhor que os mais abastados. No decorrer deste livro, vamos trazer uma nova visão sobre o tema e, ao mesmo tempo, desmistificar tanto o lado de "quem perdeu é um derrotado, fracassado por falta total de esforço" e de quem ganhou "foi porque tinha herança ou origem social" "ou sortudo". O tema não é tão simplista e merece um novo olhar.

O fato é que muitas vezes você poderá vencer pela meritocracia, independentemente de sua origem familiar ou riqueza, e, sim, você pode vencer quem largou na sua frente, ainda que dessa forma o seu esforço deverá ser infinitamente superior. É verdade também que mesmo se houvesse uma igualdade de 100% na largada da competição, com certeza os resultados não seriam iguais. O que também traria uma condição de desigualdade. A meritocracia é criticada, pois esse tema tem uma conotação de injustiça, porém, em seu cerne, sua conotação deve ser considerada relativa no que tange à comparação de ricos e pobres e, dentro desse contexto, em vez de privilegiar o tema e utilizar os pontos fortes, muitos críticos ao processo preferem tecer comentários e falar em desigualdades, capitalismo cruel, empresários malvados e luta de classes. Dado que neste livro não vamos abordar a meritocracia por um ângulo ideológico, nem considerar o debate de religião, raça, ou gênero, nosso foco está no que extrair do conceito e de como as pessoas, de uma forma geral, poderão utilizá-lo para assim ascender em suas vidas.

O tema meritocracia é extenso, subjetivo e, dependendo da forma que a pessoa o aborde, ele pode parecer injusto, mas o fato é que muito da discussão sobre meritocracia tem um apelo ideológico. Toda essa subjetividade faz com que esse assunto seja abordado e analisado sob ângulos distintos, seja pelo lado dos que defendem o igualitarismo, ou pelo lado dos que defendem o libertarianismo. Portanto, vimos que existe um *gap* na literatura em que se faz necessário abordarmos a meritocracia de forma diferente, onde as pessoas aprendam a lidar com ela, utilizem seus pontos positivos. Falaremos também de como se livrar de armadilhas do cotidiano que podem acabar levando ao insucesso, sendo que, quando isso ocorre, muitos culpam a falta de sorte, a falta de recursos financeiros ou o sistema meritocrático, quando, na verdade, o insucesso foi devido à estratégia de vida errada e até mesmo por falta de esforço pessoal. Dessa forma, neste livro, debateremos sobre o tema meritocracia, desmistificando-o e ensinando a utilizar os seus conceitos a seu favor.

1.3 Origem e conceitos de meritocracia

A ideia de meritocracia vem despertando atenção desde que o sociólogo britânico Michael Young utilizou este termo pela primeira vez em 1958. Ainda, segundo o autor Young (2008), estudando a Constituição da França, reconhece a origem da meritocracia nesse país em 1793 e, na Inglaterra, por volta de 1890, avaliando a área da educação. Além disso, o autor cita a cultura americana na qual, em sua opinião, a cultura meritocrática já existia desde a sua formação. Apesar da grande maioria dos autores falarem de seus aspectos negativos, a meritocracia tem sido cada vez mais reconhecida como um sistema positivo nas sociedades ocidentais, e a ideologia tem sido fortemente ligada às noções de capitalismo e valores igualitários, que são os pilares de sustentação do conceito do "Sonho Americano" (Sealy, 2010).

De acordo com o sociólogo alemão Weber (1967), a meritocracia era citada em seus livros sobre a sociologia da religião, criticando a discriminação que impedia a seleção dos judeus para as universidades. Segundo ele, o fato de a sociedade ignorar o mérito dos judeus e de outras raças por preconceito aos atributos hereditários traria prejuízos, reforçando o apadrinhamento e o favoritismo para as promoções sem mérito. Vejam que, dessa forma, Weber já mencionava que na sociedade existiam fatores que realmente influenciavam o perfeito funcionamento da meritocracia como, por exemplo, o preconceito, mas, ao mesmo tempo, ele ratificava sua justiça quando falava "o fato de a sociedade ignorar o mérito dos judeus e de outras raças por preconceito aos atributos hereditários traria prejuízos, reforçando o apadrinhamento e o favoritismo para as promoções sem mérito". Ou seja, culpar a meritocracia, quando o que impede seu funcionamento proporcionando justiça é o preconceito, não faz sentido.

O sociólogo Parsons (1971) estava de acordo com as ideias de Weber (1967), no entanto, desenvolve uma abordagem mais atual dos últimos cinquenta anos, onde cita que o século XX, a partir da Revolução Industrial, trouxe uma nova ideologia em que o valor passou a se referir ao indivíduo e sua capacidade de conquistar o mérito pelos próprios atributos, em vez de considerarmos aqueles herdados pela família e pela origem social.

Parsons (1971) cita também a educação como um fator determinante nos ambientes meritocráticos, pois influencia as competências e responsabilidades que irão diferenciar as pessoas na seleção para os empregos, nas suas avaliações e nos salários. O autor destaca o ensino nos EUA, onde conseguiu ampliar as oportunidades da sociedade norte-americana e onde construiu a institucionalização de um padrão basicamente igualitário. A liberdade da sociedade americana também contribuiu para que os Estados Unidos se destacassem em relação aos demais países na criação do processo meritocrático por oferecer ao cidadão a possibilidade de adquirir as competências necessárias para ter direito às oportunidades e garantir a igualdade de ser reconhecido pelo mérito.

De acordo com Watkins & Brook (2016), os *Founding Fathers* da América (George Washington, Thomas Jefferson, John Adams, Benjamin Franklin, Alexander Hamilton, John Jay, James Madison) afirmam que:

> "Estabeleceram uma nação baseada no princípio, não da igualdade econômica, mas da igualdade política. A igualdade política se refere à igualdade de direitos. Cada indivíduo deve ser considerado pelo governo como tendo os mesmos direitos à vida, à liberdade e à busca da felicidade." Quando os Fundadores da América declararam que "todos os homens são criados iguais", eles sabiam muito bem que os indivíduos são desiguais em praticamente todos os

> aspectos, da inteligência à proeza física, do caráter moral à riqueza. "Mas em um aspecto somos iguais: somos todos seres humanos e, apesar de nossas diferenças, todos compartilhamos o mesmo modo de sobrevivência."

O autor Young (2008) faz uma projeção da sociedade em 2033 em que evidencia a vitória do mérito sobre a herança e origem social, adicionando ainda a necessidade urgente de uma nova ordem social na qual todos os indivíduos poderiam ascender pelos atributos do esforço e do talento, assim a sociedade poderia se orgulhar e contemplar a ascensão dos que mais se destacaram pelos próprios méritos, e não por herança de família, ou origem social. Em 1958, o sociólogo publicou um estudo criticando a sociedade nos EUA naquela época, pois permitia a ascensão de pessoas pelas suas origens e riquezas e pelas influências dos pais a lhes propiciar as melhores escolas e viagens ao exterior.

Podemos observar no texto acima que muitos autores falam da sociedade americana, e seu culto à meritocracia, porém, ao mesmo tempo, existem críticas a casos de que muitos ascendem na vida por causa da herança e da origem social. No entanto, mesmo que haja alguns problemas na influência desses fatores não meritocráticos, o saldo é positivo. Os EUA são uma sociedade livre em que seu povo pode prosperar e buscar uma vida melhor. Portanto, a sociedade americana é um exemplo do qual podemos inferir que mesmo que uma pessoa em inferioridade de condições possa concorrer com uma pessoa mais abastada e não consiga superá-la, não significa que esse indivíduo inferior não possa concorrer com outra pessoa (que estivesse em igualdade de condições com ele). Dessa forma, essa pessoa poderia ter o desejo de conquistar outro objetivo, dado que poderia ser impossível concorrer com uma pessoa que tivesse largado muito acima dela. É claro que os que têm menores condições com relação à herança ou origem social tenham que fazer mais esforço, tenham que ter mais resiliência para vencer, mas, por outro lado, em muitos casos, pessoas com herança ou boa origem social também não obtêm sucesso. Essa discussão é muito relativa, e não há *one size fits all conclusion*, existem vários exemplos de superação.

A crítica do processo meritocrático escrita por Young é compartilhada por Tenret (2008), "para quem as recompensas e as posições sociais no ambiente meritocrático somente deveriam ser concedidas pelas qualificações e habilidades do indivíduo e de forma não tendenciosa", porém o autor reconhece que, apesar de dar a todos iguais oportunidades, a meritocracia é ameaçada pelas diferenças sociais, dado que alguns indivíduos tomam a dianteira por serem privilegiados pela sua origem, enquanto outros iniciam uma disputa como perdedores por terem pouca ou nenhuma instrução, frequentarem escolas de pior qualidade e terem pouco acesso a uma vida cultural, entre outros estímulos.

Segundo Bellat (2006), a influência dos eventos não meritocráticos, no ideal da concepção da meritocracia, vem desafiando as sociedades democráticas desde o final do século XIX, pois a meritocracia ainda não é plenamente legitimada como parte integrante das suas normas e valores. Existe um desejo de fazer o processo meritocrático funcionar como um sistema para distribuir, de forma justa, lugares desiguais, diferenciando os indivíduos, independentemente de atributos herdados. Segundo a opinião desse autor, podemos verificar que, na realidade, existe uma "má vontade" com o tema, no sentido de mostrar a sua justiça e a melhor forma de aplicá-la, para que se crie uma sociedade na qual o esforço pessoal e o mérito sejam os motores da ascensão das pessoas.

Seguindo outra corrente, vários estudiosos (Bell, 2012; Poocharoen & Brillantes, 2013; Babcock & Freivogel, 2015; So, 2015; Zhang, 2015) citam que o conceito inicial de meritocracia ocorreu primeiramente na Ásia, ou seja, antes do início do processo meritocrático do mundo ocidental. Hobson (2004) argumentou que o conceito de mérito começou inicialmente na China e chegou ao Ocidente pelos textos confucionistas. Dentro dessa corrente, que vê na meritocracia uma forma de ascensão justa, acredita-se que o processo meritocrático permite que "os membros de grupos de baixo status sonhem em melhorar seu status social, sua classe econômica e seu lugar na hierarquia, implantando a ideologia de que todos têm uma chance de sucesso se cultivarem as habilidades necessárias" (Wiederkehr et al., 2015). Assim, podemos inferir que a meritocracia serve como um motor de ascensão social, evitando assim uma convulsão social. Muitos países asiáticos que sofrem influência do confucionismo, como Singapura, Coreia e China, adotam a meritocracia como princípio governante. Da mesma forma, estudos de meritocracia são aplicados em várias disciplinas, como, por exemplo, negócios, administração pública, educação, psicologia etc., numa tentativa de entender os fatores sociais e culturais que fazem parte do nosso dia a dia (Kim et al., 2017).

1.4 O orgulho numa sociedade meritocrática

> "O orgulho que uma pessoa sente significa um sentimento de prazer, de grande satisfação em relação a seu valor, com a sua própria honra, ou ainda pode ser traduzido como um reconhecimento do valor de uma pessoa ou de algo, em geral, relativa a si próprio ou alguma conquista pessoal" (Significados, 2022).

Quando analisamos o sentido principal da palavra orgulho, em sua essência, quer dizer que você reconhece que obteve sucesso pela sua conquista e sente prazer com isso, ou um orgulho por ter atingido algo pelo próprio esforço. Nunca ninguém sentirá orgulho se sua conquista for obtida por algum motivo que não pelo seu esforço; no seu interior, você sentirá um vazio, ou ainda, um sentimento de incapacidade. Portanto, em uma disputa considerar se beneficiar de algum tipo de corrupção, preconceito, injustiça ou uma manobra não ética para se sobrepor a um concorrente, não o fará orgulhoso de si. Podemos também acrescentar aí o fato de que quando você concorre com alguém menos capacitado por uma posição. Seu orgulho da vitória seria prejudicado, fazendo com que você quisesse testar sua capacidade contra alguém do mesmo nível, ou até ajudar o próximo a obter condições melhores de competir. Sobre esse ponto no processo meritocrático, Young (2008) cita a questão do orgulho da sociedade para aqueles indivíduos que, por obterem posições privilegiadas e status, não poderiam se sentir os melhores, pois sabiam que não haviam conquistado essas posições por mérito, pois existiam subordinados que teriam crescido e se destacado como iguais ou melhores, no caso de estarem em condições semelhantes. Portanto, essa observação de Young faz todo o sentido de que nem todos que chegam ao sucesso, ou obtêm uma melhor posição em seus empregos, conquistam por seus méritos.

E nesse ponto fica claro que, quando esse fato acontece, não pode ser considerado que determinado indivíduo tenha subido na vida pelo processo meritocrático, até porque em sua definição, a meritocracia fala que o indivíduo deverá ascender pelo próprio esforço e habilidade, não considerando herança ou origem social. Na estrada da vida, já percebi que muita gente, que consegue alcançar seus objetivos, não é por mérito próprio e, em muitos casos, realmente, se tivessem que competir em igualdade de condições, não venceriam. Já presenciei muitas situações nas quais se encaixam nessa circunstância da pessoa ter orgulho de sua conquista por mérito, pois realmente venceram, e outras que foram beneficiadas e que, na realidade, não teriam como se orgulhar de suas conquistas.

Tive a oportunidade de estar presente em uma empresa onde um determinado funcionário foi contratado sem as devidas qualificações técnicas, e foi sendo promovido simplesmente porque seu pai era uma pessoa influente, tendo sido executivo de uma grande empresa. Essa pessoa ganhava promoções e prêmios somente por essa razão. De fato, essa pessoa crescia somente por uma questão de interesse de um dos sócios no relacionamento com o seu pai; logo, todo o seu desenvolvimento profissional não foi merecido, apenas ocorreu por questões de interesse. Nesse caso, pergunto, isso é meritocracia? Você que foi beneficiado se orgulha de sua conquista? Claro que isso não é meritocracia, e suas conquistas não foram por mérito, mas pude também perceber que essa pessoa se beneficiava e não reparava no que estava acontecendo e pouco ligava para os fatos. Algum tempo depois, após sair dessa empresa, teve que enfrentar a concorrência de igual para igual, e quando isso ocorreu, a meritocracia venceu. Vença o melhor!!!

Essa situação me chama a atenção por dois motivos: o primeiro é que a pessoa não sentia orgulho das conquistas, pois achava aquele crescimento algo natural. Ela só foi ter ideia do ocorrido quando se deparou com uma disputa real com outras pessoas e fracassou. Fato interessante esse sentimento de crescimento como algo natural na vida, sem despertar o seu orgulho. O segundo ponto é que muitos descaracterizam a meritocracia quando ocorre esse fato. Em minha opinião, erroneamente, pois isso não é meritocracia. Além disso, a vida o levará, em várias ocasiões, a situações nas quais a meritocracia triunfará, e você se sentirá orgulhoso de si mesmo. Esse sentimento de orgulho, os "beneficiados" jamais sentirão.

Outra situação para a qual quero chamar atenção se refere àqueles que estão em situação de inferioridade dentro de um determinado contexto. Ocorre que muitos que poderiam tentar se desenvolver não o fazem por achar que são inferiores e, dessa forma, não buscam ter orgulho de seu sucesso, seja ele qual for podendo ser algo com pouca expressão, preferindo assim continuar num mundo onde todos ou ele mesmo se considera uma pessoa que não obteve sucesso, pois foi um injustiçado. Outras ainda nem tentam atingir objetivos mais altos, pois não conhecem o que eu chamo de "outro lado da vida", no sentido de que existe uma vida melhor do que a que vivem e nem sabem. Falaremos mais sobre esse tema na 3ª parte deste livro — Muitos não vencem, pois não conhecem o "outro lado".

Um dos objetivos deste livro é justamente o de tentar ajudar essas pessoas a cultivar o sentimento de orgulho por suas conquistas e mostrar-lhes que, sim, é possível conquistar uma vida melhor com esforço e se orgulhar por isso. Essas pessoas devem ter em mente que nem sempre o status social ou a condição financeira fará com que se sintam orgulhosas de seus feitos, conforme citado por Young (2008), mas sim por suas conquistas pessoais quando consideramos apenas os valores da meritocracia.

1.5 Conclusão

Podemos concluir que o processo da meritocracia *per si* é o meio mais justo da ascensão pessoal na busca por uma melhor qualidade de vida e ascensão profissional. Claro que existem problemas para a sociedade de uma maneira geral de encarar a meritocracia como a melhor forma de se desenvolver. Mas como vimos no texto, os EUA são um país onde esse processo é o mais utilizado e enraizado na sociedade, fazendo com que muitos reconheçam-no como um país democrático, livre, onde há uma prosperidade social. Cabe ressaltar que nem todos os cidadãos são milionários, ou melhor, em sua maioria não são. O fato é que lá o processo democrático faz com que as pessoas busquem alternativas para obter o sucesso, por meio do seu esforço e sua habilidade, e por que não dizer de sua resiliência. O *mindset* dessas pessoas é programado para se desenvolver, e mesmo que em alguns momentos encontre alguém em condições superiores, você deverá procurar seu lugar para competir e vencer. Dessa forma, olhando por esse ângulo, o processo meritocrático pode ser considerado a forma mais justa de se obter sucesso em sua vida.

02

Por que a meritocracia é justa

2.1 A meritocracia é justa

O sentido das palavras justiça e merecimento andam juntas. Jus significa merecimento, e vem do latim *jus*, que significa "direito". O termo é usado geralmente acompanhado de "fazer", que significa que a pessoa deve fazer jus a algo ou alguma coisa. Fazer jus a algo é merecer, ter o direito de usufruir de algo. A palavra meritocracia é formada pela palavra *mereo* ("ser digno, ser merecedor") e o sufixo grego *kratos* ("poder, força"), que significa o alcance do poder através do merecimento. Logo, meritocracia está atrelada à justiça. A própria palavra meritocracia é uma invenção recente, cunhada por Michael Young em sua sátira de 1958, de nome *The Rise of the Meritocracy,* na qual o autor define o conceito por trás da palavra meritocracia.

A partir desse evento de Michael Young em 1958, vários estudos foram desenvolvidos sobre o tema. Por definição, a meritocracia é considerada um sistema social, que tem seus pilares baseados na capacidade de méritos dos indivíduos, e não na base de sua família, poder econômico, riqueza ou ainda sua origem social (Bellows, 2009; Castilla & Benard, 2010; Poocharoen & Brillantes, 2013; Imbroscio, 2016). Logo, se uma pessoa receber uma recompensa por seus méritos, de acordo com o esforço despendido para atingir seus objetivos, nada é mais justo. Portanto, em sua essência, o sistema meritocrático é um sistema justo.

Recentemente estava lendo o livro *Justice and the Meritocratic State* de Mulligan, T. (2018), onde o autor mostra o resultado de sua pesquisa na qual analisa o significado de meritocracia. Em uma das partes, ele fala sobre o debate entre igualitários afeitos a políticas de esquerda e os libertários afeitos a políticas de direita sobre meritocracia. Sua ideia em princípio é de que a meritocracia é politicamente centrista, contudo, não é um conceito híbrido entre a política de esquerda e política de direita, e sim uma maneira de pensar sobre justiça que incorpora conceitos de igualitários e libertários, sendo que ela incorpora os melhores aspectos de ambos.

Do libertário, a ênfase recai sobre a responsabilidade pessoal, escolha individual e resultados desiguais. Os conceitos do libertarianismo consideram como sendo uma questão de injustiça quando os que se esforçaram e os preguiçosos são recompensados da mesma forma, ou quando o não merecedor prospera enquanto a merecedora luta.

Do igualitário, podemos considerar o princípio de igualdade — o da igualdade de oportunidade. A competição por bens sociais é inevitável devido à escassez. A justiça exige que a competição ocorra em condições de igualdade. Se uma pessoa se antecipa a seus pares, deve ser porque ela é mais meritória do que as concorrentes — e não por causa de sua raça, sexo ou família de influência.

A justiça exige que a competição ocorra em condições de igualdade. Assim sendo, se uma pessoa se antecipa a seus pares, deve ser porque ela tem mais méritos que os concorrentes — e não por sua raça, sexo ou influência da família. O fato é que as pessoas devem ter o que merecem; este é um pensamento que data desde a Antiguidade. Segundo dizia o filósofo grego Aristóteles, há mais de 2500 anos — "aquilo que é distribuído às pessoas deve ser feito de acordo com o mérito de cada um, e que o justo em termos de distribuição também deve ser de acordo com o mérito do indivíduo".

A meritocracia é uma ideologia, e toda e qualquer boa ideologia precisa de um *éthos*. O *éthos* da meritocracia é responsabilidade pessoal. Quando consideramos uma sociedade igualitária de resultados iguais, consideramos essa sociedade como sendo de pessoas que não comandam o próprio destino. Independentemente da atitude das pessoas, o curso de sua vida econômica não mudará. Já em uma sociedade libertária de oportunidades desiguais, também se ignora a responsabilidade pessoal. Sob o libertário, a busca por bens sociais se volta para a riqueza, ou classe, ou raça; fatos caprichosos, em vez de considerar o caráter, esforço e escolha — como determinantes do futuro de uma pessoa. Porém, dado que a meritocracia tem seus pilares na justiça, uma pessoa é totalmente responsável pelo curso de sua vida. Somente em uma meritocracia é que seus sucessos e seus fracassos serão considerados como sendo seus próprios méritos, que o farão sentir orgulho de seu esforço e de suas habilidades.

Por isso, neste livro, dedicamos um subtópico sobre orgulho, tamanha é sua importância se considerar o sistema meritocrático. Young (2008) cita que na questão do orgulho em uma sociedade, para aqueles indivíduos que por obterem posições privilegiadas e status não poderiam se sentir os vencedores, pois sabiam que não haviam conquistado essas posições por mérito próprio, dado que existiam pessoas com mais capacidade e que tinham feito mais esforço, consequentemente teriam se destacado mais se a disputa tivesse sido justa.

O sistema meritocrático tem como princípio a justiça; portanto, qualquer subterfúgio utilizado para vencer uma competição não pode ser considerado justo, assim não é meritocrático. Logo, atacar o conceito meritocrático por trapaças, não faz sentido. Vejamos o exemplo de duas pessoas que disputaram uma corrida. Pessoa A e pessoa B estão disputando uma corrida; caso a pessoa A obtenha vantagens ou privilégios na disputa, logrando êxito sobre a pessoa B, que somente se esforçou e lutou para vencer, não pode ser considerado como mérito de A. Portanto, esse fato não deverá ser considerado dentro do conceito meritocrático, pois em sua essência esse conceito considera como sendo o vencedor aquele que de forma justa ganhou a competição. Muitos acham que a meritocracia não existe, pois, em várias disputas, existem privilégios, mas quando isso ocorre você não está mais seguindo os fatores meritocráticos e não podemos simplesmente desconsiderá-lo por conta de uma condição criada por um ser humano que burlou o processo. Seguindo a mesma linha, problemas de corrupção, nepotismo, também são fatores que acontecem em uma sociedade desde a Antiguidade, mas nem por isso inviabilizaria a meritocracia. Voltemos ao exemplo do caso de um atleta que tenha vencido uma prova de atletismo, mas que para isso tenha tomado uma substância proibida que ocasionou uma melhora em sua performance e assim ele tenha ganhado a prova. Nessa hipótese, ele não venceu por mérito próprio, e sim por conta de ter burlado uma regra. Quando isso ocorre, não ouço nenhuma crítica ao sistema meritocrático, mas apenas a criminalização da pessoa que burlou as regras.

2.2 Distribuição de riqueza e a meritocracia

Críticas de vários políticos mais afeitos a conceitos de esquerda e acadêmicos sobre a distribuição de riqueza e a meritocracia. Suas críticas recaem sobre como o conceito meritocrático gera desigualdades, e nesse ponto estão corretos, visto que mesmo que haja igualdade de oportunidade, nem todos terão a mesma motivação para vencer e farão esforços diferentes em suas tarefas, o que produzirá resultados distintos, onde os melhores vencerão e receberão mais riqueza, criando mais desigualdades. Falaremos ainda nesta parte do livro sobre igualdade de oportunidade e de resultado.

Não posso deixar de concordar que as desigualdades preocupam, mas devemos considerar que elas são sintomas de injustiça, e não da injustiça em si mesma. São sintomas de injustiça, como no exemplo de uma economia em que a conexão entre o mérito e a remuneração deixou de existir. Segundo Mulligan, T. (2018), nos EUA, a alta renda não reflete em muitos casos a excelência, o esforço ou a contribuição econômica, pois, em grande parte, essa renda vem de aluguéis, por isso são ineficientes. Já no caso que cito de injustiça em si, falamos das desigualdades de resultados.

Além disso, o autor mostra ainda sua preocupação com o que ocorre em relação ao conceito meritocrático, quando exemplifica como o quadro meritocrático nos EUA, idealizado sobre as ideias do "Sonho Americano", tem sido minado nas últimas quatro décadas. O "Sonho Americano" foi uma fonte de extraordinária prosperidade e orgulho cívico, que foi desmantelada, peça por peça, por políticas fiscais regressivas (que privilegiaram mais ainda os beneficiários da ineficiência econômica), gerando um fracasso no investimento em educação, e um desdém cultural pelo mérito.

Como podemos observar, existem vários problemas em nossa sociedade que acabam interferindo na percepção do significado de justiça que existe no conceito meritocrático, o que não invalida o cerne de sua característica pautado em justiça.

2.3 A teoria do conflito e o uso político do conceito meritocrático como sendo injusto em favor do status quo

Dada a sua subjetividade em interpretação, esse conceito vem sendo estudado por vários pesquisadores, gerando discussões acaloradas sobre se o conceito meritocrático é justo ou não. Politicamente, esse conceito é explorado, nem sempre sob uma ótica racional, o que acaba gerando na população desinformação e até percepções errôneas de vida que acabam desmotivando-as a buscarem seus objetivos. Toda essa estratégia política, que define meritocracia como um sistema injusto, visa buscar apoio da população para implantação ou manutenção de estratégias baseadas na redistribuição de riqueza.

A exploração política do tema meritocracia pode ser evidenciada quando analisamos uma pesquisa feita por Solt et al. (2016) sobre a percepção de pessoas de baixa renda em relação à meritocracia nos Estados Unidos. Nela, o autor faz uma análise dos dados de uma pesquisa realizada com uma amostra maior e mais representativa, empregando medidas estatísticas mais acuradas, produzindo um resultado oposto ao que alguns pesquisadores mostravam sobre a população de menor renda e sua percepção sobre meritocracia. Na pesquisa de Solt, ele mostra que a população de menor renda, que vive onde os níveis locais de desigualdade de renda são mais altos, é menos propensa a rejeitar a meritocracia do que aqueles que vivem onde a distribuição de renda é mais igualitária. Nesse caso, os mais pobres visualizam as oportunidades que o sistema meritocrático oferece como forma de buscar uma melhor condição de vida.

Contrário à teoria de Solt, os pesquisadores Newman et al. (2015) defendem a teoria do conflito — essa teoria sustenta que, para os indivíduos de baixa renda serem confrontados com níveis mais altos de desigualdade local, "aumenta a distância de sua posição de desvantagem dentro de uma posição de hierarquia econômica local" (Newman et al., 2015); logo, segundo essa teoria, quando disseminada, promove consciência de classe, e, por sua vez, aumenta a demanda por redistribuição de renda. Ainda segundo essa teoria, indivíduos de maior renda eximem-se de culpa, agindo em interesse próprio, protegendo seu privilégio, tornando-se ainda provável que acreditem na importância do esforço individual para a distribuição de recompensas. Estes dois resultados têm importantes implicações políticas.

Logo, podemos concluir que é de interesse daqueles que acreditam nessa teoria do conflito que se mantenha o status quo, dado que os defensores de uma política de maior redistribuição poderiam permanecer relativamente complacentes, confiantes de que, ativando o conflito, níveis mais altos de desigualdade poderiam gerar automaticamente os votos necessários para as políticas de sua preferência.

Portanto, cabe às organizações desmistificar essa indução à percepção dos menos abastados, de acordo com a pesquisa realizada por Solt et al. (2016). Pois quando nos motivamos e acreditamos no nosso esforço, a sociedade se beneficia do crescimento. Caso contrário, o maior poder relativo dos que se beneficiam do status quo para moldar as opiniões de seus concidadãos mais pobres em contextos de maior desigualdade ficará incontestável.

03

Meritocracia nas empresas - Falácias da meritocracia e como seguir vencendo barreiras e obtendo sucesso

3.1 Por que a meritocracia não é um mito

No sentido sociológico, um mito significa — uma crença, geralmente desprovida de valor moral ou social, desenvolvida por membros de um grupo, que funciona como suporte para suas ideias ou posições; mitologia (Michaelis, 2023).

Dizer que a meritocracia é um mito com base em fatores não meritocráticos que possam afetar seu pleno funcionamento ou, ainda, não considerar o lado relativo deste processo é uma falácia. Não podemos aceitar que o processo meritocrático possa ser classificado como um mito (ou seja, "uma crença, geralmente desprovida de valor moral ou social, desenvolvida por membros de um grupo, que funciona como suporte para suas ideias ou posições").

Nos dias de hoje, torna-se cada vez mais raro algum escritor, pesquisador, político ou ativista escrever algum artigo ou dar alguma entrevista na qual exalte o conceito meritocrático como forma de atingir o sucesso, seja ele com relação à performance escolar, profissional ou no que tange a conseguirmos melhores condições de vida. Para eles, torna-se mais fácil criticar o conceito do que propor soluções para que ele funcione melhor, evitando assim desvios que ocorrem — não porque o conceito é um mito, mas sim por elementos não meritocráticos que acabam afetando os resultados finais de quem se esforçou muito, teve resiliência e não alcançou o resultado esperado. Precisamos, no entanto, desmistificar o conceito, apresentando como ele funciona, os problemas que enfrentamos para implantá-lo em sua plenitude, para que possamos obter uma sociedade mais justa. Leia-se mais justa no sentido de liberdade individual, onde todos possam alcançar seus objetivos de acordo com suas decisões tomadas, seu esforço para conseguir atingi-lo, sua perseverança e resiliência. Neste caso o foco deve ser cobrar de nossos governantes o desenvolvimento de políticas públicas onde todos sejam tratados iguais. No entanto, volto a enfatizar que mesmo que tenhamos uma igualdade de oportunidades, os resultados econômicos que cada cidadão alcançará será desigual, ou seja, criará desigualdade de qualquer forma, porém o sistema premiará aquele que colocou mais esforço e mostrou mais garra e resiliência. Dessa forma, consideramos a meritocracia uma realidade, e não um mito. Portanto, é essencial primeiramente que críticos do sistema e políticos devam focar mostrar à população que a meritocracia não é um mito, e sim uma forma de agir que a levará ao sucesso; assim, quebraremos umas das principais barreiras para que as pessoas se desenvolvam melhorando sua performance para atingir o resultado pretendido.

3.1.1 Fatores que suportam a tese de que a meritocracia não é um mito

Em resumo, a evidência da pesquisa sobre os benefícios da meritocracia é bastante clara. A meritocracia é um veículo de mobilidade social e encoraja as pessoas a darem o melhor de si para alcançar os objetivos finais da sociedade. Além disso, reduz a corrupção nas organizações por meio de uma gestão transparente, e as pessoas são objetivamente recompensadas, colhendo o que semearam com base em seus méritos e talentos. No entanto, alguns dados de pesquisa ainda mostram que a meritocracia anda de mãos dadas com o foco na família, na educação e na origem social, juntamente com contextos socioculturais particulares (Kim & Choi, 2017).

Portanto, uma pergunta sobre a "competição imparcial" e a "igualdade de oportunidades" de Young (2006) ainda permanece: "Como podemos resolver as questões associadas aos elementos não meritocráticos que podem surgir de uma sociedade meritocrática?" Esta questão é abordada na próxima seção.

Com base na análise dos autores, a "igualdade de oportunidades" foi identificada como o aspecto mais significativo da meritocracia. Numerosos estudos (Panayotakis, 2014; Lipsey, 2014; Martin et al., 2014; Talib & Fitzgerald, 2015; So, 2015) destacaram que a igualdade de oportunidades é um valor dominante para criar harmonia em uma sociedade meritocrática. Há dois pré-requisitos para uma sociedade meritocrática: transparência e imparcialidade. Mais especificamente, aqueles que têm mais talento e mérito do que outros devem ser acompanhados por *noblesse oblige*, dada sua posição social e classe econômica. Os líderes de uma sociedade certamente devem reconhecer que o desenvolvimento acontece somente onde um serviço imparcial e transparente trata cada membro da sociedade igualmente.

Além dos pontos mencionados anteriormente, é importante observar que a aplicação de sistemas meritocráticos depende fortemente da concordância quanto ao que constitui mérito e como medi-lo (S'liwa & Johansson, 2014). Uma possível implicação disso é que o conceito de mérito pode variar de nação para nação e de instituição para instituição, de acordo com as circunstâncias dadas (Park & Liu, 2014). Isto acontece com a meritocracia. Portanto, é uma questão de entender como o mérito é definido, que políticas meritocráticas são aplicadas, e como a meritocracia é operacionalizada em diferentes contextos e diferentes culturas. Por último, mas não menos importante, como afirmaram Reynolds & Xian (2014), "as crenças das pessoas sobre a meritocracia não são estáticas". Já testemunhamos a discrepância entre a definição de meritocracia de Young (2006) e outras definições contemporâneas. Mais pesquisas são necessárias para entender como as percepções das pessoas sobre a meritocracia podem mudar com o tempo.

No entanto, podemos concluir desse estudo que os elementos não meritocráticos têm um papel importante no acesso às oportunidades. Em contraste com a introdução de Young (2011) à meritocracia, fortemente associada ao princípio da competição imparcial, a meritocracia contemporânea tem em grande parte desconsiderado elementos não meritocráticos, tais como origem familiar e o networking das pessoas, mas é importante ter em mente que esses fatores podem causar graves desigualdades na sociedade, da mesma forma que o acesso limitado ao capital social. Assim, o crescente significado de elementos não mercantilistas pode não impedir a igualdade de oportunidades, mas pode apresentar "pontos de partida diferentes". Isto ocorre devido aos fundamentos de uma sociedade meritocrática. Desde que apoiemos a meritocracia, devemos investigar melhor como podemos resolver a questão dos diferentes pontos de partida causados por elementos não meritocráticos (Kim & Choi, 2017).

Alguns autores descrevem que, no mundo atual, os elementos não meritocráticos, como herança, capital social, capital cultural, educação, sorte, redução das taxas de empreendedores, donos do seu próprio negócio, e discriminação falam mais alto do que apenas ter caráter, virtude, talento, capacidade e trabalho duro. Portanto, para eles, a meritocracia se torna um mito. Na realidade, alguns aspectos dos elementos não meritocráticos serão vistos nesta obra, como também abro um parêntese para criticar esta ideologia que presa pela desculpa da redução da mobilidade social e desigualdade para justificar que a meritocracia é um mito. O fato é que nunca devemos apenas querer "competir" com os mais fortes, pois quando pensamos nisso somente, nossos objetivos parecem ficar muito longe. Mas podemos sonhar com melhores condições de vida, pois quem sabe poderemos até conseguir chegar lá um dia. Portanto, foco no que é possível à primeira vista, e não se deixe levar pelo desânimo; esta é a beleza do conceito meritocrático: devemos nos esforçar para obter sucesso. Por isso, na minha visão, não se pode apenas enfatizar na meritocracia a disputa entre pobres e ricos, como também não podemos afirmar que, quem vence, venceu por méritos, e quem perdeu é um fracassado. Gosto de colocar o exemplo do fato que ocorreu recentemente quando estava escrevendo este livro: a carreira do jogador argentino Messi. O jogador argentino disputou 40 finais, sendo que venceu 28 e perdeu apenas 12, ou seja, 70% das vezes ele foi campeão (*Jornal O Dia*, 2022). Lembro também sua participação em Copas do Mundo, disputando-as desde 2006, nunca obtendo êxito. Chegou a se despedir da seleção argentina em 2016, após seu time perder a Copa América. Mas mudou de ideia, mostrando persistência e resiliência (perseverar é manter-se firme em um objetivo ou estratégia, já a resiliência é a capacidade de se superar, de se recuperar frente às adversidades), sendo que, em 2021, ganhou o primeiro título com a seleção do seu país na Copa América e venceu a Copa do Mundo de 2022, após perder esta competição quatro vezes. Neste caso:

a. Se ele desistisse, mesmo tendo sido um grande jogador de futebol, teria fracassado?

b. Se tivesse desistido, mostraria que lhe faltava persistência e resiliência, por isso não havia alcançado seu objetivo de carreira, ainda que tivesse largado em iguais condições junto a vários outros craques do futebol no mundo — Neymar, Mbapé e outros.

Por isso gosto de enfatizar que a meritocracia é relativa, pois mesmo que o Messi perdesse as duas competições que ele disputou e não ganhou, não poderíamos afirmar que ele é um fracassado. Pelo contrário, poderíamos afirmar que ele teve êxito em sua carreira e tudo que conseguiu foi através de seu esforço pessoal, subindo por meio de uma escala meritocrática. Se ele tivesse desistido da seleção em 2016, poderíamos dizer que ele obteve sucesso, na disputa com outros jogadores, mas não foi além por falta de persistência e resiliência. Portanto, vejam como tudo dentro deste cenário parece relativo.

O mérito individual não é um mito, segundo McNamee (2014); ao contrário, ele afirma que achar que o sistema como um todo opera fundamentalmente com base no mérito para determinar quem recebe o quê, e quanto, é um mito. Neste caso estou de pleno acordo dado que, conforme já falado neste livro, não podemos somente considerar que todos possam competir em igual condição, como também, mesmo que haja igualdade de condições, nem todos atingirão os mesmos resultados;

portanto, afirmar que o mérito somente influencia o que se recebe o quê, e quanto, seria um mito, porém não a meritocracia em si.

Ainda segundo McNamee (2014), os fatores não meritocráticos que neutralizam, suprimem, ou negam os efeitos do mérito também são relevantes. Ocorre que o apelo ideológico da meritocracia superestima os efeitos do mérito sobre os resultados econômicos, como renda e riqueza, enquanto subestima os efeitos de fatores não meritocráticos. Segundo o autor, é importante expor e desmascarar o mito da meritocracia, ou seja, desenvolvendo um novo pensamento. É importante porque o mito da meritocracia fornece uma explicação incompleta para o sucesso e o fracasso que, equivocadamente, exalta os ricos e condena os pobres. Concluindo, o autor enfatiza que é possível termos sempre os ricos e pobres entre nós, mas não precisamos exaltar os primeiros, nem condenar os segundos. Mais uma vez concordo com o resultado da pesquisa do autor, considerando que afirmo que a meritocracia é relativa, ou seja, não podemos afirmar somente que quem é pobre é um fracassado e quem é rico um vencedor. Existem diversas escalas de riqueza na vida, gostos diferentes, opções de vida diferentes e também como sabemos que existem diferentes pontos de partida que dificultam muitas vezes os menos abastados a conseguir o mesmo sucesso de um com melhores condições e, ao mesmo tempo, sabemos que, mesmo que utopicamente toda a sociedade partisse do mesmo ponto, os resultados finais seriam diferentes; não podemos usar isso como justificativa de exaltar ricos e condenar os pobres (chamo de pobres, mas não no seu sentido real de pobreza, pois incluo nessa divisão também os de classe média). A única coisa para o que chamo a atenção é quando o autor usa a palavra desmascarar, pois ele se refere a que seja desenvolvido um novo pensamento sobre esse conceito, o que é algo que propõe este livro.

Vejamos o meu caso, por exemplo, que tem uma similaridade com muitos pais pelo Brasil e pelo mundo. No momento, meu filho cursa a faculdade de administração de empresas na UFRJ do Rio de Janeiro, Brasil. Tento passar para ele os conceitos primordiais da meritocracia, ou seja, como se esforçar, ter garra, resiliência, autoconfiança para que, dessa forma, obtenha sucesso na vida. Mas nunca mostro a ele, hipoteticamente falando, onde ele pode chegar por meio da meritocracia, disputando um cargo em uma empresa com o filho de um milionário, seja ele quem for, pois o filho desse milionário obviamente não partiu do mesmo lugar que meu filho, ou seja, com certeza ele tem e terá algumas benesses impossíveis de meu filho conseguir por eu não ter condições financeiras de dar a ele. Mas vejam que, independentemente de qualquer coisa, ele poderá obter sucesso na vida disputando com várias outras pessoas, inclusive, e por que não dizer, com o filho desse milionário. E com certeza poderá chegar até além profissionalmente, talvez não em riqueza, pois o filho do milionário poderá vir a ganhar uma herança, mas uma posição hierárquica em uma empresa. Através deste pensamento de que, sim, a mobilidade social pode vir por intermédio da meritocracia é fundamental para o desenvolvimento de uma sociedade.

3.1.2 Meritocracia nas empresas é realmente um mito?

Conforme discutido anteriormente, meritocracia, em minha visão, não é um mito. Falo das características principais desse processo e apresento evidências baseadas em pesquisas de que a meritocracia é um fato real. Falamos nos parágrafos anteriores do conceito de meritocracia de uma forma geral, porém vamos agora aprofundar a discussão para um tema que gera grande interesse da academia, pesquisadores e do público, que é a questão do sistema meritocrático nas empresas. Este é um caso específico no qual o sistema meritocrático é muito utilizado: no mundo corporativo, ou seja, a meritocracia nas empresas é um sistema de gestão que consiste em considerar o merecimento como forma de avaliação para reconhecer o profissional. O sistema meritocrático corporativo tem o objetivo de valorizar, bonificar e promover os colaboradores que obtêm os melhores desempenhos e resultados dentro da empresa. Muito se fala desse assunto, porém, seria uma realidade esse processo? Podemos considerar que a maioria das empresas utiliza o sistema meritocrático? Ou ele é apenas um mito, dado que muitos fatores não meritocráticos acabam influenciando a ascensão de alguns profissionais que talvez não merecessem esse sucesso.

Primeiramente, vou falar um pouco de minha carreira corporativa, que começou no início dos anos 80, e hoje completa quatro décadas ininterruptas de muito trabalho. Comecei trabalhando como contínuo em uma imobiliária e hoje, ainda trabalho como professor de algumas universidades em cursos de MBA e exerço também um cargo de CFO em uma empresa do mercado financeiro. Nessa estrada percorrida, em que tive a oportunidade de presenciar várias situações, posso afirmar que a meritocracia não é um mito. Bem, muitos vão me perguntar se realmente tenho certeza do que falo. Tenho certeza que muitos leitores gostariam de ter a oportunidade de debater esse assunto comigo pessoalmente para me perguntarem se nunca presenciei algum ato de preconceito, injustiça, perseguição por inveja do líder em relação a seu subordinado, que ocorre muitas vezes devido à insegurança do líder em ser ultrapassado por seu subordinado, se presenciei também alguma "puxada de tapete", se soube de algum assédio moral ou sexual, enfim, a lista é muita extensa de fatores não meritocráticos que realmente influenciam muito no crescimento de alguns profissionais.

Essa lista extensa acaba sendo o combustível para aqueles que criticam a meritocracia e acham que ela é um mito. Porém, não se esqueçam de que a principal característica de um vencedor é a de vencer obstáculos. Gosto também de descrever um vencedor como aquele que sabe fazer de "um limão uma limonada" e aproveita a situação que lhe é desfavorável e consegue revertê-la a seu favor. Considero também que um vencedor sabe a arte de se defender, solucionar problemas e ter bons relacionamentos, todas essas são *skills* das pessoas que vencerão na escala meritocrática.

Cabe ressaltar aqui que o mais certo é um profissional encontrar no seu dia a dia corporativo todos esses problemas relacionados acima, que dizem respeito à injustiça, preconceito, ego, líder tóxico, "puxada de tapete", traição, ganância. Bem, dado que esse é o cenário mais provável de encontrarmos nas empresas, descreveremos a seguir algumas formas de enfrentá-lo, sendo que focaremos como superar adversidades, ou solucionar problemas na escala meritocrática considerando apenas o ambiente corporativo.

04

Vencendo a batalha corporativa

4.1 Seja visto pelo líder de seu líder direto

Quando falei que descreveria uma forma de vencer essas adversidades, procurei fugir do lugar-comum que muitos pregam em suas palestras motivacionais, como também fugi de alguns conselhos clássicos como, desenvolver resiliência, ser persistente, ter habilidades de comunicação etc. Neste capítulo, focarei o desenvolvimento de estratégias mais complexas para vencer as adversidades corporativas e obter sucesso através da escala meritocrática.

Conforme mencionei no início desse livro, a ideia principal é trazer para o leitor casos reais, sejam eles vividos pelo autor ou outro personagem, adicionar um pouco da literatura baseada em pesquisas científicas, comprovando o assunto desenvolvido, como também apresentar ideias desenvolvidas por autores de livro que se relacionem com o tema central do texto. Digo isso porque, mais precisamente neste tema que descreverei relacionado a "Seja visto pelo líder de seu líder", me vem à cabeça uma experiência vivida por mim lá pela metade da década de 1990, que marcou um ponto de inflexão em minha carreira. Cabe ressaltar que já havia achado esse tema interessante para ser discutido neste livro, quando, por uma enorme coincidência, ao olhar meu LinkedIn, apareceu no meu feed um artigo de Harvard escrito por Raffoni, M. (2019), com o título "How to Get Noticed by Your Boss's Boss" ("Como ser Notado pelo Chefe do seu Chefe", em português), que trata justamente do tema no qual vivi a experiência pelos idos da década de 1990, quando era analista financeiro em uma empresa varejista.

Primeiramente, falarei de como foi minha experiência para depois enumerar os principais pontos defendidos no artigo de Harvard sobre o tema. Na década de 1990, trabalhava como analista financeiro numa das maiores varejistas de vestuário do Brasil. Entrei para a empresa varejista, vindo de um cargo de analista financeiro de uma indústria de papel e em pouco tempo estava integrado à filosofia da corporação que, como toda varejista, era muito dinâmica, as coisas deveriam acontecer para "ontem"; portanto, oito horas de trabalho era o mínimo que trabalhávamos por dia, podendo chegar a dez, doze ou até quatorze horas. Sempre fui um funcionário muito interessado em entender a estratégia da empresa e suas implicações em seus resultados, medidos por indicadores financeiros. Sempre fui uma pessoa com facilidade de comunicação, e também estudiosa, que adicionado à minha inquietude de não só olhar para minhas rotinas de trabalho do dia a dia, também tentava ajudar outras pessoas do departamento financeiro, como também discutia sobre finanças com líderes de outras áreas. Com o passar do tempo, ganhei um assistente e já era responsável pela área de tesouraria, além do departamento de planejamento. Tudo isso ocorria sem que eu tivesse o devido reconhecimento financeiro por parte da empresa e, conforme o tempo ia passando, assumia mais responsabilidades. Em minha cabeça, passava um filme de como poderia aparecer para os superiores de meu chefe direto (o gerente financeiro), sem prejudicá-lo ou sem cometer algum ato que não fosse ético. Eu pensava que dessa forma poderia chamar mais atenção para meu trabalho e, assim, conseguiria um reajuste em meu salário, de maior valor, ainda que continuasse a ser o analista e ele o gerente. Cheguei à conclusão de que deveria "aparecer" para o diretor financeiro e para o CEO da empresa, pois naquela época, sendo apenas analista, não tinha acesso a esses profissionais.

Foi então que, numa tarde, meu chefe direto, o gerente financeiro, saiu na hora do almoço, pois tinha um compromisso particular fora da empresa; assim, ele me passou algumas informações de como deveria, naquele dia, tocar as tarefas do dia a dia sem ele. Após sua saída, recebi um telefonema de uma instituição financeira, onde tínhamos a conta corrente da empresa, para discutir sobre uma operação financeira que o meu chefe estava tentando estruturar há uns três meses, sem sucesso. Nesse momento, peguei o telefone e falei que o gerente não estava, mas que eu havia tido uma ideia de como resolver o problema que já se arrastava por três meses. Assim, passei a informação ao diretor do banco para ver se seria possível fecharmos a operação, porém, caso fosse aceita, dependeria ainda do aval do diretor financeiro. Uns quinze minutos após, o diretor do banco me ligou dizendo que a operação havia sido aceita, que só faltava então o Ok da empresa em que eu trabalhava para fecharmos.

Nesse exato momento, procurei o CFO para falar da operação, mas ele estava na sala do CEO. Fui até lá pedir à secretária dele para falar com o CFO na sala do CEO, pois o assunto era urgente e de suma importância para a empresa. Eles permitiram minha entrada, passei o que havia conseguido na negociação, falei de como resolvi o problema e estava ali, pois precisava da autorização deles para fechar a operação. Importante frisar que, aqui, tentei me vender o melhor possível, contei uma história de como havia pensado na solução e como havia passado a informação para o banco. Imediatamente, endossaram a vontade de fazer a operação, fui elogiado pelo meu desempenho, saí da sala extremamente satisfeito com o que havia conseguido, e pensei que dali para a frente passaria a ter um canal direto com a diretoria. Bem, ironia do destino, meu chefe direto recebeu o convite para ir para outra área exercer o cargo de gestor de Planejamento de Sortimento, deixando vaga a cadeira de gerente financeiro. Então foi aí que consegui minha promoção, pois àquela altura, já era visto pelos chefes do meu chefe como alguém capaz para assumir voos mais altos dentro da empresa. Logo após, tive um feedback da secretária do CEO que, devido àquela vez que entrei na sala, passaram a prestar mais atenção no meu trabalho, quando foram identificadas minhas qualidades para assumir um cargo mais alto na corporação, dado que a solução daquele problema não era algo trivial, e também a forma de comunicação com o diretor do banco, vendendo a ideia, não foi feita por acaso, necessitava de alguém com habilidade para criar uma história, mostrando que ambos ganhariam na negociação. Esse fato ocorreu há vários anos, de forma a me mostrar o quanto é importante para que você suba na escala meritocrática, o desenvolvimento de uma estratégia que te faça aparecer para o chefe de seu chefe para mostrar seus pontos fortes e suas habilidades, com o objetivo de se desenvolver profissionalmente. Cabe ressaltar que não concordo de forma alguma com a utilização de estratégias antiéticas, ou, ainda, ter atitudes de "puxa-saco", como forma de se desenvolver. Portanto, colocamos abaixo um guia baseado no estudo de Raffoni, M. (2019), de *Como ser Notado pelo Chefe do seu Chefe Sem passar por cima de sua cabeça.*

1. **Demonstre que você tem um compromisso com seu crescimento e com a empresa.**
   Desenvolva novos conhecimentos principalmente com assuntos relacionados à atividade principal da empresa, como também desenvolva suas capacidades técnicas para melhora de sua produtividade dentro da empresa. Isso pode ser feito por meio de novos cursos, leitura de livros e artigos, pois esse desenvolvimento fará com que você possa contribuir mais para o crescimento da empresa. Experimente perguntar ao seu superior quais livros podem ser adquiridos para a leitura em determinado assunto que envolva o seu trabalho; isso mostrará a ele seu interesse no desenvolvimento. Não ouse se acanhar em se mostrar disposto a encarar novos desafios em sua área, mostre-se interessado sempre em aprender.

2. **Foque o sucesso da equipe, em vez de focar somente o seu.**
   Embora você ambicione uma posição melhor na empresa, seu líder perceberá aqueles que trabalham de forma colaborativa e ajudam as outras pessoas. Os líderes reconhecem que a maior oportunidade de sucesso está em uma equipe trabalhando bem e em conjunto. O fato é que quando você é percebido por trazer desenvolvimento

para as pessoas ao seu redor, fazendo-as bem-sucedidas, faz com que você tenha mais valor ainda, passando a ser mais observado por seus superiores diretos e indiretos.

3. **Conheça seus números e tome posse do seu trabalho.**
   Domine seu trabalho. Saiba o que significa sua atividade no contexto da organização. Esteja pronto para discutir as métricas de desempenho e análises de negócios mais importantes (receita, lucros e perdas etc.), esteja bem preparado para quando você estiver em evidência, seja em alguma apresentação ou reunião, prepare-se bem para o evento. Lembre-se de que essas são oportunidades de provar o seu valor através de suas contribuições, ou o seu valor como funcionário e membro de uma equipe. Pense que essa é uma oportunidade única para mostrar aos líderes por que eles devem dar maior valor a você prestando maior atenção em seu trabalho.

4. **Faça o que você diz que vai fazer, e faça bem.**
   Ao se comprometer em fazer algo, faça-o bem. Ao surgirem oportunidades, os líderes sempre procuram por aqueles com histórico de bons serviços prestados, que originam resultados positivos. Cabe ressaltar que você deve construir uma imagem de que seu nome esteja sempre ligado ao desenvolvimento de bons trabalhos, pois aqueles que podem assumir pequenos projetos e obter resultados positivos estão mais propensos a assumir projetos com mais relevância futuramente.

5. **Treine assiduamente para desenvolver a habilidade de pensar estrategicamente.**
   Para que você se torne uma pessoa com capacidade de assumir posições de maior responsabilidade, é mandatório desenvolver a habilidade de pensar estrategicamente. Através do pensamento estratégico, o líder conseguirá balancear o que diz respeito ao negócio com as operações diárias. Quando trabalha num negócio, você consegue focar as oportunidades que fazem este se desenvolver, observando o quadro geral e sendo capaz de tomar decisões. "Se você quer ficar bom no pensamento estratégico, você tem que praticar. É um músculo que precisa ser exercitado. Quanto mais você trabalhar nisso, melhor você será" (Raffoni, M., 2019).

6. **Desenvolva sua criatividade e encontre novas soluções para problemas antigos.**
Não espere um resultado diferente, caso você continue fazendo a mesma coisa. Diz o ditado. Portanto, é importante você observar se existe a possibilidade de fazer diferente para encarar um problema que a empresa esteja enfrentando. Pode ser uma forma criativa de encarar um novo desafio. Caso sua empresa tenha foco no futuro, novas ideias se fazem necessárias; assim, não hesite em compartilhar ideias inovadoras para um problema difícil, pois desse modo você mostra o que tem a contribuir para a empresa.

7. **Treine e pratique de forma contínua suas habilidades de comunicação.**
Saber se comunicar com clareza, ter capacidade de persuasão e ser atencioso com outras pessoas é fundamental para aqueles que desejam desenvolver sua capacidade de se comunicar bem. Outro ponto importante é conhecer sua audiência para que você coloque corretamente seu pensamento. Prepare-se com antecedência, seja em uma simples apresentação, trabalhando em um projeto em grupo, ou tendo uma conversa difícil com seu chefe. Cada pessoa e situação levarão você a receber perguntas diferentes — então seja flexível e se ajuste ao momento. Você pode querer abordar seu chefe sobre a possibilidade de ocorrerem alguns cenários, mas tente sempre abordá-lo com dados para apoiar seu ponto de vista.

8. **Desenvolva relacionamentos com as pessoas de toda a empresa.**
Não fique dentro de uma "bolha" apenas com sua equipe. Crie oportunidade de estar com os demais funcionários da empresa. Seja almoçando com eles, puxando conversa na hora do café, pois, dessa forma, você criará conexões, fazendo novos aliados e aumentando sua visibilidade e influência. Quando você trabalha de forma colaborativa e multifuncional, seu nome continuará surgindo em várias conversas em que o foco é falar de uma situação onde você, caso seja inserido, poderá contribuir com a solução do problema, ou ainda fazer parte do time com o objetivo de alcançar objetivos maiores.

9. **Engaje-se nos propósitos e nos valores da organização.**
No mundo atual, as empresas definem seu propósito e valores e comunicam a seus funcionários para que saibam o que se espera ou não deles. Esses valores e propósitos são o que a empresa busca, não somente entre seus funcionários, mas também entre seus líderes. Um líder forte conhece os valores, vive-os e incentiva a defesa deles em outros. Em outras palavras, ele inspira as pessoas as quais ele lidera para o seguirem. Uma das características de um líder é falar desses valores e propósitos a seus colegas de trabalho. Em reuniões, faça elogios aos colegas cujas ações se alinham com os valores da sua organização e, ao discutir seus próprios projetos, observe qual a opinião deles a respeito dos objetivos da empresa. Assim, você se destacará mostrando que está alinhado com a empresa e fazendo um ótimo trabalho.

10. **Levante a mão.**
Sempre que você se sentir confortável, não hesite em pedir uma oportunidade para mostrar seu talento e habilidades, pois mostrar iniciativa conta ponto positivo para você. Se você vier de uma área de destaque da empresa, onde apoia iniciativas estratégicas, peça para participar de outros projetos. Mostre como pode gerar valor se participar do projeto. Dessa forma, o chefe e o chefe do seu chefe vão querer colocá-lo em um lugar onde você poderá ter a máxima performance. Às vezes, cabe a você identificar onde estão essas oportunidades e pedir para participar dos projetos.

Após falarmos dessas opções estratégicas, podemos observar que para que você seja notado pelo chefe do seu chefe sem passar por cima de sua cabeça, não existe uma bala de prata, ou como dizem os americanos, não existe *one size fits all strategy* para você ser notado. No entanto, você deve se concentrar nessas dez áreas — com persistência, paciência e deve entender que o crescimento de uma carreira de sucesso demanda tempo; assim, seguindo esse roteiro, você continuará se movendo na direção certa e estará pronto para aproveitar a oportunidade quando ela aparecer.

4.2 Para ter sucesso na carreira, além do esforço pessoal, é necessário ter um "padrinho"

Discutimos no subtítulo **"Seja visto pelo líder de seu líder direto"** a importância de se destacar e mostrar suas competências e conquistas para além do seu time e seu líder direto. Para vencer na escala meritocrática, faz-se necessário ter boa performance, que é conquistada pelo seu esforço pessoal. Em um dos pontos no qual o sistema meritocrático é contestado, é que nem todos conseguem vencer apenas pelo seu esforço pessoal, pois diversos fatores afetam a performance das pessoas, como já discutido em capítulos anteriores. O tema meritocracia é fascinante para mim, e cada vez mais crio motivos para desenvolver novas pesquisas sobre o assunto, sempre em busca de situações nas quais autores falem sobre fatores não meritocráticos. Dessa forma, tento entender como endereçar o problema, e de qual maneira devemos encará-los. Vou além disso, e procuro desmistificar diversas situações em que aponto que sim, o esforço pessoal para vencer na vida também inclui a necessidade de transpor as barreiras da dificuldade através do seu "esforço mental", onde se faz necessário o desenvolvimento de sua mentalidade para que esta foque o seu objetivo de crescimento.

Assim, em uma dessas pesquisas sobre meritocracia, tive a oportunidade de conhecer a obra da autora Carla Harris, que escreveu vários livros sobre como ter sucesso nas empresas, entres eles o best-seller *Esperar vencer: 10 estratégias comprovadas para prosperar no local de trabalho*. Assisti também a um ótimo TED Talk no qual a autora fala que, para se obter sucesso na empresa, é necessário a pessoa ter um *sponsor*. *Sponsor* é uma palavra inglesa que significa "patrocinador". Porém, ainda que faça algum sentido no contexto que vou apresentar, a palavra patrocinador, em português, não exprime exatamente o significado que desejo dar a essa expressão. Portanto, conversei com algumas pessoas e encontrei a palavra exata — "padrinho", ou seja, para você prosperar em uma empresa você precisa de um "padrinho". Mas o que realmente é um "padrinho", o que significaria ter um "padrinho", qual o objetivo, e como devem ser as atitudes para que se consiga conquistá-lo.

No início de sua apresentação, Carla Harris se refere à meritocracia nas empresas como sendo um mito, pois, para que o funcionário consiga um bom bônus, ele precisa ter um "padrinho", ou seja, alguém que tenha poder de decisão na empresa e que esteja presente na reunião em que será discutida a performance dos profissionais, intercedendo a favor de determinado(s) candidato(s) para que esse(s) obtenha(m) boa classificação e, assim, conquiste(m) os maiores bônus.

Aqui abro um parênteses na apresentação da autora: não concordo com ela quando afirma que a meritocracia é um mito, pois é necessário um "padrinho" para "defender os atributos" de determinado colaborador, para que ele obtenha sucesso. Segundo ela, "não se pode ter um ambiente 100% meritocrático quando há um elemento humano envolvido na equação avaliativa, porque, por definição, isso a torna subjetiva". Concordo, e é fato; porém, precisamos saber ultrapassar barreiras. Portanto, o motivo de discordância é que, para vencermos na escala meritocrática, precisamos de inteligência emocional, networking e pensamento estratégico; tudo isso faz parte do desenvolvimento das habilidades de um vencedor; logo, não tem fundamento julgarmos o processo meritocrático por esse fator. Quanto ao ponto de desenvolvermos alianças por meio de um bom networking para conquistar esses "padrinhos", é um fato que concordo plenamente e apresento neste livro essa discussão sobre a apresentação dessa autora, de onde extraí vários insights que podem contribuir com nossa ideia de utilizar a escala meritocrática para subirmos em nossas carreiras.

E o que significa ter um "padrinho"? Na minha vida pessoal, tive a oportunidade de conquistar esse "padrinho". Lembro-me de que, lá pelos meus 20 anos, ainda rebelde, infantil, sem muita responsabilidade, eu me destacava na empresa com uma ótima performance. Mas, apesar de ter uma boa performance, não conseguia me destacar para ganhar uma promoção ou um aumento de bônus. Sem ter a mínima ideia do assunto que hoje discuto aqui, percebi que havia a necessidade de criar um relacionamento interpessoal com alguém que pudesse me defender junto à alta gerência da empresa quando das reuniões de avaliação. Foi então que comecei a criar um relacionamento com um "padrinho", que tinha poder de decisão e empatia pela minha pessoa, fazendo minha defesa quando os funcionários eram avaliados. Lá pelos idos dos anos 80, aprendi como era importante ter esse "padrinho", pois foi ele que tornou possível meu desenvolvimento pessoal na época. Lógico que, muitos anos antes de pensar em escrever este livro e de saber da importância do "padrinho" através do TED Talk da Carla Harris.

Segundo Carla Harris, ter esse "padrinho" significa ter a pessoa que gastará o seu valioso capital político e social com você e baterá na mesa em seu nome na hora da definição do bônus ou de uma promoção: isto significa ter um "padrinho". É importante frisar que o "padrinho" deverá ter exposição suficiente ao seu trabalho para ter credibilidade real na hora de sua defesa, junto aos demais avaliadores. Portanto, tenha em mente que esse "padrinho" muito provavelmente não será seu chefe direto, o que torna imprescindível sobressair-se além de seu time, conforme descrevemos neste livro (**"Seja visto pelo líder de seu líder direto"**). Cabe ressaltar a diferenciação entre um "padrinho" e um mentor, porque o trabalho de um mentor é dar-lhe conselhos personalizados, adaptados especificamente a você e às suas aspirações de carreira. São eles que apontam de uma forma sem limites as coisas boas e ruins. O mentor não pode ser um defensor seu, porque não tem necessariamente de gastar nenhum capital político para ser seu campeão.

O principal objetivo de se ter um "padrinho" é pelo fato de que não existe um único processo de avaliação, seja no meio acadêmico, na área de saúde, na área de serviços financeiros, que não tenha um elemento humano. Isso significa dizer que sempre existirá essa medida de subjetividade. Existe sempre uma medida de subjetividade em quem for apresentar o seu caso. Há uma medida de subjetividade no que dizem e na forma como interpretam quaisquer dados objetivos que possam existir a seu respeito. Há uma medida de subjetividade na forma como dizem e o que vão dizer para influenciar o resultado da avaliação. Portanto, é necessário certificar-se de que essa pessoa que fala, esse "padrinho", tenha real interesse em gastar seu capital político na empresa para defendê-lo e, com certeza, tenha também poder de decisão para que faça acontecer as decisões a seu respeito.

Como podemos conseguir esse “padrinho”? Primeiramente é importante entender o que Carla Harris cita como sendo as duas moedas necessárias para se obter sucesso na empresa: a moeda de performance e a moeda de relacionamento. A moeda de performance é a gerada pelo desempenho de suas tarefas normais e o que você consegue além disso. Cada vez que você entrega um trabalho acima das expectativas das pessoas, gera a moeda de performance. Ela é valiosa por três razões. Em primeiro lugar, vai fazer com que seja notado e vai melhorar sua reputação. Em segundo lugar, também fará com que seja remunerado e promovido muito cedo na sua carreira e muito cedo em qualquer ambiente. Em terceiro lugar, poderá atrair um “padrinho”. Por quê? Porque uma moeda com boa performance aumenta o seu nível de visibilidade no ambiente, de tal forma que um “padrinho” poderá ser atraído para você. Por quê? Porque toda pessoa adora um superstar.

Além de ser necessária uma boa performance para ser bem-visto, cabe aqui enfatizar que a moeda mais importante dentro desse contexto é a do relacionamento, essa é a moeda que é gerada pelos investimentos que fazemos nas pessoas do nosso ambiente. Não é possível pedir a alguém que utilize a sua moeda de influência pessoal, no caso, um futuro “padrinho”, se você nunca teve qualquer interação com ele. Por isso, é importante investir tempo para se engajar e conhecer as pessoas que estão no seu ambiente e, mais importante ainda, para lhes dar a oportunidade de que o(s) pretendido(s) “padrinho” o conheça(m). Portanto, se houver essa interação com você, sua possibilidade de se aproximar e pedir para serem seus “padrinhos” aumenta bastante e, consequentemente, aumenta a chance de responderem afirmativamente.

Em suma, podemos verificar que é mandatório nas empresas termos um “padrinho”. Importante ressaltar que esses “padrinhos” tenham poder de decisão, tenham exposição a seu trabalho e possam opinar quando da avaliação dos funcionários. Dessa forma, ao conquistar um “padrinho” com essas características, a chance de sucesso na empresa aumenta de forma exponencial.

4.3 Ninguém o remunera por seu valor, e sim por quanto eles acham que você vale

Na minha longa jornada corporativa, já tive pedido de funcionários querendo aumento, pois achavam que tinham boa performance, mas ganhavam mal. Inclusive muitos deles, com certeza, eram excelentes funcionários, cumpriam com suas obrigações, "vestiam a camisa" da empresa, mas, na hora de pedirem um aumento ou promoção, não eram atendidos. Quase todos alegavam que faziam o trabalho que lhes era dado de forma correta, entregavam sempre a tempo. Enfim, era uma tremenda frustração para eles não obterem melhor remuneração, seja através do aumento salarial, ou de promoção. Bem, dito isso, o que esse assunto tem a ver com meritocracia? Muitos podem estar pensando. Na realidade, para subirmos na escala meritocrática em uma empresa temos que mostrar nosso valor. Mas, quando falo mostrar nosso valor, não falo somente considerar o perfeito cumprimento de nossas tarefas, mas também devemos saber mostrar a nossos superiores qual é o nosso valor. Em que estou contribuindo para o crescimento da empresa. Como sou importante. O que faço para unir a equipe de trabalho. Caso você não saiba mostrar seu valor, a chance de você não evoluir em sua carreira é grande.

Segundo Casey Brown (2017), a autora do TED Talk — *Ninguém nunca vai pagar o que você vale. Eles apenas vão pagar o que pensam que você val*e — saber definir e comunicar o seu valor é crucial para que seja bem pago pelo seu trabalho. Nesse TED, a autora conta sua história profissional, quando após um ano prestando serviços para diversas empresas, fazendo-as adicionar valor a seu negócio, percebeu que deveria obter um reajuste no preço de seus serviços, pois esses eram de extrema qualidade e geravam valor para o cliente. Dessa forma, ela começou a traçar um plano de como comunicar esse aumento. Assim, começou seu plano de avaliar seus preços, fazendo as perguntas a seguir:

- Quais as necessidades dos clientes e como as satisfaço?
- Qual é o conjunto de habilidades que me torna mais bem qualificada para servi-los? O que eu faço que ninguém mais faz?
- Quais os problemas que resolvo para os clientes? Quais valores acrescento?

Após responder a essas perguntas, ela definiu os novos preços e enviou as propostas a seus clientes, porém, tinha receio de perdê-los. Ela sabia que havia feito o dever de casa. Sabia que o novo valor estava correto. Feito isso, aguardou a resposta de seus clientes que no caso foram extremamente positivas, pois continuaram com seus contratos, continuaram a dar referência e recomendá-la a novos clientes.

Dentro desse contexto, podemos observar que não somente o esforço é necessário na escala meritocrática para que possamos evoluir em nossa carreira, mas também saber comunicar nosso valor aos clientes, ou aos nossos superiores na hierarquia corporativa. Ser devidamente valorizado é muito importante. A lição que se tira dessa história é que as implicações variam muito além de apenas finanças, migrando também para o campo do respeito próprio e da autoconfiança. Portanto, tenha em mente o sonho de como poderia ser a sua vida, quanto mais poderíamos fazer, quanto mais poderíamos doar, quanto mais poderíamos nos planejar para o futuro, como seríamos mais reconhecidos e respeitados se pudéssemos receber o valor justo pelo nosso potencial de trabalho.

"Ninguém nunca vai pagar o que você vale. Eles vão apenas pagar o que pensam que você vale, e você controla o que eles pensam" (Casey Brown, 2017).

05

Entendendo a dinâmica da meritocracia e utilizando-a em seu favor

5.1 Consequências das críticas, a meritocracia e a apologia ao vitimismo

A afirmação pura e simples de que a meritocracia é um mito, é uma forma simples de se fazer críticas a:

i. Sociedades que utilizam suas premissas para buscar seu desenvolvimento, como, por exemplo, os Estados Unidos da América através da tese do "American Dream" (que significa a crença de que qualquer pessoa, independentemente do lugar em que nasceu e da sua classe social, pode alcançar a sua própria versão de sucesso em uma sociedade em que a mobilidade ascendente é possível para todos);

ii. Empresas que tenham em sua premissa de desenvolvimento de carreira os conceitos meritocráticos; e

iii. Defensores da liberdade econômica.

Assim sendo, é muito mais fácil criticar do que ensinar como podemos nos desenvolver para atingir o sucesso. Um dos fatores mais importantes é quebrar essa barreira das narrativas, na qual "os contra o sistema meritocrático" colocam a meritocracia como mito, falam apenas das desigualdades, comparam bilionários e milionários de Wall Street, Vale do Silício, ou qualquer outro "rico" que tenha destaque na mídia, com pobres do mundo todo, ou pessoas que passam fome; focam muito também a miséria mundial. Falam incessantemente dos mais necessitados, os que sofrem mais etc. A narrativa dos "contra" sempre mostra um mundo onde a meritocracia é mito, gerando um sentimento de que este conceito tem uma conotação negativa; pregam também que o empresariado é demoníaco e que não há uma maneira de vencermos adversidades por meio do conceito meritocrático. A ideia é criar o sentimento de vitimismo, pois, através dele, muitos se aproveitam para criar narrativas de seus interesses. Neste caso, o que os governantes devem focar são os elementos não meritocráticos para que sejam criadas condições de igualdade de "partida". Essas políticas públicas devem se basear na igualdade do cidadão, proporcionando a todos a liberdade de escolha e educação de qualidade.

Como podemos associar a meritocracia a um mito, se uma sociedade onde a democracia, a liberdade econômica e o *mindset* de seu povo, que acredita no esforço pessoal como forma de crescimento é mais enraizada, seja a maior potência do mundo? O famoso "American Dream", tão idolatrado, é uma realidade. Julgá-lo um mito é uma visão deturpada. Na realidade, o fato é que, no mundo atual, para se obter sucesso, talvez seja exigido mais esforço pessoal do que no passado, dado que passamos por muitas modificações nos últimos anos, seja de ordem de crescimento populacional ou desenvolvimento tecnológico, que tirou emprego de várias pessoas, e outras que não eram qualificadas ficaram mais vulneráveis, o que fez gerar uma sensação de maior dificuldade das pessoas em atingirem melhores condições de vida.

Da mesma forma, as empresas que têm como cultura o sistema meritocrático também sofrem críticas. Essa cultura é muito baseada no esforço pessoal, trabalho muitas vezes duro que excede as horas normais, onde também ocorrem injustiças, privilégios e preconceitos. Nesse caso, só por existir a cultura da meritocracia já te possibilita por meio de seu esforço pessoal atingir uma melhor condição de vida. Contudo, não só através do seu esforço conseguirá, pois você deverá contar, ao mesmo tempo, com sua inteligência emocional, simpatia e capacidade de comunicação para vencer barreiras. Nesses casos, somente os melhores conseguirão, por possuírem mais resiliência, força de vontade e garra aliada a muito esforço pessoal. Como essa não é uma tarefa fácil, e muitos desistem no meio do caminho, essas empresas passam a sofrer críticas diante de uma cultura de competição, que dá oportunidade para todos subirem na escala profissional. Portanto, essas empresas fazem parte de um mundo real onde os melhores vencerão e muitos ficarão pelo caminho, pois, para vencer, muitas vezes você deverá saber lidar com injustiças e preconceitos, e faz parte de seu esforço pessoal saber superá-los, o que dessa forma possibilita que você atinja o sucesso por meio da meritocracia, o que faz com que esse processo não seja um mito.

Logo, a consequência dessa visão de que a meritocracia é um mito, em muitos casos, é de termos pessoas que não se desenvolvem, muitas vezes por se sentirem inferiores, ou se desmotivam por acreditarem que não conseguirão obter sucesso, "não vale a pena", muitos falam, "isso é para quem pode, não somos ricos", falam outros; e assim vai sendo criada uma narrativa na qual o esforço, garra e resiliência não o levarão a lugar algum; com isso os menos afortunados passam a crer que a meritocracia é um mito. Mas tudo isso pode fazer parte de uma estratégia daqueles que são a favor da filosofia do igualitarismo, que além de outros objetivos, tendem a concentrar seu foco na desigualdade de renda e na distribuição de riqueza, ideias essas que influenciam o desenvolvimento de vários sistemas econômicos e políticos.

5.2 A meritocracia é relativa

A meritocracia é justa e está ao alcance de todos. Gosto da meritocracia, pois ela é relativa; logo, podemos olhar de uma forma diferente, e discutir sobre outro ângulo de um jeito não discutido por vários autores sobre o tema. Por ser relativa, a meritocracia é justa. Neste item, discutiremos sobre esse conceito de uma forma em que mostro que geralmente comparamos disputas desiguais em contextos diferentes que acabam beneficiando A ou B. Por esse motivo, onde temos contextos e situações distintas, comparar performance de A com B, pura e simplesmente, acaba por distorcer o conceito meritocrático.

Em sua essência, a meritocracia é um tema polêmico, por conta de sua grande subjetividade. Ela é defendida por liberais *ipsis litteris* com relação ao seu conceito original de que a meritocracia é um sistema social, que tem seus pilares baseados na capacidade de méritos dos indivíduos, e não na base de sua família, poder econômico, riqueza, ou ainda, sua origem social (Bellows, 2009; Castilla & Benard, 2010; Poocharoen & Brillantes, 2013; Imbroscio, 2016) e criticada pelos igualitaristas ou aqueles que seguem a doutrina que visa estabelecer a igualdade absoluta em matéria política, social e cívica; teoria que sustenta a igualdade absoluta dos homens. Neste livro, procuro trazer outro olhar sobre o tema, no qual o centro da ideia é a de que a meritocracia é relativa. Corroboro com a opinião de quem não é um filósofo ou político, que assume que o conceito de justiça e merecimento são a mesma coisa (Mulligan, 2018). Isso pode parecer óbvio, mas como falado anteriormente no texto, a polarização existe entre os libertários e igualitários. Mulligan (2018), em seu livro, *Justice and The Meritocratic State*, aborda com propriedade esse tema e desmistifica essa polarização. Ainda que em nosso livro tenhamos um foco diferente, que é o de mostrar o que são os conceitos meritocráticos e como usá-los em nosso favor, é importante trazermos para o debate as visões de diferentes autores, comprovadamente especialistas no tema, assim enriquecemos nossa obra, como também construímos os pilares para suportar nossa ideia central. Mulligan (2018) afirma que, quando argumenta contra os libertários, rejeita as políticas de direita e, quando argumenta com os igualitários, argumenta contra a política de esquerda e, assim, alimenta a polarização teórica na qual espelha nosso atual clima político, não só no Brasil, mas ao redor do mundo. Mulligan (2018) afirma ainda que a posição meritocrática é centrista, pois, em sua opinião, a meritocracia tem seus pilares entre os polos igualitários e libertários. Ele cita também que, no que se refere à visão libertária, é dada ênfase à responsabilidade pessoal, escolha individual e resultados desiguais, pois considera injusto quando os trabalhadores e os preguiçosos são recompensados da mesma forma, ou quando o não merecedor prospera enquanto o merecedor não obtém êxito. No que se refere ao igualitário, Mulligan enfatiza o princípio de igualdade, porém, cabe ressaltar que se refere à igualdade de oportunidade, pois a competição por bens sociais é inevitável devido à escassez, segundo a visão econômica. A justiça exige que a competição ocorra em condições de igualdade, pois se uma pessoa toma a frente de seus pares, é porque ela tem mais méritos do que as outras — e não devido à sua raça, sexo, ou família, ou influência.

Partindo desse princípio, consideramos uma situação hipotética de que todos têm oportunidades iguais, todos têm o mesmo ponto de partida, não existe preconceito, corrupção, influência, injustiça (aqui, como explico no texto, considero injustiça no amplo sentido da palavra), fatores esses que realmente atrapalham o conceito meritocrático puro. Mas o que fazer? Dado que desde que o mundo é mundo esses fatores ocorrem na vida de todos. Começar a pensar igual aos que seguem a doutrina igualitarista, de gritar por justiça, lamentar-se desses problemas e querer a utopia de um mundo perfeito, querendo que todos sejam exatamente iguais, ou "arregaçar as mangas" e seguir em frente? Tenho a visão de que é melhor "arregaçar as mangas" e seguir em frente, pois a grande riqueza da doutrina meritocrática é que ela prima pela liberdade e podemos afirmar que ela é relativa.

Dessa forma, muitos podem perguntar o que seria esse conceito relativo e como ele pode ser considerado no processo meritocrático. Explicaremos aqui o que seria esse conceito e por que o considero como uma das características da meritocracia.

Quando estudava para meu doutorado, no qual aprofundei meus conceitos sobre marketing de luxo, deparei-me com uma colocação muito interessante na qual se abordava o que você considerava como sendo o conceito de luxo. Recordei-me dessa pergunta quando desenvolvia a ideia deste livro, pois, como meritocracia, a definição do conceito de luxo é ampla e, dependendo do ângulo que se enxergue, ele pode ter várias facetas. Portanto, utilizarei o conceito de luxo para exemplificar e descrever o que se entende por tratar um conceito como relativo.

Quando falamos do conceito relativo do luxo, podemos exemplificar de uma forma mais científica, trazendo aqui o exemplo dos autores Heine & Sikora (2012), que reconhecem a natureza multidimensional da relatividade do luxo. Para eles, a relatividade da natureza luxuosa do produto tem a forma regional, temporal, econômica, cultural e situacional. Ainda segundo os autores, a questão da escassez, traduzida pela disponibilidade local dos produtos específicos de cada região, pode fazer com que certo produto assuma o título de luxo. Porém, em outras regiões do mundo, pode ser considerado um bem comum, dada a sua grande disponibilidade.

Gosto também de utilizar um exemplo popular para descrever em que se traduz o conceito relativo, utilizando ainda a visão de produtos de luxo. Vejamos um exemplo do que, então, pode ser considerado um artigo de luxo e como este pode ser relativo.

Caso você tivesse que escolher entre a opção A e B para representar o que seria um produto de luxo, qual opção você escolheria?

- Opção A — Uma garrafa de água mineral de 1 litro que custa 1 dólar.
- Opção B — Uma bolsa Birkin Bag da marca francesa de luxo Hermès que custa 25 mil dólares, e que poucos têm condições de pagar.

Se você escolheu a opção B, diria que, com certeza, você escolheu o mais lógico, pois não faz sentido você escolher uma garrafa de água mineral de 1 dólar, pois claramente não é um artigo de luxo. Porém, a escolha da opção B poderá perder o sentido quando inserimos no contexto a situação em que você se encontra, ou o local onde você está no momento. Assim, vejamos: caso você esteja num deserto, em uma caminhada, e se encontra com pouca ou nenhuma água, morrendo de sede, com certeza uma garrafa d'água passará a ser um artigo de luxo, da mesma forma, caso esteja em uma situação extrema de sede no deserto, você escolherá ter uma garrafa de 1 litro d'água, do que uma bolsa caríssima. Ou seja, vejam que, dependendo da situação, a sua percepção sobre o que é luxo poderá mudar. Muda-se a referência, sua percepção poderá mudar também.

Logo, agora que definimos o conceito relativo, vamos inseri-lo no processo meritocrático e como deve ser tratado, para que as pessoas o utilizem e consigam, assim, alcançar seus objetivos para uma vida melhor. O exemplo a seguir é para explicar o que seria esse contexto relativo, inserido na meritocracia, e por que é importante a sua disseminação, principalmente junto aos mais pobres, pois dessa forma conseguiremos mostrar-lhes "o outro lado" (falo sobre isso na terceira parte do livro), assim, motivando-os para futuras conquistas onde o esforço pessoal, o trabalho, sua habilidade pessoal, resiliência e persistência serão importantes para atingir seus objetivos.

O ser humano tem como característica, na maioria das vezes, desejar, almejar um futuro melhor. Porém, quando nos deparamos com a concorrência em volta de nós, seja ela no trabalho, na vida concorrendo com a população de uma forma geral, em um concurso, caso você esteja considerando obter um emprego, esteja numa competição esportiva, na escola ou universidade buscando melhores notas, você quase sempre perceberá que existe alguém em um ponto de partida acima de você, pode ter certeza disso. Seja esse ponto de partida de que origem for, financeiro, familiar, uma pessoa mais hábil ou inteligente, enfim, de qualquer forma. Quando isso ocorre, pense sempre que você quer chegar ao topo, nunca desanime, mas considere também que, caso não chegue por ter partido de um ponto inferior, você possa atingir um objetivo intermediário dentro de suas competências, esforço, resiliência, persistência. Pense que a meritocracia existe, sim, não é um mito, e que, com certeza, todo seu esforço pessoal será recompensado, você venceu na escala meritocrática. Partindo desse pressuposto, podemos considerar a meritocracia como sendo um conceito relativo e justo, pois dependerá muito do contexto em que você estará incluído e o tamanho de seu esforço, mas, com certeza, ela te levará ao sucesso. Mostraremos neste livro que devemos aprender a nos defender, vencer adversidades, fazer as escolhas certas, pois, em minha opinião, essas habilidades também fazem parte do arsenal de um vencedor que escolheu a meritocracia como forma de desenvolvimento pessoal. Posso aqui citar alguns fatos que comprovam a beleza do sistema meritocrático e seu sucesso relativo.

a. Seleção do Marrocos na Copa de 2022, chegou em 4º lugar, foi a primeira seleção africana a conquistar esse lugar em copas, mas não ganhou a de 2022.

b. Aquele empreendedor que abriu um pequeno comércio numa comunidade carente e vive de forma digna, sem passar necessidades, provendo seus filhos de boa educação e qualidade de vida decente.

Vemos nesses dois exemplos que em nenhum deles houve um pleno sucesso (no sentido de se chegar ao topo da pirâmide). No caso A, com a conquista da Copa, e, no B, por intermédio da acumulação de riqueza (falaremos desse tema posteriormente, no tópico sobre meritocracia e riqueza). Mas em ambos, o esforço pessoal e a justiça com o consequente mérito levou-os a crescerem de acordo com suas possibilidades. No caso do exemplo A: a equipe de Marrocos, inclusive, superou a de vários países que estavam muito acima em termos de habilidade e capacidade técnica, servindo como exemplo de que também não podemos afirmar como verdade absoluta que quem sai de um ponto inferior não possa alcançar quem está acima e superá-lo. No caso da seleção do Marrocos, poderemos afirmar que: 1) ela fracassou por não ter vencido a copa ou, 2) teve o mérito, apesar de todas as adversidades, chegou em 4º lugar e foi a primeira seleção africana de todos os tempos a conquistar essa colocação?

Vejam como o feito é relativo. Em minha opinião, fico com a opção 2.

Já no caso B, poderemos dizer que: 1) o pequeno empreendedor fracassou por não ter chegado a CEO de uma grande empresa e fracassou na vida, ou 2) teve o mérito de que, dentro de suas possibilidades, obteve êxito em seu negócio e criou condições de vida melhores para seus filhos se desenvolverem? Nessa hipótese, também fico com a opção B. Nesse caso específico, fico imaginando o que seria dessa pessoa caso não tivesse resiliência, esforço pessoal, persistência. Com certeza não teria conseguido atingir seus objetivos e estaria, talvez, numa situação financeira e pessoal delicada.

Logo, todo esse cenário ocorre, pois a meritocracia é relativa, muitos obterão sucesso, mas não chegarão ao topo da "cadeia", o que não necessariamente significa dizer que não obtiveram sucesso ou tenham fracassado. O que não podemos é criar narrativas de vitimismo; devemos, assim, ensinar as pessoas a vencerem as adversidades, mesmo que muitas das vezes estejam em condições menos favoráveis, em vez de ficarmos criando um cenário de desestímulo para esses mais desafortunados. Outro caso muito comum é de chamarmos de fracassado aquele que não chega ao topo da cadeia dentro do seu setor; ao contrário, devemos exaltar as suas qualidades e seu esforço pessoal que utilizou para chegar a esse lugar. Assim sendo, toda essa narrativa de vitimismo e fracasso só serve para que as pessoas fiquem descrentes do sistema meritocrático, abandonem seus ideais de vida e fiquem se vitimizando, o que as torna muitas vezes "presas" fáceis para serem atraídas nos discursos populistas de políticos.

Concluo este tópico com a mensagem de que somente consegui atingir meus objetivos de conquistar uma vida melhor porque segui o conceito de justiça no qual se baseia a meritocracia. Sem ela, não teria condições de progredir. Pude ter a oportunidade de presenciar nesse percalço, várias situações que poderiam ter me feito desistir, mas, por minha crença na justiça e no meu esforço, seguia em frente, sempre buscando a melhor forma de vencer as adversidades, pois ninguém vence na vida sem que vença as adversidades. Desde que você seja uma pessoa de caráter, esforce-se e tome as decisões corretas na vida. Acrescento mais um ponto aqui: o Estado nunca te fará um vencedor no conceito meritocrático.

5.3 O fracasso é relativo

Neste livro, mostro que o sucesso deve ser considerado relativo, pois o que é o sucesso para uma pessoa pode não ser para outra; mostramos em detalhe essa ideia na parte que falamos que o sucesso é relativo. Da mesma maneira, em minha visão, a meritocracia é relativa, principalmente num mundo desigual, onde o ponto de partida das pessoas não é o mesmo e as pessoas são desiguais, e, mesmo que partissem todos do mesmo lugar, os resultados seriam desiguais, logo, devemos encarar a meritocracia como algo relativo.

Quando falamos de fracasso, o pensamento é o mesmo. Faço aqui a mesma pergunta que fiz para sucesso e meritocracia: o que é fracasso para você? A interpretação do que é fracasso para você é um pouco diferente do que falamos para sucesso e meritocracia. Começo aqui com três frases de autores que pesquisaram sobre o tema meritocracia em seus artigos científicos e que falam sobre fracasso e sua interpretação:

> "Em uma meritocracia, o indivíduo determina sozinho o sucesso e o fracasso" (Drudy & Lynch, 1993; Considine & Dukelow, 2009).
>
> "Consequentemente, atribuir o sucesso ou o fracasso somente à capacidade individual, efetivamente absolve o Estado e a sociedade em geral de qualquer responsabilidade pela desigualdade no sistema educacional" (Considine & Dukelow, 2009, p. 287-299).
>
> "Portanto, argumentamos que, em vez de refletir um sistema justo e equitativo, o uso dessa retórica meritocrática pelo Estado, na verdade, ajuda a perpetuar ainda mais as desigualdades existentes no sistema educacional e, essencialmente, serve para fazer com que o status quo social desigual existente pareça natural" (Hill, 2003).

Nessas afirmações, podemos notar que a meritocracia é muito relacionada a vencer ou fracassar. Da mesma forma que temos uma visão diferente para sucesso e meritocracia, e mostramos que essa visão parte do pressuposto que esses fatores são relativos, acreditamos que o fracasso também é. E da mesma forma que autores citam a questão do fracasso como sendo algo utilizado pelo Estado como uma cortina de fumaça para encobrir as desigualdades (Hill, 2003), pergunto se os igualitários também não usam o fracasso para encobrir uma questão mais ampla: na questão de que os resultados da evolução na vida serão diferentes independentemente de se terem saído do mesmo lugar, o que provocará desigualdade. Assim, conseguem ocultar que, mesmo dois concorrentes saindo de um mesmo ponto, provocarão resultados diferentes, e o fracasso entra nessa narrativa para mudar o olhar do ocorrido e, assim, criticarem a meritocracia.

Conforme falamos no parágrafo anterior, a própria meritocracia traz desigualdades no sentido de que, mesmo partindo de um mesmo ponto, por exemplo, da mesma escola, pessoas terão desempenhos diferentes e algumas conquistarão melhores condições de vida do que outras em diferentes níveis, o que poderá impactar a futura geração da família. Por exemplo, a pessoa A, que obteve melhor performance, pode dar melhores condições a seus filhos que a pessoa B. No entanto, B também conquistou bastantes coisas na vida, só não atingiu o patamar de A. Será que B fracassou? Ou B obteve sucesso, porém menos sucesso que A?

Nesse ponto, a definição de fracasso fica um pouco obscura. Para aqueles que veem a meritocracia apenas como sendo uma questão de esforço pessoal para vencer, e se não vencer você é um fracassado e nada mais além disso, com certeza dirão que B fracassou. Para os igualitários, esse exemplo não ajudaria a sua narrativa e dessa forma seria abandonado, pois como explicar às pessoas que saíram do mesmo lugar chegarem a lugares distintos. Porém, no meu entender, ocorre algo diferente, que é uma interpretação de que não houve fracasso de B, apenas B conseguiu sucesso em sua carreira, mas não atingiu o nível de A. Logo, condenar B como fracassado somente porque não atingiu o patamar de A soa sem sentido, pois B poderia também ter conseguido um patamar muito mais alto que outras pessoas. Dessa forma, seu fracasso foi relativo.

Recentemente, nas mídias sociais, foi divulgado o depoimento do jogador de basquete americano Giannis Antetokounmpo, estrela do Milwaukee Bucks, que viralizou rapidamente na internet no qual ele fala de fracasso como sendo muitas vezes um degrau para o sucesso, e não quer dizer que um fracasso apenas signifique que você não obterá sucesso. Leiam a entrevista que ocorreu após uma derrota do Milwaukee Bucks:

> Giannis Antetokounmpo se irritou durante a entrevista coletiva após o jogo contra o Miami Heat em que a derrota culminou com a eliminação da equipe ainda na primeira rodada dos play-offs da NBA. Um repórter questionou o desempenho do jogador no quarto período

e sua queda na pontuação, além de perguntar se ele achava que a temporada era um fracasso. Giannis respondeu que não havia fracasso no esporte e explicou que a temporada era apenas uma etapa na busca pelo sucesso.

"Oh, meu Deus. Você me fez a mesma pergunta ano passado, Eric", Antetokounmpo começou sua resposta acalorada.

O jogador também foi questionado sobre sua queda no desempenho na linha do lance livre e sua lesão nas costas. Giannis respondeu com pouca paciência e afirmou que essas questões não eram relevantes, já que o jogo havia terminado.

O repórter também perguntou sobre as estratégias da equipe e como lidar com as derrotas. Giannis respondeu que a equipe deveria se concentrar em melhorar e se preparar para a próxima temporada. Mas a palavra "fracasso" foi o que realmente irritou Giannis. Leiam sua resposta:

"Você recebe uma promoção todo ano?", questiona o jogador. "No seu trabalho? Não, certo? Então, todo ano que você trabalha é um fracasso, sim ou não? Não. Todo ano você trabalha, você trabalha para alguma coisa, para uma meta, que é conseguir uma promoção, poder cuidar da sua família, sei lá, dar uma casa para eles, ou cuidar dos seus pais. Você trabalha em direção a um objetivo. Não é um fracasso, é um degrau para o sucesso."

"Michael Jordan jogou quinze anos, ganhou seis campeonatos", disse ele. "Os outros nove anos foram um fracasso? É isso que você está me dizendo? Estou fazendo uma pergunta, sim ou não?"

"É a pergunta errada. Não há fracasso no esporte. Há dias bons e dias ruins. Alguns dias você consegue ter sucesso, outros não", disse ele. "Alguns dias é a sua vez, alguns dias não é a sua vez, e é disso que se trata o esporte, nem sempre você ganha, outras pessoas vão ganhar. E este ano outra pessoa vai ganhar."

Embora Giannis tenha sido criticado por sua atitude na entrevista, alguns fãs o defenderam, argumentando que os repórteres fazem perguntas repetitivas e desgastantes, especialmente após uma derrota (Mendes, 2023).

Observem que essa entrevista foi amplamente divulgada e comentada como uma nova visão do que é o fracasso. O que me chama atenção é que as pessoas gostaram do posicionamento do Giannis, e pude verificar a quantidade de likes no Instagram, por exemplo, pois foram declarações fortes, que soaram bem aos ouvidos do público em geral, como sendo de uma pessoa que encara a vida do ponto de vista de um jogo, onde resiliência e perseverança têm um papel importante para que seja atingido o sucesso. No entanto, muitas pessoas ao falarem de si mesmas, ou dependendo da narrativa e do campo ideológico em que essas pessoas se encontram, suas atitudes na vida não condizem com o fato de terem concordado com o jogador. Portanto, cabe aqui uma reflexão: Será que consideram Giannis um fracassado?

Logo, podemos inferir que em nossa visão (conteúdo de nosso livro), o posicionamento do jogador faz sentido num contexto em que descrevemos a meritocracia, o sucesso e o fracasso como sendo relativos. Sendo assim, o fracasso não deveria servir como suporte de nenhuma ideologia, seja ela liberal ou igualitária, ao contrário, deve ser desenvolvido um olhar de que devemos encarar o fracasso apenas como um degrau para o sucesso. Posso também não ter vencido uma competição em relação ao meu oponente direto, mas venci em relação a diversas situações na vida que me trouxeram até aqui. Portanto, não sou um fracassado, e sim um vencedor.

Em resumo, cabe ressaltar aqui que o fracasso somente não existe para aqueles que são resilientes e perseverantes, que encaram uma situação de derrota como sendo um degrau para o sucesso, utilizando esse momento para reflexão e aprendizado, onde é importante se ter um objetivo claro na vida. Para esses, não existe fracasso, pois ele é apenas relativo a uma determinada situação, podendo ser revertido com muito esforço, e garra.

5.4 O conceito meritocrático está atrelado à riqueza?

Em várias reportagens, artigos, discursos, ouvem-se críticas à meritocracia e, muitas vezes, essas críticas têm por base a inserção da meritocracia no contexto de desigualdade de riqueza. A meritocracia é sempre lembrada quando saem dados de riqueza e desigualdade como os divulgados recentemente pela Oxfam (2023), em que cita que 1% da população ficou com metade da riqueza criada na última década. Sempre que há essas comparações, apresenta-se a figura das extravagâncias de milionários e bilionários ao lado de pessoas paupérrimas e famintas. Ouvem-se muitos gritos de que se deve taxar cada vez mais os ricos, para que os pobres sejam beneficiados, e que pobre não pode crescer e obter sucesso na vida, pois a meritocracia não existe, mesmo que saibamos que a medida do sucesso e da riqueza é relativa. Portanto, o crescimento meritocrático também é relativo. Dentro desse cenário, a narrativa pejorativa com relação à meritocracia ganha força. Mas será que estamos mesmo falando a coisa certa? Quando analisamos a desigualdade em termos de percentual de ricos e pobres, temos que incluir aí a questão da meritocracia?

- Primeiramente, conforme explicamos no capítulo sobre o porquê da meritocracia ser relativa e que nem todos que seguirem seus conceitos e obtiverem êxito serão milionários, ou estarão naqueles 1% mais ricos da população, é uma das razões para não inserir os conceitos meritocráticos nessa discussão de números de ricos e pobres.
- Em segundo lugar, subir na escala meritocrática não significa que você ficará mais rico, milionário, ou estará no 1% da população de privilegiados. Aqui, entra a discussão de que será que somente o esforço pessoal pode te levar a ser reconhecido, de forma que cada um receba de acordo com seu mérito que, em geral, é igual a esforço e dedicação? Para entender melhor esse pensamento, devemos primeiramente entender o que é criação de valor. Vejamos o exemplo: um PhD que se esforçou muito para conquistar esse título, tendo desenvolvido uma tese em determinado assunto (tese de doutorado significa um trabalho que apresenta o resultado até então inédito de uma pesquisa acadêmica) ser menos recompensado através de sua remuneração de hora/aula por seu mérito do que a remuneração do veterano ator Tom Cruise em seus filmes? Não que eu desmereça o trabalho do ator, nem de que ele não mereça a vultosa recompensa financeira por seu trabalho. Na realidade, o reconhecimento por

meio da remuneração que o mercado oferece não é somente o mérito, nem a virtude, nem o esforço ou a dedicação, mas a criação de valor; ou seja, o valor que aquela pessoa consegue adicionar à vida dos demais. Dentro dessa visão, não importa se é por esforço, inteligência, sorte, talento natural, herança; quanto mais imprescindível ela for aos outros, mais os outros estarão dispostos a remunerá-la (Fonseca, 2015). Na verdade, jogadores de futebol, artistas globais, por exemplo, ganham mais de 300 mil dólares/mês, ao passo que um professor bem-conceituado ganha apenas uns 3 mil dólares/mês. Um professor com PhD também gera valor, no entanto, ele gera valor para uma quantidade pequena de pessoas ao ano. Quantos alunos diferentes ele tem? Talvez não mais que duzentos a trezentos. Dessa forma, ele cria valor para essa quantidade de alunos por ano, o que pode ser considerado um número baixo em se tratando de universo de pessoas. No entanto, quando falamos de artistas globais, grandes desportistas, consideramos um alcance nacional (alguns, mundial), milhões de pessoas consomem voluntariamente seus serviços, e eles geram retornos para seus empregadores, os quais lucram com essa situação e assim se veem satisfeitos em lhes pagar salários milionários. Caso esses artistas ou desportistas não gerassem esse valor, seria simplesmente impossível terem salários milionários (Fonseca, 2015). O esforço por si só não garante nada, porém, *ceteris paribus*, caso a pessoa encontre um campo em que ela gere valor, quanto mais esforço fizer gerará mais valor. E gerando valor é que faz as sociedades enriquecerem; não existe mágica e, da mesma forma, não tem relação com o pensamento de que a renda é ou deveria ser proporcional ao mérito (Fonseca, 2015).

Como podemos observar por meio da explicação da criação de valor, somente o esforço pessoal não é suficiente para garantir riqueza à pessoa, pois ela deverá criar valor por intermédio de suas ações e esforço. Logo, conforme descrevemos no capítulo sobre a questão da relatividade, a criação de valor é mais um ponto que corrobora com essa ideia e, portanto, dependendo do tamanho dessa criação de valor, você poderá ser mais recompensado ou menos recompensado. No entanto, caso sua recompensa não seja alta, não quer dizer que você não foi recompensado por seu esforço e virtude; porém, existe um “algo mais” = criação de valor para que você tenha uma recompensa financeira maior do que a de outra pessoa. Podemos notar que toda essa discussão sobre a definição de meritocracia caminha sempre para a mesma conclusão:

- De que ela existe, não é apenas um mito;
- De que subir na escala meritocrática não te tornará por si só um milionário, pois dependerá do valor criado pelo seu esforço;
- De que a meritocracia é relativa, ou seja, todos podem ser recompensados pelo seu esforço, seja você rico ou pobre, desde que você obtenha sucesso nos seus objetivos, pelo seu mérito; e
- De que mesmo que todos saiam do mesmo ponto de partida, os resultados serão diferentes.

Ainda de acordo com Fonseca (2015), não é possível pensarmos numa vida hipotética onde todos larguem da mesma posição e os melhores vençam. Pois essa definição para a meritocracia seria utópica, pois exigiria um grande investimento para produzir essa igualdade de ponto de partida, onde o valor investido para criar condições artificiais seria afetado negativamente para que houvesse uma adequação a esse ideal abstrato. Com certeza, as pessoas ficariam mais pobres para realizar esse sonho moral. O sistema de mercado não premia a virtude; ele premia, e, portanto, incentiva o valor. Dessa forma, esse sistema meritocrático permite que a vida de todos melhore ao mesmo tempo. Fonseca (2015) cita ainda que "todo mundo que quer subir tenha que ajudar os outros a subirem também. Ele não iguala o patamar de todo mundo, mas garante que a direção de mudança seja para cima".

Concluímos, então, que não existe uma receita de bolo para se tornar uma pessoa vencedora. Apresentamos aqui a visão da criação de valor, onde ela enfatiza que não somente o esforço te faz ser recompensado, é preciso criar condições de atender à necessidade de outras pessoas e assim gerar valor. Porém, voltamos a reafirmar que a meritocracia é um conceito subjetivo, que vários autores já a criticaram, e outros vários já a enalteceram. Dentro desse contexto, apresentamos aqui o conceito de criação de valor e como ele interfere na definição pura do conceito meritocrático, porém apresentando uma visão diferente no que tange ao reconhecimento do mérito de uma pessoa, simplesmente pelo seu esforço. Logo, podemos afirmar que a meritocracia não está ligada ao conceito de criação de riqueza absoluta. Nem todos que subiram pela meritocracia ficarão com recursos financeiros que os farão milionários. Podemos afirmar que, quando se sobe na escala meritocrática, estamos gerando valor, porém esse valor gerado dependerá de vários fatores que por si só não podem ser medidos sem uma definição de parâmetros dos que estão competindo entre si. Nesse caso, é importante o entendimento por parte daqueles que desejam ver o seu mérito ser reconhecido, de forma diferenciada, para que consigam destaque naquilo que fazem e que sejam recompensados através de uma maior geração de riqueza. No entanto, mais uma vez chamo a atenção de que não significa dizer que, caso você obtenha êxito em sua vida e não fique rico o suficiente, você não tenha conseguido subir na escala meritocrática, ao contrário, você obteve êxito, sim, porém não na magnitude de criação de valor para te tornar um Tom Cruise.

5.5 Como utilizar a meritocracia a nosso favor, independentemente das dificuldades, injustiças, preconceito

Hoje acordei inspirado sobre este tema e não poderia deixar um momento como este passar em branco sem tentar traduzir em palavras meus sentimentos. Já presenciei muita injustiça e preconceito na minha vida e poderia afirmar que, sempre que presencio um ato de injustiça, ou preconceito, fico triste e, em alguns casos, até sem esperança de dias melhores. Neste texto, refiro-me à injustiça no sentido amplo da palavra, ou seja, falo de injustiça quando ocorre algum fato, seja ele qual for, no qual uma pessoa é prejudicada, pode ser por que seu algoz não tem simpatia por essa pessoa, ou essa pessoa sofre por alguém ter algum preconceito contra ela. Muitas vezes também seu algoz tem inveja dessa pessoa e tenta prejudicá-la ou, ainda, não permite que essa pessoa cresça profissionalmente, e por aí vai. Quero enfatizar aqui que essa injustiça pode ocorrer independentemente de raça, sexo, gênero ou religião. Estamos falando de injustiças que ocorrem no dia a dia das pessoas.

Apesar de que muitas vezes fico chateado com esses eventos ao ver pessoas prejudicadas por simples fatos, muitas vezes pessoas próximas me aconselham a "esquecer" o que ocorreu, pois esses eventos me fazem mal e acabam prejudicando meu estado de espírito no dia a dia. Na verdade, sempre que presenciava alguma injustiça ou preconceito, e alguém me mandava esquecer, pois não poderia mudar a situação, eu pensava que tinha que dar "um jeito de contribuir" e tentar ajudar as pessoas que porventura sofressem alguma injustiça, seja ela por preconceito, ou antipatia, ou inveja, enfim, a causa não importaria. Após muito pensar, cheguei à conclusão de que deveria escrever um livro, onde mostraria que, através do conceito meritocrático, podemos vencer as dificuldades e, dessa forma, obter sucesso na vida.

Pelo que sempre percebi, quando uma pessoa sofre realmente uma injustiça e percebe o ocorrido, a primeira coisa que lhe vem à cabeça é se lastimar pelo fato de ter sido injustiçada, levando, na maioria das vezes, ao desenvolvimento de um sentimento de vingança, ou de raiva de outra pessoa. Muitas dessas pessoas, inclusive, passam a viver suas vidas sempre reclamando da falta de oportunidades ou que, por terem sido injustiçadas, não alcançaram o sucesso, e por aí vai. Assim, essas pessoas passam a cultuar essa situação e se assumem como pessoas injustiçadas. Na realidade, quando ocorre um ato de injustiça, a pessoa deve, sim, pensar no que ocorreu, dado que foi realmente injustiçada; porém, deve imediatamente procurar outro caminho em sua vida, onde ela possa, por meio do seu esforço, sobressair-se e assim atingir seu objetivo. O que sempre falo é que essa pessoa injustiçada deve "virar a página o mais rápido possível". Claro, muitos dirão que é fácil falar, o difícil é fazer, e, sim, concordo plenamente com esse pensamento. Mas é aqui que entra a mente dos vencedores, mostrando-se resilientes (resilientes são pessoas que, diante de uma adversidade, utilizam-se de sua força interior para se recuperar), ou daqueles que se esforçarão para reverter uma situação adversa, começando logo com o que falamos numa linguagem coloquial, "virando a página", ou seja, esqueça o ocorrido e busque um novo caminho, através de estudo, ou mudança de emprego, ou mudança de profissão, ative seu networking e procure estar perto de pessoas que realmente estão dispostas a te reconhecer. Jamais desenvolva um sentimento de vingança contra o seu algoz, ou raiva, pois quando nossa mente foca o ato de vingança, a nossa capacidade de utilizar a criatividade para resolver um problema é prejudicada, ou até se torna nula, pois nosso foco torna-se descobrir como você poderia "dar o troco" à pessoa que te fez mal. Quando isso ocorre, você acaba se tornando um fracassado.

É possível isso acontecer? Sim, claro que é possível, mas tenha em mente que a pessoa que vem de uma situação em que sofreu preconceito ou foi injustiçada, ela estará, na maioria dos casos, enfraquecida emocionalmente, portanto necessita de atenção e de alguém que reconheça o seu valor. Mas nada impede que você procure por melhores amizades, que possam realmente te agregar valor. Para que essa situação ocorra, é necessário também começar investindo seu tempo em criar um networking (falaremos aqui, mais à frente, num capítulo dedicado ao tema) e também fazer um exercício mental no qual você desenvolva uma vontade de vencer, independentemente dos obstáculos. Exercite essas qualidades, dessa forma você constrói uma mente vencedora. Já tive exemplo de muitas pessoas que sofreram injustiças no trabalho, tornaram-se pessoas recalcadas, que só se lastimavam, desejavam mal ao próximo, invejavam os demais colegas e nada faziam por si. Outras, mostravam-se frágeis, costumavam frequentar terapeutas em busca da solução mágica, enquanto a solução está em seu *mindset*.

Muitos gostarão de saber se este autor também sofreu injustiças. Diria que sim, e não foram poucas vezes; assim, ao longo do tempo, desenvolvi meu pensamento para que pudesse pensar em outras situações e pudesse achar um caminho onde, por meio do meu esforço, pudesse vencer através da escala meritocrática. E assim até passei a gostar da situação, pois quanto mais vejo que sofro injustiça, consigo despertar em mim uma vontade louca de superar a situação e mostrar, não às pessoas que me trataram injustamente, mas para mim mesmo, que sou capaz de vencer. Nesses casos, minha capacidade de me esforçar e de ter persistência triplicam. Posso afirmar que, na linha do tempo, essa forma de agir me tornou cada vez mais forte emocionalmente e pronto para enfrentar novos desafios. Traremos, no decorrer dos capítulos deste livro, situações reais do dia a dia e como se posicionar para vencer esses obstáculos com muito esforço pessoal.

5.5.1 Se houver injustiças em seu ambiente de trabalho, desfoque das injustiças

Outro exemplo que pude perceber se refere a pessoas que, num ambiente de trabalho, têm uma condição favorável, seja de salário ou de status de uma forma geral em relação às demais, por puro interesse de seu gestor. Estou falando, por exemplo, de uma pessoa que ganha determinado salário, mas está longe de merecê-lo, ou até mesmo que possua um cargo superior, sem capacitação técnica necessária a essa posição. Dentro desse contexto, percebi em outras pessoas um descontentamento absurdo por terem sido injustiçadas, por não terem sido promovidas, ou não terem recebido um aumento de salário. Logo, a característica principal é a de que elas passem a focar a injustiça de estarem em posição inferior às que não têm capacidade, em vez de traçar uma estratégia de se desenvolver e conseguir condições melhores.

Meu conselho aqui é, "virem a página", foquem o seu desenvolvimento, pois o fato de você ter sido preterido a princípio, pois seu gestor tem interesse em outra pessoa, não significa que você não tem condições de subir na escala meritocrática. Desfoque do problema, pois ele draga toda a sua energia, e você passa a não ter forças para reagir e se torna um resmungão. Você não mudará a cabeça do seu gestor em relação à pessoa em quem ele tem interesse, e só se desgastará.

Outro conselho que dou é, leiam o Capítulo 3 da primeira parte do livro onde escrevo sobre: Seja visto pelo líder de seu líder direto. Nessa parte, escrevo preciosas dicas para que você passe a ser notado pelo líder de seu líder e, assim, ganhe notoriedade.

Outra dica é ler, no mesmo Capítulo 3, a parte que falo sobre: Meritocracia nas empresas é realmente um mito? Onde mostro que você deve melhorar seu relacionamento com pessoas de influência que te defenderão em uma reunião sobre promoção ou pagamento de bônus, por exemplo.

Ainda que muitos falem que meritocracia não existe devido às injustiças, em minha opinião, saber se desvencilhar dessas injustiças e saber como vencê-las mostra, sim, que a meritocracia existe e é justa, pois somente os mais fortes, mais resilientes e mais perseverantes vencerão por meio de seu esforço pessoal e o uso de sua inteligência, o que é a forma mais justa de obtermos o sucesso. Ficar pelos cantos se lastimando, focando os problemas e injustiças da vida e esperando que alguma coisa aconteça não te fará um vencedor. Pense nisso!!!! Desfoque!!!!

5.6 A vida é um *trade-off* - Entendendo o *trade-off* e como aplicar este conceito no seu dia a dia

"Fiz muitas escolhas erradas na vida." Ouço muito essa frase, principalmente quando vem de uma pessoa que no momento da fala se sente arrependida por não ter obtido sucesso em sua carreira profissional ou sua vida pessoal. O fato é que a vida, desde que você nasce, te oferece diferentes escolhas. Cada pessoa, desde criança, trilha um caminho diferente. Mesmo que venha a nascer em família com o mesmo poder aquisitivo de outra. O ponto aqui não é a escolha mediante a sua classe social e renda familiar, e sim as diferentes características de cada um e, principalmente, de sua forma de pensar.

A vida é feita de escolhas. Costumo sempre iniciar a explicação do conceito de *trade-off* a meus alunos de finanças por um trecho de uma música do conjunto brasileiro Charlie Brown Junior, onde o falecido cantor Chorão entoava em alto e bom som o seguinte trecho da música, *LUTAR PELO QUE É MEU:*

> "A gente passa a entender melhor a vida
> Quando encontra o verdadeiro amor
> **Cada escolha, uma renúncia, isso é a vida**
> Estou lutando pra me recompor"

A frase "**Cada escolha, uma renúncia, isso é a vida**" exprime perfeitamente o *trade-off.* Ou seja, em nossas vidas, estamos sempre fazendo escolhas e, quando escolhemos entre uma coisa ou outra, devemos fazer uma renúncia. Todos fazemos isso, porém não nos damos conta na maioria das vezes. E, através dessas escolhas, que se referem a grandes ou pequenas oportunidades, é que seremos levados ao sucesso ou ao fracasso. Portanto, entender esta engrenagem do *trade-off* e usá-la a nosso favor é essencial. Existem vários tipos de *trade-offs*. Podemos aqui dizer que existem dois principais grupos. Um é o econômico. E o outro, relativo a situações que ocorrem no seu dia a dia. Vejamos:

Trade-off econômico

Márcia trabalha em um restaurante local e está economizando seu dinheiro para comprar um carro novo. Ela trabalha nesse restaurante toda sexta-feira à noite, mas sua amiga, Solange, está dando uma festa. Márcia então decide trocar o dinheiro potencial que ganharia trabalhando na sexta-feira à noite para ir à festa e se divertir com suas amigas.

Trade-off vida real

Uma família vive em uma cidade satélite, pacata e rural, e trabalha no centro de outra cidade. Tanto a mãe como o pai das crianças leva uma hora e meia para chegar ao trabalho na grande cidade. Embora a família ame sua casa e sua terra no campo, eles decidiram se mudar para a cidade, reduzindo o trajeto de ida e volta para meia hora. Eles fizeram uma troca de vida pacífica no campo por mais tempo de qualidade com a família.

Bem, o leitor agora pensará, mas de que forma podemos utilizar este conceito a nosso favor e de que forma ele está lincado com o fator meritocrático?

Primeiramente precisamos explicar o seu conceito, para que de posse deste conhecimento o leitor possa tomar decisões, sejam elas de origem financeira ou relacionadas a situações do seu dia a dia. Em segundo lugar, quando falamos de meritocracia, pensamos logo naquele que se esforçou e obteve sucesso na vida. Porém, meritocracia não consiste somente em esforço pessoal, mas também nas escolhas que fazemos durante nossas vidas. Essas escolhas têm implicação direta em nosso sucesso. Uma escolha errada pode ocasionar prejuízos irrecuperáveis para toda a sua vida ou, em algumas situações, você até consegue reverter por meio de um custo absurdo em relação ao seu esforço pessoal, o que tornará o seu sucesso ainda mais difícil. Nesses casos, muitas pessoas desistem, pois o esforço é enorme e aí, não conseguem mais crescer em sua vida pessoal ou profissional. E culpam geralmente o processo meritocrático.

Entendendo o trade-off ou o custo de oportunidade

O *trade-off* ou o custo de oportunidade são muito aplicados nas áreas de finanças e economia. Mas podemos também utilizá-los em nossas vidas, em nosso dia a dia. Na verdade, as pessoas que sabem utilizá-los de forma correta acabam se destacando perante os demais pares. A racionalidade destes conceitos, quando considerada corretamente, levará você à melhor decisão possível.

Trade-off

Trade-off ou *tradeoff* é uma expressão em inglês que significa o ato de escolher uma coisa em detrimento de outra e, muitas vezes, é traduzida para o português como "perde-e-ganha". O *trade-off* implica um conflito de escolha e uma consequente relação de compromisso, porque a escolha de uma coisa em relação à outra implica não usufruir dos benefícios da coisa que não é escolhida. Desta forma, para que ocorra o *trade-off*, o tomador de decisão que faz a escolha deve conhecer os pontos positivos e negativos das suas oportunidades. Um *trade-off* pode ocorrer em várias situações do cotidiano. Por exemplo:

- **i.** Devo consumir hoje, ou poupar para comprar um bem no longo prazo?
- **ii.** Devo casar jovem, ou aguardar mais alguns anos para obter uma estabilidade financeira?

iii. Devo sair com meus amigos este fim de semana, ou estudar mais para tirar uma melhor nota?

iv. Devo trocar de emprego? O que é melhor? Fazer o que gosto e ganhar menos, ou fazer o que não gosto e ganhar mais?

v. Devo trabalhar com meus pais em sua empresa e usufruir dos benefícios financeiros, dado que ele(a) é um empresário(a) de sucesso, ou partir para um voo solo e fazer minha carreira por mim mesmo e obter uma satisfação pessoal?

Como vocês podem observar, não existe uma escolha certa ou errada. Vai depender de cada pessoa, dos seus objetivos, mas, em muitos casos, a simples escolha entre uma e outra opção pode ser o diferencial entre obter o sucesso na vida, ou não.

Custo de oportunidade

O custo de oportunidade tem a mesma aplicação do *trade-off*, mas ele é muito citado na área financeira; porém, também o usamos da mesma forma em nossas vidas. Assim, referimo-nos em finanças e economia ao conceito de custo de oportunidade, ou seja, por intermédio da análise entre a escolha da 1ª alternativa corresponde ao benefício que seria obtido, caso fosse escolhida a 2ª alternativa. No exemplo abaixo, consideramos o mundo das finanças, onde o resultado da escolha da 1ª alternativa é calculado a seguir:

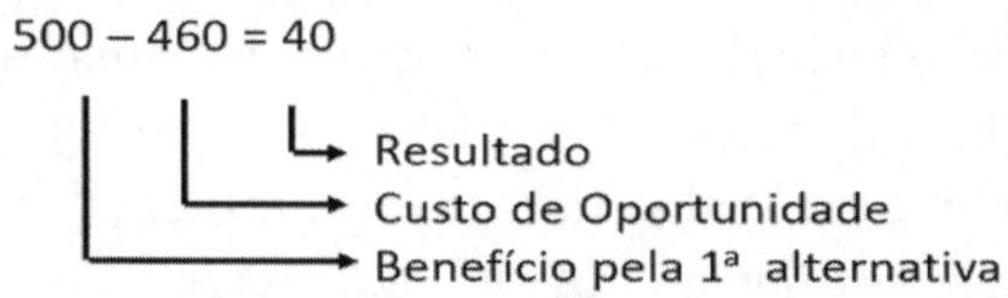

O custo de oportunidade da escolha da 2ª alternativa ao benefício que seria obtido, caso fosse escolhida a 1ª alternativa. O resultado da escolha da 2ª alternativa é calculado a seguir:

460 – 500 = - 40

- Resultado
- Custo de Oportunidade
- Benefício pela 1ª alternativa

Geralmente essa análise comparativa sobre os benefícios não é muito fácil, pois as aplicações envolvem graus de riscos diferentes, ou também objetivos de vida diferentes. Cabe ressaltar que, quando se usa o conceito de custo de oportunidade, devem ser observados os seguintes itens:

- As alternativas consideradas devem ser reais;
- As alternativas consideradas devem estar disponíveis no momento da decisão, tendo em vista que a escolha de uma alternativa em detrimento de outra requer a garantia de que essa alternativa possa ser realmente concretizada;
- O uso alternativo dos mesmos recursos pode propiciar diferentes resultados; e
- O que é sacrificado quando da opção por uma alternativa é a possibilidade de obtenção de melhores resultados em outras oportunidades.

Meritocracia x trade-off

Para que o conceito meritocrático funcione a nosso favor, devemos observar alguns detalhes que falaremos neste livro. Portanto, a princípio, esforçar-nos é fundamental para obtermos sucesso, mas se não tivermos uma estratégia bem definida e alinhada a nossos principais objetivos, somente com esforço pessoal, a tarefa será mais difícil. E é nesse ponto que quero exemplificar que muitos até se esforçam, mas não conseguem o que querem, pois estão “nadando contra a maré”, ou seja, estão iguais àquela pessoa que se afoga, pois não sabe sair de uma pequena correnteza na beira da praia, quando o certo não é nadar contra a correnteza, e sim nadar para o lado e sair dela, para depois voltar à praia. Aqueles que nadam contra a correnteza se cansam e morrem afogados na beira da praia. Este ponto (saber sair da correnteza que te puxa) pode ser a diferença entre os que alcançam os seus objetivos na vida, sejam eles profissionais ou pessoais através da meritocracia e os que não obtêm resultado e ficam apenas reclamando da sorte.

Para ultrapassarmos essa barreira, nesta parte do livro, falaremos do conceito de *trade-off* e de sua aplicação para a conquista de posições na escala meritocrática. Abaixo, listamos o que deve ser observado para implementação de sua estratégia.

Alinhe o conceito de trade-off/custo de oportunidade a seus principais objetivos

Conforme falamos no início de nosso livro, em uma análise do conceito meritocrático, a meritocracia é relativa e não deve ser utilizada apenas para comparar riqueza entre indivíduos, pois você pode utilizar a meritocracia a seu favor e não se tornar um milionário, mas pode atingir, dentro do seu planejamento, sucesso em sua carreira profissional e na sua vida, melhorando a condição em que você se encontrava anteriormente.

O leitor deve ter em mente que existem várias possibilidades de escolha para diferentes situações e, como somos diferentes tanto em gosto, objetivos de vida e características pessoais, não vamos neste livro mostrar qual deve ser a escolha correta para se obter o sucesso, pois não existe *one size fits all option* para os *trade-off* que aparecem em nossas vidas. O que vamos esclarecer é a forma correta de analisar uma situação para que você alcance seus objetivos, alinhando a escolha correta ao seu principal objetivo de vida quando se deparar com um *trade-off.*

Digo isto, pois o maior problema que vejo nas pessoas é que tomam decisões erradas em relação a seus objetivos quando são expostas a um *trade-off.* Os principais problemas de desalinhamento entre *trade-off* e objetivo de vida se encontram em querer muitas vezes permanecer em sua zona de conforto, não querer correr riscos, não querer se privar de alguns benefícios presentes em prol de um benefício futuro melhor, como também querer fazer menos esforço (trabalhando menos, estudando menos etc.), e acabar se "escondendo atrás" de uma decisão "menos trabalhosa". Lógico que o resultado esperado não será atingido.

Vejamos aqui um exemplo que ocorre muitas vezes no dia a dia. Eu mesmo já discuti com várias pessoas sobre esta situação, que se refere a casar "cedo e ter filho cedo", no intervalo de idade entre 23 anos e 30 anos. Nessa situação, caso você opte por ter filhos e se casar "cedo", com certeza terá que fazer mais esforço para obter sucesso financeiro e, talvez, crescer profissionalmente, dado que o casal terá mais despesas com o(s) filho(s) e também menos tempo para se dedicar a novos estudos, como um mestrado ou uma pós-graduação.

Caso você opte por casar-se mais tarde (após os 30 anos), por exemplo, e ter filho por volta dos 35 anos, você terá mais tempo para se desenvolver profissionalmente e atingir uma estabilidade financeira melhor, com menos esforço, caso tivesse se casado uma década antes e tivesse filho(s) para criar. Claro, o leitor pode perguntar qual seria a opção correta a seguir e, com certeza, a resposta seria que não há resposta certa, pois depende de seus objetivos, de curto e longo prazo, e de sua felicidade. Porém, tenha em mente que o importante é ter bem definido o *trade-off* entre casar "cedo" ou casar "tarde" e na implicação do sucesso que você (casal) deseja obter na vida. E, além disso também podemos afirmar que, mesmo escolhendo casar-se e ter filho "cedo", você poderá obter o mesmo sucesso de quem se casou depois, porém a chance de ter que se esforçar muito mais é grande. E o que não pode ocorrer é desistir no meio do caminho e colocar a culpa no processo meritocrático. Portanto, esteja consciente de suas atitudes e de seus objetivos que, alinhados e somados a seu esforço pessoal, o levarão ao sucesso.

Ou seja, a escolha errada (lembre-se de que falo aqui em escolha errada em relação a seu objetivo de vida) resulta em insucesso na sua vida profissional, financeira e familiar. Logo, esta decisão faz com que muitos fiquem deprimidos ou se tornem pessoas que só reclamam por não atingir uma condição melhor na vida, seja ela financeira, ou pessoal.

Defina seu objetivo e analise a sua escolha

Se escolher a opção A, terei que me esforçar muito mais para atingir o meu objetivo. Porém, no presente, vou satisfazer meu desejo. Por outro lado, se escolher a opção B, ainda que não seja o que quero no momento, o caminho se tornará mais curto para eu crescer e obter sucesso. Portanto, renuncio ao presente para subir mais rápido e atingir meu objetivo.

Você já se viu diante deste *trade-off*?

Com certeza, muitas pessoas se veem nesta encruzilhada com uma grande frequência. Como falei, não existe resposta certa, vai depender de cada pessoa. Porém, o que observo, em muitos casos, são pessoas tentando escolher o caminho teoricamente mais fácil, ou a opção B, onde, no presente, você não faz o que gosta. E é neste item que você acaba se perdendo, pois, apesar do caminho ser mais curto, você deve no presente fazer o que não gosta e, consequentemente, acaba desistindo de seu objetivo maior. Já um segundo grupo prefere o caminho mais longo, com maior esforço, pois, no presente, faz o que gosta, no entanto, no meio do caminho acha que está se esforçando demais e não chega a lugar nenhum, o que também faz com que abandone seu objetivo maior.

O fato é que em ambos os casos é necessário ter resiliência. Caso contrário, você acaba abandonando o seu objetivo maior, não alcançando o êxito esperado e colocando a culpa em alguém ou em alguma situação, duvidando da escala do mérito. Portanto, para que você fuja dessa armadilha, pense bastante na sua decisão, analise os prós e contras e siga em frente. Não existe decisão fácil, nem um caminho fácil para o sucesso. O que existe é muita resiliência para vencer adversidades e acerto de rota, como qualquer empresa que gerencia seu planejamento estratégico.

Trace um novo plano e vá em frente

Falamos aqui, neste capítulo, sobre *trade-off* e sua importância dentro de um plano maior de crescimento. Nos exemplos acima, temos uma clara linha de opções de escolha para que possamos crescer. Mas existem também situações em que as duas opções disponíveis não te levam a lugar algum, pelo menos a princípio. Bem, eu mesmo já estive numa situação dessas, pelo menos, umas três vezes na minha vida. Nesses momentos em que você olha para frente e não tem uma clara visão do que seria possível fazer para se desenvolver, dado que o *trade-off* apresentado não oferece opções concretas de desenvolvimento. Muitos, quando ocorre essa situação, entregam-se à própria sorte e utilizam o que diz o refrão da letra de uma música do cantor brasileiro, Zeca Pagodinho, "deixa a vida me levar". Nessas horas, essas pessoas culpam a meritocracia pelo fato de estarem nessa situação, culpam a própria sorte, culpam os que têm melhores condições financeiras, enfim, focam suas energias na procura por uma justificativa de estarem naquela situação, em vez de estarem gastando energia naquilo que as fará sair da situação em que se encontram. Ou seja, tentarem achar uma solução que lhes mostre um *trade-off* que faça sentido para alcançarem seus objetivos. Abaixo, dou n dicas após ter passado por esse momento e ter conseguido "virar o jogo".

i. Estude novas possibilidades, desenvolva um plano B. Não fique parado diante de uma situação. Nesse plano B, procure desenvolver algo que tenha afinidade com suas habilidades, pois, na maioria dos casos, pensar em planos que para se concretizarem é necessário ocorrer uma guinada radical em sua vida, pode não dar certo e, nesse caso, você poderá se sentir ainda mais desanimado e prejudicar ainda mais a sua situação.

ii. Abra sua mente para novos conhecimentos, faça um curso para se aprimorar naquilo que você faz bem, e tente se posicionar. Aqui uma ressalva, invista em sua educação através de cursos em entidades de ensino de qualidade. Não adianta tentar se desenvolver por meio de educação em entidades de segunda linha, pois você gastará tempo e dinheiro e não atingirá o resultado esperado.

iii. Desenvolva sua rede de relacionamentos. Falaremos sobre networking em outro capítulo deste livro. Mas um bom networking pode abrir portas e mostrar caminhos alternativos para que você possa se desenvolver.

iv. Mantenha-se cercado de boas energias. Aqui abro um parêntese para descrever uma fase da minha vida na qual consegui sair de uma situação em que nada era claro para mim, tanto a opção A quanto a B não faziam sentido. Na realidade, obtive a oportunidade para montar um curso de pós-graduação numa universidade de renome. Após várias tentativas, não obtive êxito em formar uma turma. Na época fazia consultoria e estava quase sem cliente, ou seja, não podia mais continuar tentando, pois precisava obter êxito; a outra opção que seria viver somente de dar aula não fazia sentido nem financeiro, nem pessoal, além disso, como não formava turma, não recebia remuneração. Cansaço e desânimo se abateram sobre mim, porém, sempre estive farejando um jeito para me promover e, dessa forma, eu tentava de todas as formas conseguir viabilizar um curso, participando de reuniões internas na universidade, falando com empresas para matricular seus funcionários, ligava para aqueles que mostravam interesse no curso, inteirava-me com a área responsável para saber o número de inscritos e, nas reuniões, mostrava-me presente nos diversos debates. Após um certo período, fiquei bastante conhecido dentro da universidade, mesmo sem ter formado turma, e aí comecei a ser chamado para dar entrevistas como especialista da universidade em vários meios de comunicação. Foi aí que meu ego se encheu novamente, meu cansaço e meu desânimo sumiram, e minha vida passou a andar. Na realidade, minha estratégia era me cercar de boas energias, para que assim as coisas começassem a acontecer para mim. Um ano após isso tudo, consegui novamente me desenvolver profissionalmente em um novo desafio. Dito isso, quero aqui chamar a atenção para a importância de se manter ativo, mesmo que não apareça um *trade-off* aparente. Tente usar a situação a seu favor para que possa virar o jogo mais à frente, nunca se deixe abater pelo desânimo e o cansaço, procure estar sempre cercado de boas energias, mesmo que você tenha que construí-las.

v. Mantenha-se em movimento sempre. O item V que agora escrevo é, em parte, uma continuação do item IV. Por coincidência, a situação que agora descrevo ocorreu no dia seguinte após ter escrito o item IV. Portanto, chamou-me a atenção pelo fato de ter ouvido de outra pessoa a narrativa, sendo que ela obteve sucesso pensando da mesma forma. Após ter escrito o item IV, à noite no dia seguinte, eu tinha uma entrevista para a contratação de um novo colaborador para a empresa. A entrevista seria conduzida por mim e um consultor, porém, nesse dia, o consultor teve um problema de saúde e a condução da entrevista ficou por minha conta e acabei dando um toque pessoal à conversa. Dessa forma, no meio da conversa, falávamos de saída de um emprego para outro e perguntei, "por que você saiu dessa empresa?" Nesse momento, a candidata me explica o ocorrido e engata no contexto uma passagem de sua vida que julguei decisiva para tomar a decisão de contratá-la. Ela fala, "Saí da empresa em fevereiro de 2020, e a pandemia começou em março", nesse caso, não temos mais um *trade-off*. Na realidade, a primeira sensação é a de que não temos opção, nem A, nem B, apenas a certeza de que devemos começar a procurar um novo emprego e, sabe-se lá quando encontraremos, e qual a situação financeira em que estaremos, caso passe muito tempo para conseguir recolocação, e até quanto de salário estaremos dispostos a abrir mão para voltar a trabalhar. "Como entramos na pandemia, fiquei sem ter o que fazer, não tinha opção e começou a bater uma depressão", continuava a candidata a descrever sua situação. "Foi aí que pensei em ajudar as pessoas a reescreverem currículos, a criar perfis no LinkedIn e entrei para uma ONG que presta serviços para pessoas que querem se recolocar. Fiz tudo sem cobrar remuneração nenhuma e, após alguns meses, as pessoas que ajudei começaram a se recolocar. Cada dia ficava mais feliz, até que surgiu uma oportunidade para mim e me recoloquei também", finaliza a candidata. Nesse momento, começamos a conversar de como sua movimentação possibilitou-lhe sair daquele estágio de depressão, trouxe boas energias, aumentou seu networking e a consequência foi a sua recolocação, num momento em que ela estava com sua saúde mental preservada e com capacidade de desenvolver uma melhor performance na empresa. Portanto, a lição tirada é a de que, mesmo na ausência de opções, devemos nos movimentar para que os *trade-offs* apareçam, ou seja, caso não existam opções, devemos, sim, procurar criá-las.

vi. Não perca mais seu tempo em lamúrias. Ficar tentando achar desculpa para a situação que você está vivendo hoje não te fará sair dela, muito pelo contrário, poderá te afundar ainda mais no caos que você está vivendo. Pense que você, às vezes, pode acreditar que está parado, que nada anda, mas se você se movimentar e não gastar energia com lamúrias, você conseguirá virar o jogo.

Como podemos observar, em **"Cada escolha, uma renúncia, isso é a vida"** e, na maioria das vezes, não existe uma decisão correta para subir na escala meritocrática, e sim cenários que te levarão a tomar a decisão correta para que você chegue ao topo e que, com certeza, deverá ser pautada em sua garra, resiliência e inteligência emocional. Cabe ressaltar que, quando menciono a palavra "topo", não quero me referir apenas ao mais alto cargo de uma empresa, ou que o topo seja entendido como você chegando a uma situação na vida, farta de recursos financeiros, e sim no sentido de você atingir seus objetivos de ter uma vida melhor. A forma como devemos encarar a situação para alcançarmos nossos objetivos é abordada neste livro, porém, a decisão de que caminho seguir para chegar lá deverá ser sua com base em seus objetivos e sua capacidade de superar os desafios que virão pela frente.

06

Como conseguir vencer através da escala meritocrática

Neste quinto capítulo do livro, abordamos de forma contundente que no sistema meritocrático existem barreiras e que somente os fortes vencerão. Vencer faz parte da vida, pois, desde o momento em que nascemos, temos que lutar. Seja por nossa vida, adquirindo resistência imunológica, depois pela nossa sobrevivência no dia a dia, para conquistar uma vida digna por meio do nosso trabalho. Portanto, lutar faz parte de nosso DNA, no entanto, existem várias formas de luta, que nos fazem alcançar objetivos diversos. A diferença na forma de lutar é que nos levará a obter sucesso, quando seguirmos a escala meritocrática. No entanto, nunca devemos esquecer que a meritocracia, o sucesso e o fracasso são relativos.

6.1 Um resumo do que diz o livro

Esta visão, que trago no livro sobre meritocracia, é algo que nos leva a refletir mais sobre como ela é importante na vida das pessoas, como devemos seguir seus passos para nos encaminhar ao sucesso. Assim como fujo do debate ineficaz entre aqueles que defendem que somente o nível do seu esforço o levará ao sucesso ou fracasso ou, ainda, daqueles que acreditam que a meritocracia é injusta, é um mito, não existe e outras críticas que existem a respeito do sistema meritocrático. Minha visão, na realidade, é ponderada.

Acredito na meritocracia, acho-a justa, sei que ela provoca desigualdades, pois gera resultados diferentes mesmo quando há igualdade na "largada", mas, ao mesmo tempo, recompensa aqueles que se esforçam. No entanto, também aponto aqui as dificuldades e mazelas desse sistema e faço uma análise reflexiva para aqueles que desejam vencer através do conceito meritocrático.

A ideia central do livro é de como encarar os conceitos meritocráticos, utilizando-os a seu favor, e, ao mesmo tempo, criar uma estratégia para vencer as adversidades. E esse é um ponto crucial, pois muitos "morrem" nessa parte onde as barreiras aparecem, pois, ao visualizar uma dificuldade, essas pessoas já colocam o pé no freio, e desanimam, colocando a culpa no sistema meritocrático que só privilegia os mais abastados. Mostro aqui, nesta obra, que sempre é possível reverter essa situação. Basta primeiramente que a pessoa queira vencer. Esse é o ponto principal; caso a pessoa não queira, ou lhe falte vontade, ficará difícil qualquer trabalho para levá-la ao sucesso. No entanto, acredito que várias pessoas tenham predisposição a vencer, mas são tantas as dificuldades, que a pessoa acaba se rendendo à situação em que se encontra. Veja que esse é um ponto importante e que, nem sempre, as condições financeiras, ou herança familiar, poderão fazer de você uma pessoa de sucesso.

Neste ponto é que entra toda a história que escrevo neste livro, onde descrevo minha visão de meritocracia, seus pontos positivos, que mostram como sendo a única forma que temos na sociedade de nos desenvolver justamente, e como tudo na vida tem suas dificuldades. Deixo isso bem claro e mostro as formas que devemos utilizar para vencer essas barreiras e, o que é mais importante, onde devemos centralizar nossos esforços.

Descrevo também, em um capítulo, a importância de se conhecer o "outro lado", que nos torna pessoas mais motivadas e com vontade de conquistar nossos objetivos e, em outra parte, falo do *trade-off*, peça fundamental a ser estudada por todos aqueles que desejam tomar as decisões corretas na vida para evitar o insucesso. Tanto o fator de se conhecer o outro lado como o *trade-off* são peças fundamentais para se obter sucesso na vida. Acredito fortemente que aqueles que venham a seguir essas informações terão grandes chances de vitória.

Por fim, cabe ressaltar que todo este material é baseado em minhas percepções de vida e que, por intermédio de minha pesquisa, pude encontrar artigos científicos que suportam minhas ideias, que foram escritos por autores renomados sobre determinados assuntos que abordamos aqui, o que faz desta obra uma ferramenta útil para aqueles que desejam se desenvolver. Cabe aqui a ressalva de que não mostro o caminho para a riqueza, mas sim para seu desenvolvimento pessoal e profissional, até porque, a pessoa que vence na escala meritocrática, não necessariamente será uma pessoa rica, pois meritocracia não é sinônimo de riqueza, conforme mostramos no Capítulo 5, da primeira parte — **O conceito meritocrático está atrelado à riqueza?**

6.2 Ganhando "casca"

Ganhar "casca" é uma expressão muito utilizada pelo meu filho. Mas o que significa ganhar "casca", literalmente falando? Bem, quando criamos casca em algum ferimento, ele fica protegido de ser tocado, pois, caso não houvesse a casca, o ferimento ficaria exposto até a entrada de novas bactérias e a todo tipo de sujeira que poderia causar uma infecção em você. Logo, quando usamos uma analogia com o fato de ganhar experiência ou criar casca, como alguns preferem falar, estamos criando condições para nos desenvolvermos, subindo degrau por degrau, aprendendo com nossos erros. Bem, falar em aprender com nossos erros é algo mais que "batido" em nossa linguagem do dia a dia, falado por muitos, mas aplicado por poucos em suas vidas. O fato é que não conheço ninguém que nunca tenha errado, portanto, esta discussão aqui, ainda que pareça algo já extremamente banal, faz sentido enfatizarmos. Precisamos parar e refletir diariamente quais foram nossos erros e como podemos consertá-los. Este ponto é fundamental; porém, existem situações nas quais, caso a pessoa cometa um erro, ela estará, ou poderá colocar em risco tudo aquilo que pensou para si, como sendo seu principal sonho de vida.

Nesse ponto, quero destacar que as escolhas que fazemos para nós, na vida, nos levarão, com certeza, a consequências que poderão ser maravilhosas ou péssimas, poderão nos fazer atingir nossos sonhos ou nos trazer um pesadelo constante. Não existe uma regra clara, uma receita de bolo, no que ocorrerá caso você esteja em um processo de criação de casca. No entanto, o que posso afirmar aqui é a importância de nosso capítulo que fala de *trade-off*, pois, tomar a decisão correta, ou mesmo tomar uma decisão sabendo das consequências é mandatório. Caso erre, caso fique indeciso, ou mesmo que ainda seja necessário analisar bem a situação, pois identificou um *trade-off*, faz parte do processo de criar casca, pois somente criando casca nos desenvolvemos.

Outro ponto importante nesse processo de criação de casca é o fato de lidarmos com o fracasso, entendermos que ele é relativo e criarmos uma estratégia de aprendizado para crescermos degrau a degrau com o objetivo de conquistar algo maior na escala meritocrática. Precisamos entender que, na vida, todo aprendizado é um processo e que vamos criando casca à medida que amadurecemos. Alguns erros serão mais difíceis de corrigir do que outros e exigirão mais esforço, mas o importante é entender que devemos nos manter firmes em nossos objetivos, e que a criação de casca faz parte do processo. Daí a relevância de seguirmos as regras que apresentamos sobre as condições de *trade-off* na vida e, assim, avaliar a situação em que nos encontramos, as decisões possíveis de serem tomadas e ter ciência das consequências dessas decisões, sabendo avaliar o que poderá ocorrer lá na frente e como poderemos corrigir se der errado.

Assim como na vida, todas as pessoas já se machucaram alguma vez, e esse machucado, após alguns dias, criou casca, e você encarou esse fato como normal. Lembro aqui um fato que ocorreu com meu filho quando pequeno: ele tinha uns 3 anos — estava no banheiro e então pegou uma gilete de barbear minha para brincar. Ele era bem pequeno, minha esposa saiu do banheiro por alguns instantes, e ele foi brincar com a gilete e se cortou. Ao entrar no banheiro novamente, minha esposa o encontrou chorando com os dedos sangrando, e aí ele falou: “Mamãe, me cortei com a gilete, não deveria ter feito isso, nunca mais farei, não briga comigo”. No final, após uns dois dias, o machucado criou casca, e ele nunca mais brincou com gilete. E assim é a vida, criamos casca e nunca mais devemos errar pelos mesmos motivos, assim crescemos e nos desenvolvemos. Cabe enfatizar que esse desenvolvimento virá de nossa persistência e resiliência, caso contrário, ficaremos pelo caminho, sem subir na escada meritocrática e não atingiremos o sucesso.

6.3 Precisamos esclarecer conceitos às pessoas, mais do que as ajudar financeiramente

“Redistribuição de riqueza não pode terminar com a desigualdade, inclusão pode”, afirmou Ricardo Hausmann, em sua apresentação para o canal CNN e o World Economic Fórum. Segundo o fundador e diretor da Growth Lab Harvard University, “pessoas devem ser incluídas nas redes de networking, nas conexões e na infraestrutura para que façam as pessoas serem produtivas” (Hausmann, 2023). Ainda, segundo ele, “a desigualdade que importa é a desigualdade de inclusão. Os governos devem dar mais foco na educação, saúde e infraestrutura em vez de dar subsídios e fazer transferências de recursos” (Hausmann, 2023).

Falamos do tema na primeira parte do livro por que a igualdade é injusta. Nesse sentido, podemos inferir que, caso haja mais inclusões, teremos mais pessoas partindo do mesmo ponto na disputa pelo sucesso através da escala meritocrática, porém continuaremos com a desigualdade nos resultados e no atingimento do tamanho do seu sucesso. Essa é a beleza da meritocracia.

Mas, de uma forma geral, concordamos que é mais importante investir na produtividade das pessoas do que tentar redistribuir a riqueza. Isso não tira as pessoas do estado em que se encontram, e um desses fatores relativos à produtividade, de que Ricardo Hausmann fala, refere-se à educação. Porém, educação *per si*, quando falamos apenas em oferecer mais escolas básicas e universidades para os mais necessitados, também não tiramos, na maioria dos casos, as pessoas de onde estão. Precisamos fazê-las entender como se move o mundo, por meio de maior conhecimento geral (aqui cabe uma ressalva que falo de cultura sem viés ideológico), e de como funciona a engrenagem dos conceitos meritocráticos.

Falo isso, pois vivencio no meu dia a dia acadêmico a parceria com o grande professor Dr. Carlos Heitor Campani no programa "Jovens Talentos de Finanças", que tem como objetivo ajudar jovens universitários de áreas afins a finanças, oriundos das classes sociais menos favorecidas de nossa sociedade e que, sem esse caminho, não conseguiriam uma formação completa e de altíssima qualidade em finanças. Esses jovens são patrocinados por empresas que concedem uma bolsa de estudos para eles. Mas, o mais importante desse programa não são apenas as aulas de finanças, mas sim o programa como um todo que passa por aconselhamento profissional, palestras diversas, visita a empresas e desenvolvimento de networking para esses jovens, tudo isso visando à inclusão no mundo dos negócios através de novas conexões. Todo esse processo está transformando muito a vida desses jovens. Em nosso livro trago a história de um desses alunos que está vencendo na vida por sua garra e persistência, subindo os degraus da meritocracia.

Vejam que todo esse processo do projeto "Jovens Talentos de Finanças", e as falas de Ricardo Hausmann, em certa parte, têm um link forte com o que escrevemos neste livro, na seção sobre conhecer o outro lado. Poderia ir além na colocação, pois quando se conhece o outro lado, nossa mente se abre em novos sonhos, motivando-nos; porém, quando não conhecemos o outro lado e conseguimos uma simples ajuda, muitas vezes sucumbimos por não saber o que fazer.

É preciso esclarecer alguns conceitos de como é a dinâmica da vida às pessoas, conceitos esses que as levem a se desenvolverem profissionalmente e em suas vidas pessoais. Já pude presenciar a história de várias pessoas que poderiam ter uma vida melhor, caso tivessem conhecimento dos conceitos meritocráticos. Tenho certeza de que a maioria das pessoas não tem esse entendimento, pois esses entendimentos são privilégios dos mais abastados, daqueles que realmente têm uma vida melhor. Esse é um dos problemas que visualizo na sociedade, e não a simples crítica ao modelo meritocrático que defendo nesta obra.

Conhecer a meritocracia, seus pontos fortes, suas mazelas e também como vencer desafios perante as adversidades é da compreensão de poucos, que também não têm interesse em multiplicar esse conhecimento, principalmente os políticos (falaremos mais à frente um pouco desse tema no livro). Ainda que existam pessoas que conseguem enxergar como funciona a engrenagem da meritocracia, esse número é mínimo, e acredito que faz parte de cada um que conheça essa engrenagem para divulgação de todo esse processo.

Chamo a atenção também que nem sempre as pessoas que não conhecem a engrenagem meritocrática são aquelas sem recursos financeiros, pois vejo também muitos cidadãos sem esse tipo de cultura, cometendo erros em decisões tomadas sem terem pesado exatamente as consequências, pessoas que não enxergam o outro lado, pessoas de mente fraca.

Quero enfatizar mais uma vez que a minha grande motivação para escrever este livro, e divulgá-lo, foi a de justamente esclarecer todos os fatos referentes à meritocracia, para que as pessoas possam construir uma vida mais prazerosa e cheia de sucesso "relativo".

6.4 O poder de crescer devagar e sempre

Ansiedade é um mal muito comum ultimamente, poderia dizer que também sou ansioso, mas aprendi a controlar essa minha ansiedade. Esse é um exercício que devemos fazer, tornar nossas mentes fortes para suportar os problemas do dia a dia. Eu particularmente gosto de fazer exercícios aeróbicos, pois, ao final, sinto um bem-estar enorme e consigo controlar minha ansiedade. Aprendi que o sedentarismo me deixa mais ansioso ainda. A verdade é que toda pessoa deveria procurar uma atividade que goste de fazer para controlar a ansiedade, não existe receita de bolo.

Mas não vou me ater aqui a passar receitas de como se tornar menos ansioso, pois me faltam conhecimentos em medicina, psicologia ou psiquiatria, que me façam ser um grande conselheiro. Mas o fato é que a ansiedade poderá te levar ao desânimo quando as dificuldades da vida aparecerem. Este ponto quero falar aqui, pois é melhor o progresso constante de algo do que algo muito bom e esporádico. E o que quer dizer isso?

À medida que avançamos em nossas carreiras, podemos ter o desejo de obter resultados rápidos; no entanto, podemos afirmar que o progresso constante nos traz ótimas conquistas no longo prazo. Nada errado com o resultado rápido, mas a realidade é que ele quase nunca é sustentado no longo prazo. A empolgação, com os resultados rápidos, geralmente some, e é difícil mantê-la sem uma base sólida.

Sendo assim, o que mais me preocupa é o fato da pessoa ser ansiosa, querer o resultado rápido e aí desistir de seus objetivos. Portanto, podemos afirmar que o progresso, na maioria das vezes, leva tempo, paciência e perseverança. Dessa forma, quando adotamos uma abordagem lenta e constante, criamos condições para desenvolver resiliência e evitar o esgotamento, ou até mesmo desanimar.

Existem vários exemplos de situações que progridem lentamente, como, por exemplo, o condicionamento físico, que no longo prazo traz benefícios para a nossa saúde. Podemos também falar do aprendizado como um processo lento e duradouro, podemos aí citar o aprendizado de um idioma.

Caso você perceba que seu progresso está lento, passe a focar o fato de que você está atingindo pequenos objetivos ao longo do caminho, comemore-os. Essas conquistas podem ser qualquer simples tarefa, pois essas realizações são passos para frente que devem ser reconhecidos e comemorados. Ter foco apenas em resultados rápidos, que aumentam em grande magnitude, pode levar à decepção e à frustração. Lembre-se de que cada passo que você der para frente encurtará seu caminho rumo ao seu objetivo final. Vibre com pequenas conquistas, pois isso será o combustível para se manter persistente e resiliente. *Erum nos dolectur, te im autem erestrum aut quid quat.*

07

Por que a igualdade é injusta

Neste livro, conforme já descrito, abordo os temas meritocracia e igualdade, sob um novo olhar. Para escrevê-lo, baseei-me na literatura acadêmica, livros sobre o tema e em minha experiência de vida pessoal e profissional. De acordo com essas informações, monto uma tese que mostra ao leitor um retrato verídico da realidade do ser humano, sem se pautar em ideologias, mas na minha própria experiência pessoal e profissional. Longe de ser uma obra escrita, que segue os rigorosos padrões acadêmicos, até porque este livro é uma obra de linguagem simples para o público em geral. Assim, trago para o leitor minha visão de mundo e do comportamento dos seres humanos que habitam nosso planeta. Dentro desse contexto, o assunto desigualdade, que debateremos abaixo, é um desses temas que faz sentido trazermos para o debate quando temos o foco em nossa vida e de como obter sucesso.

O assunto desigualdade é complexo e multifacetado, e há argumentos válidos de ambos os lados. Sabemos que existem, sim, desigualdade de renda e de riqueza, desigualdade de recursos, de resultados, desigualdades sociais e outros tipos que interferem no atingimento do sucesso das pessoas. Neste livro, cujo título — **Por que a Meritocracia é Justa e a Igualdade Injusta? — Como utilizar os conceitos meritocráticos e obter sucesso num mundo desigual** —, poderemos ter várias críticas ao nosso posicionamento, porém nossa ideia é justamente discutir como pessoas de diferentes níveis sociais, de inteligência e de renda podem obter sucesso, ainda que não estejam no mesmo patamar. Queremos, sim, mostrar a essas pessoas como é bom ter sucesso e o quanto é ruim invejar.

Nesse sentido, ao sabermos que existem diferenças de níveis nas largadas, por que não optamos por criticar a meritocracia, chamá-la de injusta, fazer apologia à desigualdade, escrever textos de vitimização onde o foco principal fosse dar ênfase aos problemas dos menos afortunados? Primeiramente, lanço um novo olhar para essas situações, partindo do princípio de que a meritocracia é um conceito de liberdade, onde os melhores e mais esforçados tendem a obter sucesso. No entanto, a maior crítica é a de que, devido à desigualdade, a meritocracia é injusta; porém, se olharmos a meritocracia como sendo um conceito relativo, onde todos têm o direito de vencer e alcançar objetivos diversos, podemos concluir que ela é justa.

Já a igualdade, por ser algo utópico, que nunca existiu em nenhum momento na humanidade, é injusta, pois mesmo que partíssemos do pressuposto de que todos disputassem algum objetivo e todos tivessem igualdade na largada, os resultados seriam diferentes, portanto, seriam criados novos indivíduos que seriam desiguais e provocariam nova desigualdade de renda e posições sociais; portanto, implementar qualquer plano para tornar as pessoas iguais seria injusto. Nunca funcionou em nenhuma sociedade, em nenhum país, a não ser através de ditaduras.

Pesquisei muito sobre o tema desigualdade, onde procurei argumentos que sustentassem minha linha de raciocínio. Em primeiro lugar, minha análise mostrou que precisamos mostrar às pessoas o que é necessário fazer para subir na escala meritocrática, que é o objetivo principal deste livro. Em segundo lugar, minha análise mostra que é necessário as pessoas entenderem por que a igualdade é injusta e quando é ruim apenas reclamar e invejar.

Com relação à desigualdade, podemos citar o livro *Equal Is Unfair: America's Misguided Fight Against Income Inequality* (A luta equivocada dos Estados Unidos contra a desigualdade de renda), de Don Watkins e Yaron Brook. Nele, os autores sugerem que a chave para reviver o sonho americano de oportunidades ilimitadas não é combater a desigualdade de renda, e sim celebrar as conquistas, que são inerentemente desiguais. Ou seja, devemos fomentar as conquistas, sendo que as conquistas de alguns geram desigualdade, como havia defendido anteriormente.

Cabe ressaltar ainda, conforme descrevo neste livro, que um dos fatores mais importantes que as pessoas necessitam entender é a dinâmica da vida para atingir o sucesso. Assim, minha visão é de que, para subir na escala meritocrática, não é somente se esforçar, mas utilizar uma gama de ferramentas que juntas o levarão ao sucesso.

Dessa forma, vamos primeiramente definir os diversos tipos de igualdade para posteriormente discutirmos sobre o tema e apontar o nosso ponto de vista de como ela é injusta.

7.1 Os diversos tipos de igualdade

Conforme dito anteriormente, este livro faz um resumo sobre diversos temas baseado em pesquisas e experiência do autor; no entanto, as descrições desses temas são feitas à luz de uma linguagem mais simples, de forma a trazer para o leitor uma experiência de leitura mais dinâmica, não se abstendo do suporte de pesquisas às suas ideias.

O tema desigualdade é controverso. Gera debates acalorados, pois, em seu cerne, desigualdade tem um apelo de injustiça. Dessa forma, notamos que existe um apelo forte de várias entidades como: mídia, ONGs, acadêmicos e políticos — que fazem uso da palavra de forma genérica, sem dar a devida ênfase a que tipo de desigualdade eles se referem, e o que tornaria o fim de um determinado tipo de desigualdade em outra desigualdade. Assim, faz-se necessário, primeiramente, descrever o significado de cada tipo de igualdade para que possamos entender quais os fundamentos no qual se baseia a definição dos seus diversos tipos e, dessa forma, formar uma opinião a respeito. A seguir temos as definições:

A igualdade do bem-estar

Sob a ótica igualitária de bem-estar (definimos o que é bem-estar a seguir), uma distribuição justa de recursos materiais é apenas uma ferramenta para alcançarmos o que realmente faz sentido para cada tipo de pessoa. Não é possível redistribuir o bem-estar diretamente; só é possível redistribuir os recursos que as pessoas podem fazer uso para lhes trazer o bem-estar. Segundo Dworkin (1981), a igualdade de bem-estar "sustenta que um esquema de distribuição trate as pessoas como iguais quando distribui ou transfere recursos entre elas até que nenhuma outra transferência as deixe mais iguais em termos de bem-estar".

Qual é a definição de bem-estar?

O estado do bem-estar pode ser definido, como: uma boa sorte, felicidade, bem-estar de uma forma geral ou prosperidade. Pode também ser definido como: 1) ajuda na forma de dinheiro ou recursos para pessoas necessitadas; e 2) um programa de distribuição de ajuda necessária a se criar o bem-estar (Merriam Webster, 2023).

A igualdade de recursos

Vejamos agora o que significa a igualdade de recursos sob a ótica de Dworkin, 1981. Segundo o autor, a igualdade de recursos é uma forma de distribuição destes igualmente entre pessoas. Seu objetivo é que as pessoas consigam uma distribuição justa, se não igual, de recursos para que possam fazer escolhas sobre os bens que desejam. Nesse caso, as pessoas utilizariam esses recursos para se tornarem seu bem-estar.

A igualdade de renda

A igualdade de renda se refere à igualdade de salários.

A igualdade de riqueza

A igualdade de riqueza envolve o patrimônio líquido das pessoas.

A igualdade econômica

A igualdade econômica é a distribuição igual de renda e oportunidades entre diferentes grupos da sociedade.

A igualdade de oportunidades

A igualdade de oportunidades refere-se à imparcialidade dos processos por meio dos quais indivíduos com diferentes origens, habilidades, condição social, alcancem resultados específicos, sejam eles na área de educação, na sua posição social, na hierarquia de uma empresa. É a ideia de que as pessoas devem ser capazes de competir em igualdade de condições, ou em um "campo de jogo nivelado", por cargos e posições privilegiadas.

A igualdade de resultados

Igualdade de resultados, ou igualdade de condições, é um conceito político seguido por algumas ideologias políticas, sendo também utilizado em alguns discursos políticos, geralmente em contraste com o termo **igualdade de oportunidades.** Ele descreve um estado no qual todas as pessoas têm aproximadamente a mesma riqueza material e renda, ou no qual as condições econômicas gerais da vida de todos são semelhantes. A obtenção de resultados iguais geralmente implica na redução ou eliminação das desigualdades materiais entre indivíduos ou famílias na sociedade e geralmente envolve uma transferência de renda ou riqueza dos indivíduos mais ricos para os mais pobres, ou a adoção de outras medidas para promover a igualdade de condições.

A igualdade política

A igualdade política, segundo Watkins & Brook (2016), refere-se à igualdade de direitos. As pessoas devem ser consideradas pelo governo tendo os mesmos direitos à vida, à sua liberdade e à sua busca pela felicidade. Watkins & Brook (2016) citam a declaração dos Pais Fundadores dos Estados Unidos*: "Todos os homens são criados iguais". Na realidade, era sabido por eles que as pessoas são desiguais em quase todas as suas características, como a inteligência, a capacidade física, o caráter moral e a riqueza, entretanto também sabiam que somos iguais em um único aspecto: todos nós somos seres humanos e, apesar de nossas diferenças, todos compartilhamos o mesmo modo de sobrevivência. A igualdade política e as oportunidades geram uma enorme desigualdade econômica. A igualdade política diz respeito à maneira como os indivíduos são tratados pelo governo. Sua base tem a ver com como o governo deve tratar todos os indivíduos da mesma forma — negros ou brancos, homens ou mulheres, ricos ou pobres. No entanto, a igualdade política não cita nada sobre as diferenças ocasionadas pelas decisões voluntárias dos indivíduos. O fato é que a proteção da igualdade de direitos das pessoas causa enormes diferenças na condição econômica delas, pelo fato de que umas usam a sua liberdade para criar pouca riqueza, enquanto outras alcançam níveis mais elevados de sucesso (Watkins & Brook, 2016).

7.2 Por que a igualdade é injusta

Existem certos fatos que ocorrem na vida das pessoas que são verdades absolutas. Entretanto, faz-se necessário conseguirmos encontrar caminhos alternativos e sobreviver, mesmo diante das adversidades.

Inicialmente vamos enumerar alguns fatos da vida que são considerados verdades absolutas:

* Os Pais Fundadores dos Estados Unidos foram os líderes políticos que assinaram a Declaração de Independência dos EUA ou tiveram participação na Revolução Americana como líderes dos Patriotas, ou ainda aqueles que participaram da elaboração da Constituição dos Estados Unidos onze anos mais tarde. Dentre eles, os mais importantes foram: John e Samuel Adams, George Washington (que se tornou o primeiro presidente), Thomas Jefferson, George Clymer, Benjamin Franklin, George Tylor e George Rea.

- O mundo é desigual, sempre foi e sempre será.
- A desigualdade existe, mesmo os que obtiveram sucesso através de muita luta reconhecem esse fato.
- Regimes políticos que tentaram à força tornar as pessoas iguais foram ditatoriais e sucumbiram com o tempo.

Pensando nessas verdades, tive a ideia de escrever este livro, onde explico por que a igualdade é injusta e como devemos agir para contornar as desigualdades e obter sucesso. O primeiro passo para isso é entender por que a igualdade é injusta, pois quando entendemos esse conceito, passamos a entender o que é a vida realmente, e não mais nos enganar ao ouvirmos discursos demagógicos de como deveria ser a vida das pessoas caso não houvesse desigualdades. O fato é que o discurso de igualdade em si é grandioso, tem um enorme apelo social e traz uma sensação para as pessoas de que, se não obtiverem sucesso na vida, a culpa é da sociedade injusta, e não por causa de escolhas feitas, ou falta de esforço.

Logo, essa situação provoca uma acomodação em muitos indivíduos, pois além de passarem a acreditar que não disputam em igualdade de condições com as outras pessoas e, portanto, é difícil ou impossível de vencer determinada adversidade, acabam desistindo, e não conseguem o sucesso desejado na vida. Muitos ficam pelo caminho e se dão por vencidos, outros passam a se lamentar das injustiças, e outros ainda se tornam ativistas e passam a empunhar a bandeira da injustiça. O fato é que em nenhum desses casos você atingirá seus objetivos.

De forma contrária, existem muitos (acredito que seja um número muito menor do que aqueles indivíduos que se acomodam), que lutam, que sabem que a desigualdade existe, no entanto, são determinados em perseguir seus sonhos e acabam conseguindo seus objetivos. Essas pessoas fracassam inúmeras vezes, mas passam a aprender com os seus fracassos e assim se desenvolvem. Mas é importante frisar que quando existe uma disputa, e a pessoa A não está no mesmo nível da pessoa B, seu trabalho será dobrado para atingir o sucesso e vencer na vida. Faz parte do jogo!

Segundo Watkins & Brook (2016), para vivermos em uma sociedade que preze pela capacidade e conquistas pessoais, devemos primeiramente respeitar o direito de cada indivíduo de usar (e desenvolver) suas habilidades naturais para alcançar valores e desfrutar daqueles que ele alcançou. Devemos celebrar o sucesso como sendo a condição principal para o desenvolvimento do progresso humano.

Esse é o ponto. Devemos celebrar as conquistas individuais assim como fomentar essa mentalidade, mesmo que sejam pequenas conquistas, dessa forma as pessoas criam uma mentalidade vencedora, pois passam a "gostar de vencer em vez de se lamentar". Falo bastante dessa estratégia que nos leva à vitória nos Capítulos 5 e 6, na primeira parte do livro.

Já em uma visão de igualdade, existe a tendência de se condenar os bem-sucedidos e de recompensar as pessoas por não terem conseguido nada; esse fato ocorre, pois, nas mentes igualitárias, existe a ideia de que o sucesso leva a desigualdades, despertando assim, ressentimentos nos malsucedidos. Não pode existir um conceito racional que tenha como seu pilar principal o conceito de igualdade. No entanto, o que devemos fazer é tratar as pessoas como elas merecem, ou seja, aqui podemos afirmar o quanto é importante termos a igualdade política aplicada na sociedade como um todo (Watkins & Brook, 2016). Segundo Aristóteles, é justo tratar coisas iguais de forma igual. Mas, pelo mesmo motivo, ele acrescentou, devemos tratar coisas desiguais de forma desigual. A conquista é desigual e, logo, o igual é injusto.

Portanto, pensando nesse complexo contexto, onde pessoas têm visões diferentes, ou são influenciadas a dar ênfase à desigualdade, é que se torna importante explicarmos por que ela é injusta e, assim, dar ferramentas àqueles que têm maior inclinação a ter um comportamento menos resiliente e ter menos perseverança. Essas pessoas precisam de ajuda para se beneficiarem do potencial que possuem e assim obter o sucesso seguindo a escala meritocrática.

7.2.1 Comparando tipos de igualdade e mostrando por que são injustos

Hoje, existe um grande problema quando os igualitários sobem a bandeira da igualdade, pois a narrativa é toda baseada na palavra "igualdade", num sentido amplo. No entanto, devemos separar esse conceito em grupos, analisá-lo e compará-lo. Baseado na literatura, existem diversos tipos de igualdade definidos conforme descrito anteriormente. O assunto é extremamente longo, fruto de várias pesquisas. Segundo Dworkin (1981), a igualdade é um ideal político popular. No entanto, esse tema gera muito debate entre pesquisadores, dado o nível de dificuldade de se chegar à conclusão sobre uma forma de igualdade que seja realmente justa, o que, em minha opinião, não existe. Dworkin (1981) enfatiza que as pessoas podem se tornar iguais ou até mais iguais em determinado aspecto e acabam se tornando mais desiguais em outros.

Sobre esta afirmação abro um parêntese para justificar que a igualdade é injusta, dado que não importa qual igualdade tentamos definir; no fim, quando tratamos a pessoa igualmente sob um aspecto, gera desigualdade em outro. Logo, podemos inferir que independentemente do que se tenta igualar, os resultados serão diferentes, fazendo com que, sob a própria ótica dos igualitários, seja criada uma injustiça.

Vejamos aqui algumas análises que pude colher em minhas pesquisas que tratam do extremamente subjetivo assunto igualdade, como os próprios pesquisadores, que são defensores dessa ideologia, discutem o tema e não acham uma conclusão convincente.

7.2.2 A igualdade do bem-estar versus a igualdade de recursos

Começamos então analisando a igualdade do bem-estar que, em síntese, é definida como um esquema de distribuição que trata as pessoas como iguais quando distribui ou transfere recursos entre elas para que alcancem o que realmente faz sentido para cada tipo de pessoa.

Já a igualdade de recursos, em síntese, é uma forma de distribuição de recursos igualmente entre pessoas, com o objetivo de que essas pessoas consigam uma distribuição justa, se não igual, de recursos para que possam fazer escolhas sobre os bens que desejam.

Existe um debate sobre essas duas igualdades, e alguns autores acham a igualdade de bem-estar injusta, e outros, a de igualdade de recursos injusta.

Então vejamos o exemplo citado por Dworkin (1981). Em sua pesquisa, o autor afirma que tanto a igualdade de bem-estar como a igualdade de recursos são abstratas devido às diferentes interpretações do que seria igualdade do bem-estar, e diferentes teorias sobre o que seria considerado igualdade de recursos. Assim, continua o autor, mesmo as duas teorias sendo abstratas, vão sugerir conselhos diferentes em situações reais. Vejam o exemplo no qual um homem rico que possua cinco filhos. Um é cego, o outro é um playboy com gostos extravagantes, o outro é político e tem ambições de vida que são caras, o outro, um poeta humilde desprovido de qualquer ambição material e o outro, um escultor que para fazer seu serviço necessita de materiais caros. Considerando essa situação, como deverá ser a divisão do testamento desse homem rico, pelo conceito de igualdade?

Se o homem rico seguir o conceito do bem-estar, então ele levará em conta essas diferenças entre seus filhos, de modo que não deixará a eles partes iguais. Pois, como podemos perceber, cada filho tem um gosto diferente que, para ser atingido, necessitaria de quantidade de recursos diferentes. Pois, os gostos caros deveriam ser considerados em seus cálculos, do mesmo modo que deficiências físicas ou ambições caras. Logo, considerando a igualdade do bem-estar, para fazermos uma partilha de recursos iguais, seria injusta.

Dessa forma, podemos considerar que, para fornecer uma métrica adequada de partilha, devem ser atribuídos um valor adequado aos recursos, pois devemos sempre considerar que os recursos possuem valor na medida em que produzem bem-estar. Ainda segundo Dworkin, R. (1981), o defensor da igualdade de recursos, se, por acaso, definirmos uma partilha baseada em termos de recursos, estes devem ter relação com o bem-estar que proporcionam, confundiremos meios com fins, criando assim uma visão deturpada. Seguindo no mesmo raciocínio,

Dworkin (1981) faz menção a tornar a vida das pessoas iguais (ou assim pode parecer), o que deverá ser dado a elas para uma vida de bem-estar, ou então provê-las de um meio para que atinjam seus objetivos de vida, "e não simplesmente fazer com que os números em suas contas bancárias sejam iguais".

Por outro lado, avaliamos a opinião daqueles que fazem críticas à igualdade de recursos por achá-la injusta. Nesse mesmo caso anterior, imaginemos que, se ao contrário, o homem rico escolhe fazer a partilha de seus recursos igualitariamente, dado que o igualitarismo de recursos prega que deve ser garantido a todos um conjunto igual deles e uma chance igual de tornar esses recursos em bem-estar, quais as falácias poderiam ser encontradas pelos críticos deste modelo?

Primeiramente, podemos enfatizar que não há uma preocupação pelos igualitários sobre como as pessoas fazem essa distribuição e quais as desigualdades resultantes de suas escolhas (Dworkin, 1981). Sob esse ponto de vista, podemos perceber que essa distribuição de recursos é injusta.

Em segundo lugar, em um outro ponto levantado pelo autor (Arneson, 1989), diz respeito ao fato de que, para haver ética na igualdade de recursos, deverão ser incluídos os talentos pessoais entre os recursos a serem distribuídos. No entanto, esse ponto é frágil, pois se torna impossível que uma agência distributiva forneça suporte educacional e tecnológico para compensar as diferenças inatas de talento de cada pessoa, de modo que todas elas sejam abençoadas com os mesmos talentos. Da mesma forma, falar em quanto de compensação é devido àqueles que estão em desvantagem por terem pouco talento também se torna difícil de imaginar. O fato é que cada qual tem um valor para o seu talento, que também varia de acordo com seus objetivos de vida.

7.2.3 Igualdade econômica, igualdade de oportunidades versus igualdade de resultado

O conceito de desigualdade econômica se baseia na condição da distribuição desigual de renda e oportunidades entre diferentes grupos da sociedade. Dentro do assunto igualdade, o que mais gera debate é quando falamos de igualdade econômica que engloba igualdade de oportunidades, renda e riqueza, e que traz em seu cerne a percepção de que, dada a desigualdade econômica na sociedade, haverá pouca mobilidade social.

No entanto, devemos considerar que a desigualdade econômica tem seu fundamento nas escolhas livres dos indivíduos e, portanto, é inevitável que, para alcançar a igualdade econômica, ações violentas que restringem essa liberdade sejam implementadas pelos governos, conforme o ocorrido com o governo do Camboja, o Khmer Vermelho, nos anos que impuseram sua ditadura sobre o país.

Um ponto importante sobre desigualdade é levantado por Watkins & Brook (2016), quando afirmam que desigualdade não significa pobreza. Os autores citam o jornalista americano Timothy Noah, em suas palavras sobre a questão da distribuição de renda nos EUA, onde ele afirma que é mais desigual do que em países como Uruguai, Nicarágua, Guiana e Venezuela, no entanto, ele não cita que os cidadãos dos EUA são muito mais ricos que as pessoas desses países. Portanto, podemos afirmar que a desigualdade econômica é compatível com uma sociedade que esteja ficando mais rica. Nesse exemplo dado, não podemos considerar nenhum mal se a renda do americano triplicasse e de outro país duplicasse, pois, nesse caso, a desigualdade aumentaria, mas em ambos os países as pessoas ficariam mais ricas. "A desigualdade não se refere à privação, mas à diferença, e não há nada de suspeito ou questionável nas diferenças em si."

Quando pensamos e falamos na igualdade de oportunidades, temos a tendência de dar uma conotação de justiça, um mundo onde todos tivessem a mesma oportunidade de crescer, desenvolver-se e atingir a riqueza e o sucesso. A igualdade de oportunidades, além de ser utópica, pois além de sabermos que nós, seres humanos, temos características pessoais diferentes, habilidades inatas diferentes, gostos diferentes e objetivos de vida diferentes, ela também geraria desigualdades pelos motivos citados antes, pois os resultados advindos dessa igualdade de oportunidades seriam diferentes de pessoa para pessoa. Cabe ressaltar que, para se criar uma sociedade onde fossem igualadas todas as oportunidades, seriam cometidas injustiças para com alguns, em detrimento de beneficiar outras pessoas, o que seria injusto por qualquer metodologia que você utilizasse para igualar as pessoas.

O filósofo Rawls (Hare, 1973) afirma que deveria haver até mesmo um "ramo de distribuição" do governo, pois, como tal, deveria preservar uma justiça através de ações distributivas por meio da tributação e de ajustes necessários nos direitos de propriedade... (para o filósofo deve haver, por exemplo, uma série de impostos sobre heranças e doações, e estabelece restrições aos direitos de legado). A principal ideia dessa distribuição através da arrecadação de impostos e regulamentações da economia não é de aumentar a receita do governo, e sim proporcionar paulatinamente a correção da distribuição de riqueza e evitar concentrações de poder. Ou seja, os igualitários falam de justiça social, no entanto, não respeitam os direitos iguais das pessoas, eles querem igualar coercitivamente a renda, a riqueza e as oportunidades (Watkins, & Brook, 2016), o que se traduz numa igualdade injusta.

É fato que, quando comparamos os diferentes tipos de igualdade, obtemos resultados conflitantes. Podemos afirmar que a igualdade econômica (incluindo a igualdade de oportunidades) é incompatível em sua essência com a igualdade política. Dessa forma, os defensores da igualdade deverão escolher entre a igualdade política e a igualdade econômica. Ou seja, a igualdade política tem seu pilar no fato dos governos terem o dever de tratar todos os indivíduos da mesma forma, sendo que, essa proteção dos direitos iguais das pessoas, inevitavelmente gerará enormes diferenças na condição econômica, causando desigualdades (Watkins & Brook, 2016). Logo, qualquer forma de igualar esses resultados seria injusta, ou ainda podemos afirmar que não é possível sustentar a ideia da igualdade em seu amplo sentido, dado que vários tipos de igualdade são conflitantes.

7.2.4 Qual igualdade devemos considerar como justa?

Mas, afinal, existe algum tipo de igualdade que devemos considerar? Sim, ela existe, no entanto, mesmo existindo, ela gerará desigualdades que, no entanto, são a expressão da liberdade das pessoas em fazer suas opções de escolha na vida e de seus interesses, o que gerará desigualdades.

Essa igualdade se chama igualdade política, ela gera oportunidades, entretanto, pode gerar uma enorme desigualdade econômica. Não existe a menor dúvida que isso ocorre. A igualdade política, segundo Watkins & Brook (2016), significa a forma como os indivíduos são tratados pelo governo, ou seja, ela diz respeito ao fato de que os governos devem tratar todos os indivíduos da mesma forma — negros ou brancos, homens ou mulheres, ricos ou pobres. No entanto, a igualdade política não fala a respeito das diferenças que surgem por meio das decisões voluntárias de indivíduos particulares. A proteção dos direitos iguais das pessoas inevitavelmente leva a enormes diferenças na condição econômica, pois algumas pessoas usam sua liberdade para criar quantidades modestas de riqueza, enquanto outras alcançam os níveis mais altos de sucesso. Isso significa dizer que não existe igualdade de resultados, ainda que exista igualdade econômica, e nem política.

Nunca devemos esquecer que a corrupção, o privilégio e as injustiças estão presentes em nossas vidas, sejam elas vindas do meio político, no qual leis são criadas em benefício de A em detrimento de B, e a própria corrupção que é tão enraizada em nossa sociedade mundialmente falando. Portanto, esses fatores contribuem para que não haja, em muitos casos, uma igualdade política, fazendo com que as pessoas sejam prejudicadas em suas decisões na vida. No entanto, ainda assim achamos que as pessoas devem aprender a se "defender" e procurar uma solução de maneira que possam atingir o sucesso.

7.3 Conclusão

Por que a igualdade é injusta?

Em primeiro lugar, conforme descrevemos neste capítulo, os diversos tipos de igualdade são conflitantes entre si, portanto, caso você seja a favor de um tipo de igualdade, acabará cometendo uma injustiça com o outro tipo de igualdade.

Em segundo lugar, a forma como você faz a distribuição de riqueza poderá trazer injustiças para alguns, vide o caso que apresento sobre a igualdade de bem-estar versus igualdade de recursos, como um dos exemplos desse caso específico.

Em terceiro lugar, o mundo nunca foi igual, existem diversas características nas pessoas que as tornam desiguais, seja por características pessoais, gostos, habilidades, forma de pensar, riqueza, renda etc. Tudo isso somado torna a missão de transformar as pessoas em cidadãos iguais uma utopia. Qualquer forma de fazer esse acerto se tornaria injusto.

Em quarto lugar, mesmo que pudéssemos utopicamente transformar todas as pessoas em iguais condições num primeiro momento, os resultados advindos ao longo do tempo seriam desiguais, devido à forma das pessoas de encarar a vida, seus gostos e objetivos, seus esforços, suas escolhas. Portanto, para igualar os resultados, deveriam ser implementadas medidas que gerariam injustiça com várias pessoas, sendo que deveriam ser implantadas coercitivamente.

Cabe aqui enfatizar que o autor deste livro tem plena consciência dos problemas vividos pela sociedade como um todo, em diversos países, no que tange às dificuldades dos cidadãos em conseguir obter sucesso, ou até em sua luta pela necessidade mais básica do ser humano que é o alimento. Mas, quando pensamos nessa situação, temos que ter em mente que, mesmo com dificuldades, muitos conseguirão obter sucesso na vida, basta entenderem a mecânica da meritocracia, conforme descrevo neste livro. Já aqueles que estejam em situação de extrema vulnerabilidade necessitam obter ajuda em prol do que chamamos de igualdade política, para assim terem condições mínimas de lutar por uma vida melhor.

2ª PARTE

Por que o conceito de sucesso é relativo, e como entendê-lo

08

Todos deveriam ter a mesma oportunidade para atingir o sucesso, porém a vida nunca será assim

Esqueçam o conceito de igualdade, ela não existe, nunca existiu e nem nunca existirá pelo simples fato de que não somos iguais, lógico, aqui falo de características pessoais. Também sabemos que a sociedade, de uma forma geral, nunca foi igual e nem nunca será, sob o aspecto econômico-financeiro, isto é uma utopia sempre levantada pela bandeira progressista. Logo, de acordo com essa teoria, quando se fala em meritocracia, pensamos sempre nos mais abastados financeiramente, sempre chegando à frente. Claro que não podemos negar que, até certo ponto, se existe uma oportunidade específica para um determinado evento, e todos não estiverem competindo em condições de igualdade na largada, deverá haver diferença nos resultados. Ok, mas, por outro lado, podemos também afirmar que, quando se pensa em determinada situação, mesmo que você dê condições iguais na largada a um grupo de pessoas, elas não terão o mesmo desempenho, e os resultados também serão diferentes. Isto também é fato. Existem fatores subjetivos que devemos considerar, pois, interferem nos resultados como: a resiliência, motivação, força de vontade, dedicação, mesmo quando há um grupo que concorre nas mesmas condições de igualdade de fatores, como financeiro, e mesma capacidade física. Esses fatores subjetivos nunca serão iguais a todas as pessoas em uma situação de disputa. E aí é que entra o conceito de resiliência, a visão de futuro, a garra, a vontade de vencer e fazer as escolhas certas quando se está exposto a um *trade-off*.

O fato é que precisamos vencer adversidades, culpar apenas o sistema não o fará ter uma vida melhor. Culpar o sistema meritocrático também não o fará vencer. Aqueles que lutam por um objetivo, seja ele qual for, e não desistem no meio do caminho, obterão sucesso. Neste livro, passo esta mensagem para os leitores, não somente através de conselhos do que se deve fazer, mas também na forma de você encarar as diversas situações que aparecem pelo caminho durante sua vida. Ser forte e resiliente e ter persistência é uma receita já manjada da qual todos falam, mas, além disso, precisamos ser guiados por outros fatores que muitos não conseguem enxergar durante sua vida. E, em muitos casos, até enxergam, mas por um outro ângulo.

Recentemente estava conversando com uma amiga minha que já tinha por volta de 50 anos e acabara de perder o emprego. Ela tinha um currículo excelente, era engenheira civil, mas, pela idade, a recolocação já se tornava mais difícil. Quando a encontrei, ela estava bastante desanimada e não sabia bem o que fazer. Comecei a conversar com ela sobre alternativas, pois havia visto um anúncio de emprego que pedia engenheira civil para trabalhar em uma construtora com requisitos que iam além dos necessários a um engenheiro, por exemplo, queria que esse profissional soubesse Power BI e Python. Logo me veio à cabeça que seria importante ela fazer esses cursos, pois "refrescaria seu currículo", dando uma percepção de jovialidade ao candidato em relação às suas habilidades a qualquer recrutador e que, aliado à experiência que ela tinha na área, seriam um diferencial para a sua recolocação no mercado. Ao acabar de falar sobre minha ideia, minha amiga retrucou mostrando uma diferente percepção sobre o que eu estava falando: "Não adianta fazer esses cursos e aprender essas linguagens, já estou velha para o mercado".

Como vocês podem notar, as diferentes visões de vida podem levar ao fracasso, independentemente de seu esforço, pois aqui, o que se discutia não era o esforço que minha amiga faria para aprender, e sim a sua mentalidade que construía uma diferente visão para a mesma situação. Claro que o fato de a pessoa fazer o curso não é garantia de recolocação, mas, com certeza, numa escala estatística, considerando-se maior probabilidade, poderá abrir um leque maior de oportunidades, esse é o diferencial. Mostramos nesse exemplo que, apesar das dificuldades e da falta de igualdade, as adversidades podem ser combatidas com visões de vida diferentes, onde a atitude, o otimismo e a sua garra farão toda a diferença, tornando, assim, a chance de sucesso muito maior.

09

Por que vencer nem sempre é igual a sucesso

Neste livro, onde falamos de meritocracia, o conteúdo "vencer na vida" é o principal combustível de todos as ideias que são escritas em nossos capítulos. Portanto, o que nos faria refletir sobre o que é vencer e como isso pode significar uma situação na qual a pessoa não obteve sucesso? Primeiramente podemos dizer que o assunto meritocracia nos leva a como vencer na vida, mas será que somente quando pensamos em vencer realmente teremos sucesso? Ou poderá faltar alguma coisa para preencher nosso coração, nossa alma, nossa mentalidade? É muito relevante essa discussão, pois somente "o vencer na vida" poderá não o fazer feliz, mas, com certeza, vencer faz parte do processo para atingirmos o estado de sucesso pleno. Não consigo enxergar a possibilidade daquele que não venceu obter sucesso. Lembrando sempre que a medida de se vencer na vida e de ter sucesso é relativa. Gosto sempre de frisar esse ponto e, dessa forma, dedico um capítulo a esse tema, para que o leitor enxergue de forma clara essa ideia. A seguir, mostro e comento sobre duas palestras a que assisti no TED Talks que falam sobre o tema e contribuem bastante para nossa discussão.

O autor Brooks (2019) fala sobre esse tema em seu TED intitulado "As mentiras que nossa cultura nos diz sobre o que importa – e uma melhor maneira de viver", onde aponta três principais mentiras pregadas por nossa cultura, que visa apenas vencer, mas não se importa realmente com o que é o sucesso.

Primeira mentira de que o autor Brooks fala é sobre carreira:

> "A primeira mentira é que o sucesso na carreira é gratificante. Tive um pouco de sucesso na carreira e descobri que isso me ajuda a evitar a vergonha que sentiria se me sentisse um fracassado, mas isso não me deu nenhum bem-estar."

A segunda mentira que Brooks cita diz respeito a:

> "A segunda mentira é que eu posso me fazer feliz, que se eu ganhar mais uma vitória, perder 7 quilos, fazer um pouco mais de yoga, eu ficarei feliz. E essa é a mentira da autossuficiência. Mas como qualquer pessoa no leito de morte lhe dirá, as coisas que fazem as pessoas felizes são as relações profundas da vida, ou seja, a perda da autossuficiência."

A terceira mentira que Brooks cita diz respeito a:

> "A terceira mentira é a mentira da meritocracia. A mensagem da meritocracia é que você é o que você realiza. O mito da meritocracia é que você pode ganhar dignidade ao se apegar a marcas de prestígio. A emoção da meritocracia é o amor condicional, você pode "ganhar" sua maneira de amar. A antropologia da meritocracia é que você não é uma alma a ser purificada, você é um conjunto de habilidades a serem maximizadas. E o mal da meritocracia é que as pessoas que alcançaram um pouco mais do que as outras valem um pouco mais do que as outras. Faltam a essas pessoas estender a mão ao próximo, interagir com seus amigos e evitar conflitos."

Podemos notar que em todas as afirmações ditas mentiras temos uma coisa em comum: "Nós vencemos, mas não necessariamente obtivemos sucesso".

Na primeira mentira, podemos verificar que somente vencer em sua profissão não é satisfatório. Precisamos ter alegria de viver, no sentir pleno nas pequenas coisas que fazemos, precisamos desenvolver amizades para trocar ideias, não somente baseadas em interesse de negócios. Precisamos ser amados pelo próximo, precisamos amar o próximo, pois as relações interpessoais, onde exista uma preocupação com sua vida e com a vida alheia, fazem com que o ser humano desenvolva um bem-estar. Veja que até um simples abraço pode fazer a diferença. Nossos hormônios são estimulados com essas atitudes, e um deles é o hormônio ocitocina. Neste caso, a ciência explica que situações de solidão, estresse, ansiedade e depressão são fatores inibitórios para liberação de ocitocina; já a alegria, amor, afetividade e o contato sexual são condições fatoráveis para produção e liberação de ocitocina.

Na segunda mentira, o autor fala em autossuficiência que é sentida quando vencemos alguma adversidade, ou conquistamos algo que nos faz bem fisicamente, como, por exemplo, perder peso quando se está muito acima de seu peso normal. No entanto, esse sentimento por si só não leva ao sucesso, dependemos sempre do próximo como forma de nos ajudarmos mutuamente, ser menos autossuficientes. Isso, sim, nos levará ao sucesso.

Na terceira mentira, o autor fala da meritocracia, como sendo uma forma de visão de vida, onde o importante é somente vencer, seja a qualquer custo. Observem que nessa parte onde o autor cita "... você é um conjunto de habilidades a serem maximizadas. E o mal da meritocracia é que as pessoas que alcançaram um pouco mais do que as outras valem um pouco mais do que as outras". Quando o autor faz essa abordagem da meritocracia, ele apenas mostra uma face na qual coloca no mesmo patamar todas as pessoas que venceram na vida usando os conceitos meritocráticos, sem distinção. Fala do vencer a qualquer custo, não se importando com nada que tem à sua volta. Nesse ponto, não concordo com o autor, dado que os conceitos meritocráticos são o suporte para que as pessoas vençam na vida, o seu sucesso dependerá de suas atitudes e não é possível generalizar o fato. No entanto, concordamos com o autor no sentido de que, ao se pautar somente nos conceitos meritocráticos, para vencer a qualquer custo, não necessariamente o levará ao sucesso.

Esse tópico de vencer a qualquer custo vem ganhando relevância na literatura, nas pesquisas e nos debates, principalmente na área de Recursos Humanos das empresas. Fala-se sobre saúde mental, motivação, propósito, fatores primordiais para as pessoas se sentirem plenas em suas vidas, independentemente de suas posições hierárquicas nas empresas, como executivos ou empreendedores, e também na carreira de esportistas vencedores.

Sobre o tema de que vencer não necessariamente é igual a sucesso, a escritora e coach Field (2019) em sua edição do TED Talks fala de sua experiência como coach do time feminino de ginástica da UCLA, várias vezes campeão em competições regionais pelos EUA.

> "Em toda a América e ao redor do mundo, temos uma crise que criamos na cultura de vencer a qualquer custo. Em nossas escolas, em nossos negócios, na política, ganhar a qualquer custo se tornou aceitável. Como sociedade, nós honramos as pessoas no topo da pirâmide. Aplaudimos efusivamente as pessoas que ganham campeonatos, eleições e prêmios. Mas, infelizmente, com bastante frequência, essas mesmas pessoas estão deixando suas instituições como seres humanos com problemas de várias ordens. No mesmo sentido, os atletas, mesmo com medalhas, muitas vezes deixam suas equipes com problemas emocionais, mentais, e não apenas físicos. Existem também os executivos que, mesmo tendo salários altos, muitas vezes deixam suas empresas, também com problemas. Ficamos tão hiperconcentrados nesse resultado, e quando o resultado final é uma vitória, o componente humano de como chegamos lá muitas vezes é varrido para debaixo do tapete, e o mesmo acontece com os danos mentais sofrido pelas pessoas."

Nessa edição do TED Talks, a autora Field (2019) de "Vencer Não Necessariamente é Igual a Sucesso", cita um exemplo real que fala sobre a história da ginasta Katelyn Ohashi, uma atleta excelente de alta performance, campeã, que disputava campeonatos e vencia mostrando alegria, mas quando foi para a equipe da Universidade da UCLA, estava quebrada de corpo, alma e espírito. Assim, quando Katelyn veio para a UCLA, no seu primeiro ano, teve vários problemas ligados a seu "eu" a ponto de já não conseguir ter a mesma performance como atleta de alto nível. Na época, declarou a toda a equipe de treinadores e da autora do TED (Field, 2019), que na ocasião era a coach da equipe: "Não quero voltar a ser fantástica".

Mas, "Por que então Katelyn veio obter a sua bolsa de estudo através da prática de ginástica?", pensou Field. Logo chegou à conclusão que Katelyn não odiava ginástica, ela odiava tudo o que estava associado a ser ótimo. Katelyn não queria ser apenas uma vencedora, pois o fato de ganhar tudo a qualquer custo tinha lhe custado a sua alegria. Assim, Field percebeu que deveria descobrir primeiro como motivá-la a querer ser grande novamente, ajudando-a a redefinir o sucesso. Cabe ressaltar o fato de que a motivação leva muito tempo para criar raízes. Mas quando acontece, constrói caráter e altera a percepção da vida.

Nessa hora, Field percebeu que precisava criar uma mentalidade nos estudantes-atletas de que, em primeiro lugar, eles eram seres humanos inteiros e não apenas atletas vencedores. Assim, Field passou a se concentrar no desenvolvimento de campeões, na vida, através do desporto, onde o ingrediente-chave era desenvolver a confiança por meio da paciência, honestidade respeitosa e responsabilidade. Esse trabalho foi desenvolvido através da construção da confiança e provando a Katelyn que, antes de tudo, Field se importava com ela como um ser humano. Parte da estratégia seguida por Field era de apenas conversar com Katelyn sobre ginástica na academia. Fora da academia, conversava sobre diversos assuntos: escola, rapazes, família, amigos, hobbies. Dessa forma, Field encorajava-a a encontrar coisas fora de seu esporte que lhe trouxessem alegria. Após todo esse processo, Katelyn recuperou sua performance como ginasta vencedora, por meio de sua alegria de praticar o esporte outra vez, conquistando, assim, o prazer de vencer e preenchendo o seu eu através da conquista do sucesso.

10

O conceito de vencer na vida e ter sucesso é relativo

Existe um ditado popular que diz: "Dinheiro não traz felicidade", logo, podemos inferir que nem sempre a riqueza o fará feliz. Você que está lendo este livro, faça um exercício de análise: o que representa vencer para você? Ao mesmo tempo, pense o que representaria ter sucesso na vida? Com certeza, os leitores do livro responderão das maneiras mais diversas possíveis. Logo, podemos concluir que não existe uma resposta correta, nem padrão, mas uma resposta que refletirá a visão de vida das pessoas. Não existirá um padrão único, logo, podemos concluir que, tanto vencer como obter sucesso se torna relativo, onde o que vale é o sentimento de valor de vida de cada indivíduo.

Podemos observar a seguir diversas situações de vida que podem ou não o fazer uma pessoa rica, mas, com certeza, o farão uma pessoa feliz pelo sucesso alcançado.

Existe uma tendência atual dos jovens não procurarem emprego somente por dinheiro, pois eles querem empresas que ofereçam condições deles trabalharem por um propósito. Existem também pessoas que, saindo de uma condição econômica muito desfavorável, veem como uma grande conquista a obtenção de um diploma de uma universidade. Existem pessoas que são felizes em seus empregos, e quando perguntamos por que não se desenvolveram mais, elas respondem que não são afeitas a desafios, preferem ser pessoas *low profile*, mas felizes.

Podemos observar que, independentemente de condições de igualdade, temos intrinsecamente em nossas mentes o nosso conceito de sucesso. Esse é um ponto que gosto de discutir quando falo de meritocracia em sua mais profunda essência, que prega o insucesso de uma pessoa como sendo um fracasso. Nesse ponto, abro a discussão, do que seria esse insucesso? Como apresentei antes, o sucesso e o próprio insucesso são relativos. Não podemos somente dizer que o CEO de uma multinacional obteve sucesso na vida e dizer que uma pessoa desfavorecida economicamente, que completou um curso de graduação em uma universidade, como uma pessoa que fracassou na vida. Dado que, devido (em muitas situações) a fatores considerados não meritocráticos, que proporcionaram a desigualdade na largada de suas vidas, os quais fizeram com que essa pessoa alcançasse um patamar econômico distinto.

Por outro lado, uma pessoa que tenha tido a mesma oportunidade que o CEO atual da multinacional teve, e não conseguiu, pode, sim, ter fracassado, pois, não conseguiu atingir seu objetivo e, assim, não obteve o sucesso esperado. Dessa forma, podemos notar a sutileza dessa discussão e também observar o quanto vencer e obter sucesso é relativo, pois dependerá muito da percepção de cada um. No entanto, tenho certeza e posso afirmar, sem sombra de dúvida, que aqueles que obtiveram sucesso (relativo) o fizeram por meio da meritocracia.

Muitos que estão lendo este livro com certeza falarão que: "E aqueles que subiram na vida com influência de parentes, ou por questões de corrupção, ou outro motivo não meritocrático?" Bem, trato aqui, neste livro, de diversas situações em que mostro como lidar com diversas situações não meritocráticas e como superá-las, além disso, temos uma situação muito relevante que é descrita no tópico 1.4, "O orgulho numa sociedade meritocrática", que fala justamente daqueles que burlam o sistema meritocrático para obterem sucesso, no entanto, nunca será dada a essas pessoas a honra da conquista, mesmo que para o mundo ela pareça uma pessoa de sucesso.

3ª PARTE

Muitos não vencem, pois não conhecem o "outro lado"

11

O que é o "outro lado"

Sempre tive o hábito de caminhar pela manhã com minha esposa. Sempre conversamos muito sobre nossas experiências no mundo corporativo. Ela é engenheira civil, cartesiana, 2 + 2 para ela tem sempre o resultado 4; um pouco introvertida, reservada, foge de apresentações, não tem o hábito de muito falar, mas é uma pessoa extremamente observadora. Eu, um homem de finanças, com raciocínio lógico, porém, com um lado criativo, comunicativo, perseverante. Minha esposa me chama de "cara de pau", principalmente por ser adepto da forma de pensar que ao tentar conseguir alguma coisa, seja ela o que for, mesmo que às vezes pareça difícil de conseguir, devemos tentar. Essa coisa pode ser conseguir um simples desconto na feira, devendo para tanto fazer uma simples pergunta ao feirante sobre o preço de um legume, "Poderia fazer por menos 20%?", pergunto eu, ou em uma negociação na área financeira que envolva milhões. Penso sempre que o "não" eu já tenho, portanto, caso venha um "sim", será ótimo. Como muitas pessoas costumam falar há muitos anos, os opostos se atraem, gerando um equilíbrio maior em nossas vidas, e o casal poderá tomar melhores decisões, baseado numa maior quantidade de ideias. Já numa linguagem mais moderna, ligada à geração Z, podemos dizer que a diversidade é fundamental para incrementar a criatividade, obtendo solução para os problemas mais rapidamente, com consequente melhoria nos resultados.

Como podemos notar após descrito no parágrafo acima, temos ideias diferentes e pontos de vista diferentes, devido às nossas características pessoais. Dessa forma, nossa visão de mundo diverge em vários pontos, pois além de características pessoais diferentes, tivemos também histórias de vida diferentes. Eu tive que lutar muito para conseguir o que conquistei, e ela, vinda de uma família mais abastada, não teve tanta dificuldade. Essa diversidade traz mais fatos às nossas discussões, tornando-as mais ricas. Em muitas dessas conversas, falamos sobre meritocracia, injustiças, desigualdade, preconceito, pessoas com problemas financeiros (menos abastadas), pessoas com pouca cultura, pessoas que não estudaram, pois tiveram algum tipo de problema, pessoas que tomaram decisões erradas na vida e pagaram um preço por isso, pessoas sem garra, e falamos de pessoas corruptas. No desenrolar dessas conversas, discutimos nossas diferenças, e veio a pergunta de minha esposa para mim: "Como você conseguiu obter sucesso (relativo claro) em sua carreira e chegar até onde você está, vencendo todas essas adversidades?" Logo após, ela continuou seu questionamento: "Como algumas pessoas de sua família não conseguiram se desenvolver igual a você, mesmo tendo melhores condições financeiras que você e seus pais quando você era ainda criança e adolescente?" Quando ela me fez essa pergunta, claro que a primeira coisa que veio à minha cabeça foi o fato de eu ter me esforçado muito, ter sido resiliente, ter tido garra, força de vontade, persistência e demais adjetivos que demostram o fato de você ter sido uma pessoa que venceu através da escala meritocrática.

No entanto, após muito conversarmos, notamos que existe um ponto importante para o desenvolvimento de uma pessoa, seja ele profissional, ou pessoal, que é o "conhecer o outro lado". E, com certeza, esse foi o fator que me fez ter tido garra, confiança, resiliência e muita força de vontade e esforço, pois acreditava que existia um outro lado da vida que me traria melhores condições de vida, reconhecimento profissional, desenvolvimento do meu nível cultural e poder ter uma melhor condição de vida para oferecer aos meus filhos. Mas o que seria esse outro lado?

Eu e minha esposa definimos o outro lado como algo que uma pessoa mais pobre nunca pode conseguir, seja, por exemplo, algum bem material, ou a possibilidade de ter acesso à cultura, ou a possibilidade de comer alguma comida de melhor qualidade, ou poder vestir uma roupa de marca, ou poder fazer uma viagem, ou pode ser também a impossibilidade de conversar com pessoas que tenham uma educação melhor, dado que, nesses casos, as pessoas com menores condições financeiras tendem a ter um networking composto por pessoas de igual capacidade financeira. Caso pudesse haver um contato maior entre uma pessoa de maior posse e uma menos abastada, a pessoa com menos condições financeiras poderia entender como é a vida de uma pessoa com maiores recursos financeiros. Em resumo, esse outro lado seria o mundo onde houvesse pessoas em melhores condições de vida, seja profissional e/ou financeira. Nesse caso, não me refiro aqui a pessoas pobres somente, sem nenhuma condição financeira, paupérrimas, mas me refiro também a pessoas medianas, que tendem a não conhecer esse outro lado.

Fazendo uma análise um pouco mais profunda do que seria esse outro lado, chego à conclusão de que ele, para muitos, é algo obscuro, abstrato, difícil de enxergar. A pessoa que tem uma origem mais humilde e atinge o sucesso através da escala meritocrática, chegando a uma posição de crescimento profissional, acumulação de riqueza e melhoria de vida, consegue enxergar esse "outro lado". Sua forma de pensar é bastante objetiva, foge daquele pensamento de culto à pobreza, procura conhecer pessoas que tenham a agregar a seu conhecimento, mostra-se disposta a fazer esforço para aprender, não se importando com os resultados de curto prazo. Em resumo, conhecer o outro lado parece utópico, mas não é, basta você querer e começar a enxergar que existe uma saída para a sua situação atual, que a melhora de vida é uma questão de tempo; portanto, resiliência e confiança em sua capacidade são fundamentais.

O leitor poderá questionar se conhecer o outro lado apenas é suficiente para atingir objetivos mais altos. Com certeza, minha resposta é não, assim como muitos definem meritocracia como sendo medida em grande parte pelo seu esforço pessoal, o que em meu entendimento não faz sentido. Em ambos os casos, podemos afirmar que somente esses dois fatores isolados não o levarão ao sucesso, pois, de que adianta você conhecer o outro lado e não se esforçar para atingir suas metas, por exemplo. De que adianta, por exemplo, somente o esforço pessoal se você não sabe interagir com seus líderes na sua empresa, e seu trabalho não "aparece", fazendo com que você não obtenha promoção ou melhoria de salário. Portanto, conhecer o outro lado possibilita abrir a mente e enxergar novas oportunidades, porém, o caminho será de muito esforço, resiliência e de um planejamento pessoal que envolve outras habilidades para que você obtenha sucesso.

Neste capítulo, vamos primeiramente tentar, por meio da ciência, entender o que seria esse outro lado. Depois, falaremos daqueles que, por insegurança, cultuam a pobreza, e outros que, por medo ou insegurança, preferem não se expor para conhecer o outro lado, fazendo com que não consigam se desenvolver através da escala meritocrática. Falaremos também sobre a mentalidade de quem tem dificuldade de conhecer o outro lado. E, por último, falaremos como desenvolver uma estratégia para a pessoa aprender a como conhecer "esse outro lado".

11.1 A ciência suporta a tese da existência do "outro lado"

A ideia deste livro é trazer para o leitor um pouco de minha experiência de vida, seja ela de cunho pessoal, no mundo acadêmico ou no mundo corporativo, e encontrar uma explicação na ciência/dados que suporte essas ideias. Portanto, fui em busca de encontrar o que faria sentido para explicar esse outro lado. Claro que não esperava encontrar algo com a mesma nomenclatura, mas uma ideia que, dentro do mesmo contexto, explicasse esse fato. Ao pesquisar, encontrei algumas ideias que estão em linha com meu pensamento. Dentre eles está o artigo de Browman et al. (2017), no qual ele descreve que estudantes de perfil socioeconômico menos favorecido em relação a seus pares mais favorecidos são capazes de manter altos níveis de motivação acadêmica e persistem diante das dificuldades. Para que isso ocorra, Browman et al. (2017) propõe que a persistência acadêmica desses estudantes de perfil socioeconômico menos favorecido depende de suas percepções e crenças sobre mobilidade socioeconômica e, de uma forma geral, se esse é um fator que pode realmente ocorrer em uma sociedade. Logo, o autor afirma que o desejo dos estudantes de baixo poder socioeconômico de persistir em um caminho primário para a mobilidade (isto é, escola) deve permanecer forte se eles acreditarem que a mobilidade socioeconômica — um poderoso motivador acadêmico — possa ocorrer em sua sociedade. Em contraste, aqueles alunos de posição socioeconômica mais baixa, que acreditam que a mobilidade socioeconômica geralmente não ocorre, acabam ficando menos motivados a persistir academicamente.

Logo, podemos concluir que é de suma importância o conhecimento do outro lado para que a pessoa consiga por meio da meritocracia obter sucesso em sua vida. Nesse caso, o outro lado é visualizar a mobilidade socioeconômica e, com certeza, seus benefícios. Nesse exemplo, falamos de estudantes que queriam ter boa performance e conseguiriam obter no futuro sucesso em suas profissões. No entanto, podemos observar vários fatores que podem interferir nas pessoas para que possam conhecer o outro lado ou, de modo contrário, fiquem bloqueadas psicologicamente e não atinjam seus objetivos. Assim sendo, é fato que muitas dessas pessoas, que não conheceram o outro lado e não atingiram sucesso, colocam a culpa em vários fatores negativos que ocorreram em suas vidas, por isso também criticam a meritocracia. Consequentemente fazem com que toda essa história de insucesso seja capitulada politicamente para que sempre tenhamos uma população dependente do Estado.

12

O culto à pobreza e a insegurança dos pobres

Cultuar a pobreza, essa é uma característica daqueles que não se sentem capazes de tomar riscos, ou são introvertidos, ou têm medo do fracasso, ou não têm ambição na vida, ou são acomodados, dentre outras. Alguns até conhecem o "outro lado", mas preferem não se arriscar a conseguir chegar lá, por isso preferem se acomodar. Achei importante falar dessas pessoas por dois motivos: um, porque esse fato pode atingir não somente os mais pobres, mas também pessoas de classe média; a rigor percebo esse comportamento ocorrer mais frequentemente entre pessoas não tão desfavorecidas socioeconomicamente. Outro ponto a se destacar chama-se insegurança dos menos favorecidos, que tendem a se esconder, para não tomar o risco do fracasso.

A seguir, cito alguns exemplos de como algumas pessoas não sabem que devem procurar conhecer o outro lado, como outras que cultuam o seu status de não terem tido a possibilidade de uma vida melhor em vez de acharem soluções que as levem para uma posição melhor na vida.

1. A pessoa que cultua a pobreza - já tive a oportunidade de conhecer pessoas que gostam de fazer um culto à pobreza (refiro-me a pessoas, de uma forma geral, classe média, classe média baixa, pessoas mais humildes, podendo também ser alguém que tenha menos riqueza que a outra). Nesse caso, a pessoa vê que tem menos condições financeiras que seu oponente e, em vez de procurar conhecer o outro lado, ela se afunda ainda mais na sua situação de desvantagem e enfatiza que tem uma vida de "pobre" (pobre no sentido de ter menos condições financeiras que outra pessoa ou grupo de pessoas, e não uma pessoa necessariamente pobre totalmente). As pessoas que cultuam a pobreza, pude perceber na maioria das vezes, são medianas, não pertencentes às classes mais baixas; na realidade, a maioria dessas pessoas são ditas de classe média. Muitas delas têm o hábito de cultuar que preferem ter menos condições financeiras, pois vivem melhor, sem preocupações e se acostumaram às suas rotinas de vida. Falta-lhes, em muitos casos, ambição (dedicamos um capítulo do livro para falarmos desse assunto), ou são introspectivas, ou, ainda, partem sempre da premissa de que não dará certo se sobrepor a um desafio, por isso não tentam argumentar ou seguir uma trajetória que devam superar obstáculos. Agem de forma oposta àquele meu pensamento de tentar alguma coisa, pois o "não" eu já tenho, perdendo, assim, diversas oportunidades. Essa forma de pensar no culto a ser pobre é uma maneira que encontram muitas vezes para esconder seus possíveis insucessos. Pode ser também inveja e falta de garra para superar os obstáculos da vida, por isso fazem culto à pobreza. O que é pior nessa situação é que muitas dessas pessoas tomam decisões em suas vidas que as levam sempre para o caminho do fracasso. Mas seu *mindset* prefere que se comportem dessa forma. Críticos quase sempre do sistema meritocrático.
2. Pessoas de classe realmente mais baixa. Essa pessoa tende a desenvolver um sentimento de inferioridade (falei outro dia sobre esse assunto na empresa em que trabalho). As pessoas mais humildes tinham vergonha de se mostrar e se tornavam mais reservadas, fazendo com que isso se tornasse uma bola de neve, pois quanto mais

você se esquiva de manter contato com pessoas de maior cultura e poder financeiro, mais para baixo você vai ou, na melhor das hipóteses, ficará patinando no mesmo lugar. Essas pessoas nem sempre cultuam a pobreza, muito pelo contrário, elas sentem vontade de se desenvolver, esforçam-se, são, em muitos casos, inteligentes, resilientes, porém se escondem, ou não sabem como fazer para que seu serviço ou suas competências apareçam (principalmente quando falamos de meritocracia nas empresas). Falta-lhes aconselhamento, falta-lhes um líder que seja capaz de lhes mostrar que elas são capazes de traçar um plano para que conheçam de fato o "outro lado". Em alguns casos, essa demora para o reconhecimento do mérito faz com que venham a tomar decisões erradas por acharem que nunca conseguirão reverter a situação em que se encontram, muitas vezes por falta de um bom networking que as incentive a buscar melhores condições de vida. Falo dessas pessoas com muita propriedade, pois já vi exemplos de pessoas de baixa renda que agiam dessa forma, ou seja, escondendo-se, como também tive a oportunidade de trabalhar com duas pessoas de origem extremamente humilde que, pelo contrário, sempre se expunham para mostrar o seu valor e talento e, assim, elas conseguiram enxergar o outro lado; além disso, desenvolveram um networking e conseguiram obter sucesso em suas vidas pessoais e profissionais, todas elas saindo de uma situação bem inferior, onde dispunham de recursos financeiros escassos. Além disso, essas duas pessoas viviam em uma localidade fora dos grandes centros urbanos, onde não havia escolas de "ponta" — viviam numa cidade do interior do Brasil — donde saíram para crescer em empresas no estado de São Paulo e assumir cargos de gerência nas empresas em que trabalhavam.

12.1 A ciência explica o *mindset* das pessoas com dificuldades de conhecer o outro lado

Conhecer o outro lado tem uma conotação abstrata e pode ser também extremamente subjetivo. Por que muitas pessoas que conhecem o outro lado, desenvolvem-se e outras, não? O que falta a essas pessoas que não conseguem enxergar, ou ficam "cegas", muitas vezes bloqueadas mentalmente, quando deveriam sonhar com um mundo melhor para elas e, assim, desenvolverem-se? Essa é uma resposta difícil de ser respondida; poderíamos arriscar a dizer que, conforme observações empíricas, a falta de resiliência, confiança, persistência e decisões equivocadas fazem com que as pessoas que estejam numa condição inferior acabem fracassando em suas primeiras tentativas de crescimento e acabem desanimando de tentar alçar voos maiores em suas vidas. Falta-lhes alguma coisa, pois, talvez, essa tentativa de melhora de vida foi realizada de forma atabalhoada, sem planejamento e sem saber onde queriam chegar, ou seja, falta completa visão do potencial de crescimento na escala meritocrática. Bem, quando faço uma análise dessa situação, acho essa explicação muito simplista de faltar apenas esforço pessoal e de você ser culpado por seu fracasso; portanto, devemos analisar primeiramente qual o objetivo da pessoa, verificar onde ela quer e pode chegar e o que espera do outro lado. Para que a pessoa saiba o que a espera, ela deve conhecer esse outro lado.

Para que ela conheça o outro lado, é preciso ter criatividade para que crie um link de sua situação real com uma situação hipotética de como você deseja estar no futuro de acordo com a sua percepção de situações do cotidiano; é importante ter sua função cognitiva em pleno funcionamento. Por definição, o processo cognitivo é capaz de fazer o ser humano conseguir desenvolver suas capacidades intelectuais e emocionais, como linguagem, pensamento, memória, raciocínio, capacidade de compreensão, percepção e criatividade. Para que essas habilidades ocorram, é necessário um conjunto de capacidades mentais desenvolvidas ao longo dos anos, como memória, atenção, linguagem, criatividade e planejamento, as quais se denominam habilidades cognitivas. Quando falamos que a pessoa precisa conhecer o outro lado, consideramos que ela deva usar a sua criatividade também para que possa conectar uma situação real a uma, a princípio, hipotética, que poderá levá-la ao sucesso, crescendo através da escala meritocrática. A criatividade, de uma forma geral, tem por definição ser uma habilidade para criar, inventar, construir ou chegar a um raciocínio inédito por meio da associação de ideias e conhecimentos que podem não ter necessariamente relação com um problema que deva ser resolvido. Logo, qualquer problema que haja em relação a essa função cognitiva, poderá trazer várias consequências para o seu desenvolvimento, pessoal e/ou profissional.

Partindo do princípio de que o fator criatividade é fundamental para que as pessoas conheçam o outro lado, pesquisei sobre o assunto para entender por que algumas tinham bloqueios e não usavam a sua criatividade. Por que muitas tinham essa dificuldade de lincar o presente a uma condição de futuro? Haveria algum fato que poderia prejudicá-las em condições de inferioridade? Após pesquisar, pude encontrar na literatura uma explicação que suportava minha tese.

Dessa forma, baseei minha análise num artigo científico que li recentemente dos autores Piff, Kraus & Keltner (2018), no qual eles falam que, quando há uma situação de inferioridade de uma pessoa em relação à outra, a pessoa que está em condição inferior tem a sua capacidade cognitiva afetada.

Para entender melhor essa situação, precisamos definir primeiramente o conceito de escassez. Kraus, Piff et al. (2012); Mullainathan & Shafir (2014) definem a palavra escassez como o fato de uma pessoa estar em condição de inferioridade a outra, por isso, o bem está escasso para ela, ou, também, como a experiência da falta de algo que é valorizado, que é fundamental para pessoas de classe social inferior.

Kraus, Piff et al. (2012); Mullainathan & Shafir (2014) citam também que uma das consequências dessa escassez associada a ambientes onde pessoas estejam em desvantagem restringem as oportunidades dos indivíduos de classe inferior para o avanço econômico e a mobilidade social, pois reduz a capacidade de adiar ganhos no curto prazo para que haja uma recompensa econômica e social no futuro. Esse fato ocorre pela redução da capacidade cognitiva das pessoas que estão em situação inferior. Nessa pesquisa, o autor cita que, de forma contrária, aqueles que possuem mais capacidade cognitiva tendem a ter a capacidade de adiar recompensas imediatas em prol de mais resultados favoráveis no longo prazo que trazem muitos benefícios, incluindo melhorias, realização acadêmica e econômica (Mischel, Shoda, & Rodriguez, 1989).

Nessa pesquisa, conclui-se que a experiência de escassez — seja por falta de dinheiro, tempo, status, ou outro bem desejável — consome mentalmente as pessoas, fazendo com que sejam gastos valiosos recursos cognitivos que, de outra forma, seriam dedicados ao planejamento antecipado e à solução de problemas. Esses efeitos de escassez, por sua vez, aumentam as tendências das pessoas para tomarem más decisões e se engajarem em ações de autodestruição (Mani et al., 2013; Mullainathan & Shafir, 2014; Shah, Mullainathan, & Shafir, 2012).

Shah et al. (2012) conduziu uma experiência, onde participantes de um jogo, no qual tinham que adivinhar letras, em um quebra-cabeça de palavras, que foram distribuídas aleatoriamente sob a condição de que alguns participantes teriam direito a seis palpites (pobres) e outro grupo, vinte palpites (ricos) por rodada do jogo. Pobres participantes, a quem tinham sido dados palpites em menor quantidade na tarefa inicial, pioraram seu desempenho quando tiveram que executar uma tarefa cognitiva subsequente, não relacionada ao jogo, revelando, assim, como experiências momentâneas de escassez podem causar fadiga cognitiva. Em um outro estudo de campo, os produtores de cana-de-açúcar tiveram uma pontuação significativamente mais baixa nos testes cognitivos dois meses antes de sua colheita anual, quando seus recursos eram relativamente escassos, do que dois meses após a colheita, quando seus recursos eram mais abundantes (Mani et al., 2013). Esses dois estudos sugerem que os efeitos dispendiosos da escassez não são atribuíveis a diferenças que podem variar com ela, tais como educação e saúde.

A experiência da escassez não é distribuída aleatoriamente entre diferentes classes sociais; na maioria das vezes, ela está desproporcionalmente localizada na vida dos indivíduos de classe inferior. O que não significa, como mostra a pesquisa, de que mesmo você não sendo de classe inferior, caso seja colocado em situação de inferioridade, sua capacidade cognitiva será consumida em demasiado.

Essa pesquisa enfatiza também que, através de descobertas empíricas, ela desmente o argumento de que os pobres são minados por certas personalidades ou características inatas, tais como capacidade cognitiva reduzida que causaram sua pobreza (ver Costello, Compton, Keeler &

Angold, 2003). Esse estudo revela que qualquer pessoa, independentemente de seus genes ou pais, exibirá os custos da escassez quando colocada em um ambiente caracterizado por ela. A escassez também pode ser uma experiência em outros domínios, levando a outros caminhos com consequências para a economia e desigualdade. Essa pesquisa destaca as profundas barreiras psicológicas à classe inferior, como mudança e mobilidade social ascendente entre os pobres: a experiência da escassez pode desencadear comportamentos de autodestruição, tais como o descuido de planejar com antecedência ou priorizar as metas de curto prazo em detrimento das de longo prazo, o que de fato piora a posição econômica. (Piff, Kraus & Keltner, 2018).

Logo, podemos concluir que, quando o fator cognitivo de uma pessoa é afetado, sendo consequentemente reduzido, este faz com que a pessoa tenha um desempenho pior em situações subsequentes em que sejam exigidas suas habilidades, o que faz com que sua capacidade de criatividade seja afetada, diante disso, essa pessoa terá maiores dificuldades em vislumbrar o outro lado e, consequentemente, será reduzida a sua motivação, fazendo com que haja um abandono de seus objetivos iniciais. Muitos, ainda que em desvantagem, conseguirão se sobrepor a essa situação, outros mais frágeis emocionalmente não terão a mesma capacidade; portanto, cabe a você caso tenha a oportunidade de mentorear essas pessoas e mostrar-lhes que devem sonhar, sim, e aprender a se ver do outro lado, conquistando o sucesso pessoal, e que algumas intempéries da vida não deverão abalar você psicologicamente.

13

Como conhecer o "outro lado"

13.1 Como conhecer o outro lado – Percepções do autor

Como coloquei no capítulo anterior, conhecer o "outro lado" parece utópico, mas não é. O que devemos fazer então para conhecer o outro lado, sabendo-se que a sua descoberta gerará uma forma de motivação interior para que seus objetivos sejam atingidos? Claro que nem todos conseguirão fazer determinadas coisas na vida, que necessitam de um dispêndio financeiro apenas para conhecer o outro lado, mas existem outras formas de você desenvolver sua mente e assim poder ter a oportunidade de conhecer esse outro lado. Por exemplo, você já pensou que poderia tentar participar das conversas com pessoas mais cultas? Ou ler mais sobre determinado assunto para adquirir mais conhecimento e se tornar uma pessoa mais culta? Esse é um caminho que você poderá trilhar sem ter que gastar recursos financeiros. Lembre-se de que, quando falo de melhorar sua cultura, não é só fazer um curso superior, mas de se desenvolver pensando num aprimoramento de sua cultura geral. A internet é farta em artigos que elevarão seu conhecimento.

Caso você tenha alguma disponibilidade de recursos, invista numa boa apresentação pessoal, dado que, uma boa apresentação conta pontos positivos no seu relacionamento do dia a dia, seja ele no trabalho ou em qualquer outro lugar, fazendo com que você melhore seu networking. Desenvolver uma mentalidade de pensar que, sim, você pode melhorar a sua vida, ser persistente em busca de suas ideias e, resiliente.

Procure fixar um objetivo que seja alcançável. Procure entender como vivem as pessoas em melhores condições socioeconômicas que você e tente seguir alguns de seus passos. Sobre essa afirmação, muitos poderão me criticar que as pessoas em condições socioeconômicas mais baixas não terão recursos para seguir os mais abastados. Porém, nesse ponto é que estará o seu diferencial, em usar a sua criatividade para criar condições dentro de suas possibilidades para que você atinja seus objetivos, ainda que esteja em condições de inferioridade. Cabe ressaltar que esse conselho vale não somente para aqueles considerados "pobres", mas, de uma forma geral, para aqueles que estejam em qualquer situação de inferioridade.

Aqui vai uma dica: conforme falado no parágrafo anterior sobre a importância de adquirir conhecimento, reforço a ideia de que a maneira mais fácil de você conhecer o outro lado é por meio da melhoria de seu conhecimento, pois, quando você se torna uma pessoa mais culta, existe uma chance de você participar de outros tipos de grupos de pessoas (que possuam mais cultura), logo, você poderá se desenvolver ainda mais e daí, através do networking criado, você poderá atingir objetivos mais altos.

Além disso, não perca seu orgulho por estar hoje numa posição de inferioridade, como também não se sinta menor que ninguém, apenas entenda que a vida é um jogo e que ele deve ser jogado, e que cabe a você desenvolver um plano para vencer este jogo. Como falei anteriormente, é importante a pessoa não se sentir inferiorizada a ninguém e nem cultuar a pobreza. Não se coloque numa posição de uma pessoa que não se expõe, por se sentir inferiorizada. Esqueça sua condição social, desenvolva conhecimento (a internet hoje te proporciona um mar de oportunidades de conhecimento, onde até existem cursos de graça em universidades de primeira linha pelo mundo). Outro fator importante é referente às decisões de curto prazo tomadas. Falamos disso no capítulo sobre o *trade-off*, pois, caso seja uma decisão impensada, sem você medir as consequências, poderá perder todo o planejamento de sua vida. Crie o hábito de ser simpático, envolvente, melhore sua cultura e, aos poucos, vá galgando degraus de melhoria em sua vida. Isso fará com que você crie um networking mais relevante que agregará valor. Assim, a partir dessas atitudes, você começará a conhecer o outro lado, ganhará motivação para crescer, pois, o conhecimento do outro lado será o motor de seu sucesso.

Consideramos o fato de conhecer o outro lado como de suma importância para aqueles que queiram crescer na escala meritocrática. Existem várias consequências para aqueles que entendem o que é conhecer o outro lado e, assim, buscam algumas vezes, até involuntariamente, esse conhecimento. Em primeiro lugar, você se motivará mais a conquistar seu objetivo, pois ele estará bem claro para você. Portanto, à medida que esse objetivo se torna mais claro, você ganha força interior, desenvolve mais confiança em seus atos, torna-se mais resiliente, aprendendo a se recuperar mais rápido das adversidades, como também se tornará mais perseverante. Tudo isso será possível, caso você seja capaz de desenvolver a capacidade de criar um link de sua situação real com uma situação hipotética, através de sua mentalidade; dessa forma, você passa a focar como você deseja estar no futuro de acordo com a sua percepção da maneira de ultrapassar os percalços de situações do cotidiano atual.

13.2 Como conhecer o outro lado – O que diz a ciência

Um dos TED Talks que ouvi, e que me chamou mais atenção, foi o que trata do poder das interações sociais como motor de transformação pessoal, pois uma mensagem correta poderá fazer com que você se mantenha inspirado a alcançar seus objetivos. Segundo o pesquisador e psicólogo americano Destin, M. (2023), que conduz experiências há quinze anos sobre interações sociais e seu poder de interferir na identidade das pessoas, concluiu que certas mensagens abrem possibilidades de mudar a vida das pessoas, expandindo suas identidades em vez de diminuí-las. O sentido de identidade nesse contexto se refere a todas as ideias que se tem sobre quem se é ou quem se pode ser. Nesse aspecto, incluem-se os grupos de pessoas que fazem parte da sua vida cotidiana, o que chamamos de identidade social. Dessa forma, podemos considerar a família como parte de sua identidade social ou de sua raça, de sua etnia, de sua condição socioeconômica. Mas sua identidade não é construída apenas da ideia do que você é no momento, e sim sobre quem você poderá se tornar no futuro, o que chamamos de "identidade futura". E todas essas diferentes partes da identidade estão sendo constantemente moldadas pelos ambientes em que você se encontra, pelas coisas que você passa e pelas mensagens que recebe. Essas mensagens podem trazer malefícios, fazendo com que você se sinta menor, como podem expandir sua identidade para trazer mais possibilidades, deixando-as ao seu alcance para que você possa atingir seus objetivos de crescimento. Para que o leitor tenha um melhor entendimento do que seria esse experimento, colocamos abaixo as características da pesquisa desenvolvida por Destin, M. (2023) e sua conclusão de como uma mensagem conduzida de forma correta pode levar uma pessoa menos favorecida ao sucesso. Esse fato, como vocês podem verificar a seguir, se relaciona com nossa ideia de conhecer o outro lado".

> "Vamos imaginar juntos uma criança específica de 11 anos. Vamos chamá-lo de Reggie. Aos 11 anos, Reggie está deixando de ser um garotinho bonito para se tornar um pré-adolescente. Ele tem bons amigos, ama sua família. As pessoas à sua volta sempre perguntam: 'O que você quer fazer quando crescer?' Na verdade, ele tem uma imagem bastante clara que se junta em sua mente. Ele está crescendo em um apartamento modesto, mas adora casas bonitas e observa como elas são projetadas e construídas. Ele gosta de matemática e se vê se tornando um arquiteto e projetando casas em todo o mundo.

Ao mesmo tempo, ele está começando a aprender cada vez mais que existem dificuldades em seu caminho para alcançar essa possível identidade futura, tudo o que ele vai ter que realizar, e todo o dinheiro necessário para atingir seus objetivos. É esta parte que queríamos abordar em nossa pesquisa. Portanto, fizemos experiências testando de que modo, crianças como Reggie reagem ou respondem a mensagens que abrem ou fecham possibilidades. Como isso muda o que elas imaginam para suas próprias identidades futuras, e o que elas realmente fazem. Então, digamos, alguém entra na sala de aula do Reggie um dia, com uma mensagem para compartilhar. E isto é exatamente como fazemos em nossas experiências. É algo como: 'Sim, a faculdade pode custar muito dinheiro. Mas existe uma coisa chamada ajuda financeira baseada na necessidade. Há estes recursos e oportunidades para ajudá-lo a realizar seus objetivos, a sua mensalidade pode ser realmente mais baixa, até mesmo gratuita, se você se preparar para atingir esses seus objetivos.'

Nossas experiências mostram que, receber uma mensagem como essa, muda a forma como Reggie poderá responder à pergunta, 'O que você se vê fazendo mais tarde na vida?', pois todas as possibilidades que provavelmente requerem cursar uma universidade para se tornar arquiteto ficam mais claras em sua mente; portanto, na sua mentalidade, abre-se um leque de oportunidades, assim ele se torna 30% mais propenso a enxergar isso por si mesmo e dar uma resposta mais embasada sobre o ponto a que ele quer chegar. Ao passo que, com certeza, sua resposta seria outra, caso comparássemos a uma situação na qual ele obtivesse uma mensagem dizendo: 'Aqui está o custo da faculdade, fim da história.' O que é realmente interessante em cima disso é que a mensagem que abre possibilidades faz mais do que apenas mudar o que Reggie imagina. Ela muda o que ele realmente faz para chegar lá. Nossas experiências mostram que, depois de receber essa mensagem, ele planeja passar o dobro do tempo nos deveres de casa na noite seguinte e, assim, acaba tendo sete vezes mais chances de realmente completar e entregar uma tarefa real no dia seguinte" (Destin, M.; 2023).

Neste exemplo, podemos notar o poder das palavras, ou a importância de se passar uma mensagem correta para essas pessoas que se encontram em posição socioeconômica mais vulnerável. Observem que fiz questão de dividir o assunto de como conhecer o outro lado em percepções do autor do livro e o que diz a ciência para que assim pudéssemos fazer um paralelo da vida real com os experimentos científicos. Cabe ressaltar que falo da importância da comunicação, mensagem daqueles que porventura possam mentorear as pessoas menos abastadas a perseguirem seus sonhos. Cabe ressaltar que esse experimento, o qual mostra a importância da mensagem, não se aplica somente a pessoas de baixa condição socioeconômica, mas também a todos que estejam em condições inferiores em uma possível disputa para se desenvolver e atingir seus objetivos. Ademais, cito também a questão da criação de um link de sua situação real com uma outra hipotética de onde você quer estar, dessa forma, uma mensagem correta o fará passar a focar como você deseja estar no futuro de acordo com a sua percepção da maneira de ultrapassar os percalços de situações do cotidiano atual.

4ª PARTE

Como vencer barreiras e alcançar o sucesso – O tripé do sucesso: *mindset*, garra e resiliência

Três das mais badaladas habilidades pessoais, como *mindset* (configuração da mente, em português), garra e resiliência são de vital importância para aquele que deseja subir na escala meritocrática. Ainda que muito falado, mas pouco compreendido, ou digamos, pouco assimilado pelas pessoas, essas três características vêm ganhando notoriedade em artigos na mídia e na área acadêmica. Realmente, não vejo como ser possível uma pessoa ter aspirações de subir na escala meritocrática, sem ter essas habilidades desenvolvidas.

Nesse ponto, vou até mais além em minhas considerações, pois essas habilidades não são características ligadas a pessoas com maior escolaridade, ou maiores recursos financeiros, ao contrário, essas são características de pessoas que queiram ter sucesso. Cabe ressaltar aqui, que não podemos nunca esquecer que o sucesso é relativo e de que uma pessoa com maiores recursos financeiros ou escolaridade nem sempre poderá desenvolver o orgulho dos que o atingiram, pois, os que conseguiram, foi tão somente através de uma herança recebida. Dessa forma, consideramos essas três habilidades para aqueles que são realmente vencedores por seus méritos obtidos por meio da meritocracia.

14

A importância de nosso *mindset* e como desenvolvê-lo

O *mindset* — configuração da mente, em português — palavra muito usada para motivar aqueles que querem empreender. Usamos muito também a palavra *mindset* quando queremos nos referir a características da mente humana que vão direcionar os nossos pensamentos, comportamentos e atitudes. No entanto, o *mindset* não é imutável. Nesse sentido, podemos assumir que o *mindset* pode mudar, pode ser desenvolvido para diversas situações, fazendo com que o indivíduo adapte suas ações e reações ao contexto em que está inserido.

14.1 Os inteligentes também sucumbem - A aplicação errônea do conceito inteligência. Por que devemos discuti-lo e por que afeta o conceito meritocrático

Meu filho vive sempre falando que não é inteligente. Seu espelho é a família de sua mãe com quem ele mais conviveu em seus 20 anos de existência. Minha família nunca foi muito unida, sou filho único e meus pais (seus avós) morreram antes dele nascer. Logo, ele vive e respira a família da mãe. Bem, aqui vamos enumerar as profissões de seus tios: um engenheiro bem-sucedido mora nos EUA, a outra é matemática. Seu avô, por parte de mãe, matemático da área de dados. Primos de sua mãe, todos engenheiros. Sua prima mais velha, engenheira. Os demais primos ainda são pequenos. Logo, para a referência dele, todos matemáticos. Sua irmã, arquiteta especialista em sistemas. Dentro desse cenário, fica difícil dele se achar inteligente, pois nunca foi muito bom em matemática.

Aqui vejo uma coisa que fiz ele entender depois de algum tempo. Nem só engenheiros e matemáticos são inteligentes, existem outros tipos de inteligência. Continuando a conversa, fui dando vários exemplos — como, por exemplo, meu caso, o autor deste livro, pois nunca fui um expoente matemático, ainda que seja CFO. Mas ele alega: "Pai, o senhor tem doutorado, isso é muito difícil". Bem, aqui cabe outra observação, o que o faz ter um doutorado não é tanto você ser inteligente, mas ser muito persistente e ter uma enorme garra para terminar esse "feito". No meu caso, esse "feito" foi ainda mais desafiador, pois concluí meu doutorado numa universidade francesa em um outro idioma, ainda que eu seja fluente em inglês. Para piorar a situação, trabalhava em uma empresa o dia todo, eventualmente dava aula à noite e aos sábados, era casado com dois filhos, tinha que dar atenção à família. De quantos almoços de família, festas e eventos deixei de participar? Inúmeros, mas compensou. No entanto, o nível de garra e persistência foi ainda maior devido às circunstâncias.

No caso do meu filho, por sua vez, é uma pessoa com uma inteligência diferenciada, capaz de desenvolver boas relações interpessoais, é influente e com boa visão de mercado. Sua área não é matemática, mas comercial, e por aí ele vai seguindo sua carreira. Basta, agora, ele desenvolver alguns pontos para obter sucesso no que faz, pois, ainda é universitário no início de um curso de administração de empresas. Tento desenvolver nele, garra e resiliência, fatores preponderantes para aqueles jovens que queiram se desenvolver.

Precisamos citar também outros pontos importantes a serem sinalizados dentro da questão de ser inteligente e ter sucesso, é a administração de tempo, senso de urgência, percepção de continuidade de prática de determinada rotina; além disso, não podemos nos esquecer das habilidades sempre citadas como garra, resiliência, esforço pessoal, habilidade de comunicação. Todos esses fatores são importantes para se obter sucesso e não ser somente inteligente. Por que falo desse assunto? Pois, em muitos casos, existe uma percepção de que as pessoas inteligentes já largam na frente em uma disputa e que, nesse contexto, a meritocracia não funciona. Eu discordo plenamente. Já vi várias pessoas inteligentes, ou com talento nato para desenvolver alguma atividade, que sucumbiram por falta de alguns desses requisitos descritos neste texto. Se somente os inteligentes, matemáticos, por exemplo, tivessem oportunidade e subissem na escala meritocrática, como não seria o mundo? Temos um exemplo clássico no Brasil atualmente, o nosso Presidente da República, eleito para três mandatos, tem origem humilde, vindo do interior pobre do Brasil, e origem humilde em relação à sua profissão, tendo sido um torneiro mecânico. Mas, com certeza, ele é uma pessoa que teve méritos para ter chegado onde está.

Portanto, esse conceito de inteligência deve, sim, ser debatido, em primeiro lugar, pois existem inteligências diferentes. Segundo, é o nível de garra que cada um possui para que atinja seus objetivos (veremos esse ponto com mais detalhes no capítulo a seguir). Em terceiro, podemos considerar um conjunto de fatores como: senso de urgência e prioridade, decisões tomadas em determinadas fases da vida em relação à opção A e opção B (nosso *trade-off*), inteligência emocional, resiliência. Todos esses fatores impactam o desempenho das pessoas, e os inteligentes não estão imunes a essas situações; portanto, nem sempre obterão mais sucesso. A escala meritocrática é justa, porém nunca devemos esquecer que também é relativa, e aqueles que acham que as pessoas inteligentes que sairão na sua frente, sempre vencerão, estão errados em sua concepção de vida. Desistir de competir, pois acha outra pessoa inteligente não é uma opção correta, falta-lhe entender o jogo para levá-lo ao sucesso. Por isso decidi criar um tópico para discutir sobre este tema, ou seja, para que fique claro para aqueles que se julgam inferiores quanto à inteligência, pensem e utilizem uma estratégia vencedora. Apendam, leiam e por que não dizer, sigam os ensinamentos que passamos neste livro. Não deixe de seguir seu ideal, não deixe que a concepção de que somente os inteligentes vencem seja seu mantra, pois, agindo dessa forma, você estará contribuindo para o argumento daqueles que não acreditam no conceito meritocrático, quando, na realidade, precisamos apenas de orientação para seguir em frente e vencer. E lembre-se de que somente ser inteligente não o leva ao sucesso, o que o leva ao sucesso é o somatório de fatores que descrevemos aqui, nesta obra.

14.2 *Growth Mindset*

Growth Mindset ou, em português, mentalidade de crescimento, é um best-seller escrito por Carol Dweck, uma psicóloga da Universidade de Stanford, especialista em assuntos ligados a sucesso e motivação. Tive a oportunidade de ler sua obra e fiquei realmente impressionado com o que a autora fala para aqueles que desejam se desenvolver e obter sucesso.

Em sua pesquisa, Carol Dweck mostra que a sua mentalidade é sua grande arma para vencer. O problema é que nem todos têm essa mentalidade, que exige uma "força" diferenciada, que faz com que você acredite em si mesmo. No entanto, segundo a autora, uma grande parte do que você acredita ser sua personalidade é gerada por seu *mindset* e, do mesmo modo que ele interfere no que acredita que você é, também interfere impedindo a sua realização potencial, que também é resultado dele. Quando li esse livro, passei a entender por que existem homens e mulheres de sucesso e por que muitos sucumbem.

Na realidade, sempre tive minha opinião a respeito desse tema, sempre pareceu muito claro para a mim. Para ter sucesso, devemos também ter a mente forte, para conseguirmos ter a mente forte, precisamos ter alguma herança genética, mas também podemos desenvolver essa habilidade. Para que isso aconteça precisamos de treino e, em alguns casos, de um mentor; observo também que muitas pessoas precisam de alguma terapia. Em meu entender, tudo é válido, o que não podemos admitir é que a pessoa fique sem ação. Essa mentalidade de crescimento ocorre devido a diversos fatores, seja em parte herança genética, ou por treino e aprendizado. Muitas pessoas passam a observar que é necessário tomar alguma atitude com relação à sua mente para obter sucesso. A bem da verdade, a vida é complexa, e, através de fracassos e sucessos, muitos aprendem na prática, ou nem tanto. Na próxima seção, aprofundaremos sobre o tema mentalidade, mas é fundamental que haja o aprendizado de como tornar nossa mente construtiva; dessa forma, você poderá ter um crescimento pessoal. O entendimento sobre mentalidade de crescimento é um deles.

As pessoas que possuem uma mentalidade de crescimento pensam que tanto talento como habilidades são como coisas que podem ser desenvolvidas — essas características podem se tornar realidade por meio de esforço, prática e aprendizado. Essas pessoas não acreditam que todos os seres humanos têm o mesmo potencial ou que qualquer jogador de futebol poderá ser o melhor jogador do mundo como, Leonel Messi, mas têm consciência de que mesmo o Messi não teria chegado onde chegou sem anos de prática e dedicação nos treinos. Na mentalidade de crescimento, o talento é algo que é passível de ser construído e desenvolvido, e não algo que você apenas exibe para o mundo e alcança o sucesso.

14.3 O que é um código mental fixo e um código mental construtivo

Quando penso em Carol Dweck, logo me vem à mente o tema *Growth Mindset*, ou Mentalidade de Crescimento. Gostei muito de sua biografia e, conforme fui desenvolvendo minha ideia de escrever este livro, não poderia deixar de citar a sua obra que fala em código mental fixo e código mental construtivo. Existem vários pontos que vão ao encontro da minha tese sobre meritocracia.

Seu livro fala sobre a mentalidade do ser humano e como ela interfere no seu sucesso. Carol Dweck, então, criou as expressões código mental fixo e código mental construtivo. O código mental fixo enaltece o talento e as habilidades inatas, já o código mental construtivo tem seu foco no aprendizado e no esforço, fatores que o levarão a ter uma vida mais bem-sucedida.

Sua obra foi criada pelo motivo que, no início de carreira, ela era obcecada por entender como as pessoas lidavam com o fracasso. Para que desenvolvesse suas pesquisas, ela levou várias crianças a uma sala de aula para estudar os seus comportamentos quando diante de uma situação de fracasso. O livro revela que nosso sucesso frequentemente tem origem na forma como lidamos com nossos objetivos, e superamos nossos fracassos, não considerando apenas a questão do sucesso em relação a nossos talentos.

Segundo a autora descreve em seu livro (D. Carol, 2006), os cientistas na atualidade estão percebendo que as pessoas têm maior capacidade para aprender e desenvolver o cérebro durante toda a vida. Com certeza, todos possuem uma capacidade genética específica. É fato que as pessoas têm diferentes características no início de suas vidas, mas também é fato que o esforço, a experiência e o treinamento conduzem as pessoas pelo restante de sua jornada na vida. Carol cita o cientista de inteligência, Robert Sternberg, e suas palavras sobre o principal modo de se adquirir conhecimento específico "não é alguma capacidade prévia e fixa, e sim a dedicação com objetivo". Da mesma forma, ela cita Binet (o inventor do teste de aferição do QI), quando ele fala: "nem sempre as pessoas que começam a vida como as mais inteligentes acabam sendo as mais inteligentes".

Quando o foco é o desenvolvimento pessoal, o mais importante é querer ficar mais inteligente do que apenas parecer inteligente. Não conseguimos nos desenvolver apenas mostrando que somos bons e provando nossos talentos, precisamos crescer. O código fixo foca mostrar o talento, o código construtivo tem foco em se desenvolver, mostra seu amor pelo aprendizado acima de tudo.

Podemos afirmar que a ideia central do que é código mental fixo e código mental construtivo tem total ligação com a desmistificação da meritocracia, acrescentando mais uma visão de como realmente as pessoas se comportam na sociedade e de como, sim, é possível atingirmos um melhor desempenho baseado em nossos esforços. Portanto, faz-se necessário entendermos o que é a mentalidade fixa e a mentalidade construtiva, e analisar essas diferenças.

14.4 *Fix Mindset* ou Mentalidade Fixa

As pessoas que têm a mentalidade fixa acreditam que suas qualidades são imutáveis (D. Carol, 2006). Ou seja, caso você possua uma quantidade limitada de inteligência, determinada personalidade e caráter, terá que provar a si mesmo que a quantidade de suas qualidades é suficiente. Caso você obtivesse um fracasso, você se sentiria frustrado e teria dificuldade para reagir.

Segundo a autora, existe a tendência de que professores ensinem aos alunos, desde criança, a adotar esse *mindset*, como, por exemplo, a cobrança que existe nas escolas pelos professores focando muito os resultados, e não em medir o desenvolvimento do aprendizado no aluno. Carol cita o exemplo de uma professora que classificava os alunos de acordo com seus QIs, achando que os QIs descreviam exatamente como eram as pessoas. No entanto, essa atitude criava uma situação de stress entre as crianças, pois elas deveriam parecer inteligentes e não "burras", ou seja, elas não procuravam desenvolver sua mente em novos aprendizados.

Essas pessoas de código mental fixo têm como objetivo principal provar a si mesmas sua inteligência, seu caráter e sua forma de ser, seja em relacionamentos, ou em sua carreira. Nesse caso, estão sempre em processo de avaliação em diversas situações e estão sempre se questionando. Será que fracassarei, ou obterei sucesso? Sou realmente inteligente, ou um tolo? As pessoas me aceitarão, ou serei rejeitado?

Logo, esse tipo de pensamento é característica de pessoas com a mentalidade fixa, não sabem lidar com o fracasso. Assim, em situações adversas, tendem a ter o pensamento — "Minha vida é lamentável", "Não dou sorte na vida", "Ninguém gosta de mim", "Sou um idiota", e por aí vão sendo construídos os pensamentos. No entanto, cabe ressaltar que, quando pessoas de código mental fixo **NÃO** estão lidando com o fracasso, sentem-se pessoas otimistas, interessantes, inteligentes, e que têm valor, no mesmo nível que as pessoas de mentalidade construtiva (D. Carol, 2006).

14.5 *Growth Mindset* ou Mentalidade Construtiva

Estudos mostram que a mentalidade construtiva está associada à atitude das pessoas na direção da prática e do aprendizado e na capacidade que essas pessoas têm de lidar com fracassos. Os fracassos para elas são uma lição de aprendizado e utilizam-no para desenvolverem ainda mais suas habilidades, e crescer.

Um dos pilares da mentalidade de crescimento é de que a inteligência não é algo fixo, e sim pode ser desenvolvida, mas é necessário nos esforçarmos. Desenvolver-nos é uma habilidade que temos desde que nascemos. Portanto, entender que não existem desafios insuperáveis é uma característica mandatória daqueles que possuem ou queiram desenvolver uma mentalidade construtiva.

Observe que existe uma grande diferença quando a pessoa fala: "Não consigo lidar com isso" e "**ainda** não consigo lidar com isso". A primeira mostra uma conotação de que você não consegue lidar com o problema — mentalidade fixa; já a segunda dá uma ideia de que **ainda** que você não tenha condições de lidar com o problema, você está buscando adquirir conhecimentos para superar essa dificuldade — mentalidade construtiva.

Posso afirmar que é o fato de estarmos diante de uma situação de insucesso que não nos deixa satisfeito; porém, as pessoas de mentalidade construtiva não se desesperam, não se vitimizam, e se mantêm dispostas a enfrentar os desafios e continuar a se esforçar para atingirem seus objetivos.

14.6 A importância de entendermos cada mentalidade para atingirmos o sucesso

Ontem, pude perceber o quanto é importante entendermos o conceito de código mental fixo e código mental construtivo, pois um dos pontos mais importantes entre esses dois códigos é o de saber como lidar com o fracasso. Estava escrevendo sobre este capítulo ontem, até umas 19h, quando minha esposa me chamou para ir a uma casa de material de construção fazer umas compras e, ao mesmo tempo, aproveitaríamos para dar uma carona ao meu filho até a casa de um amigo onde estava acontecendo uma festa de aniversário à que ele fora convidado. Por volta das 24h, meu filho me ligou pedindo para apanhá-lo na festa, peguei o carro e fui. E, no caminho de casa, viemos conversando sobre o processo seletivo dele na universidade em busca de participar do seleto clube Liga do Mercado Financeiro, na UFRJ. Então ele me dizia: "Fui muito bem, estou confiante, sou inteligente o bastante para conseguir a vaga". Nesse momento, veio-me à mente a questão do código mental fixo e, até porque já conhecendo meu filho, ele tem características de realmente ser uma dessas pessoas de mentalidade fixa, sempre se cobrando muito e com dificuldade para enfrentar o fracasso. Dessa forma, chamei-lhe logo a atenção, inclusive citando o texto que estou escrevendo e a importância de que ele venha a criar uma mentalidade construtiva. Ele precisa abrir sua mente para conquistar algo, conquistar seu sonho. Minha tarefa como pai é ser o coach do meu filho; na realidade, devemos ter em mente que, mais do que prover os filhos com recursos financeiros, devemos provê-los com sabedoria; isso faz e fará toda a diferença em suas vidas.

Dentro desse contexto, devemos ensinar-lhes que existem dois mundos de acordo com o conceito da mentalidade (D. Carol, 2006). Em um mundo, a existência de um fracasso está ligada à adversidade, não obter boas notas na escola, perder uma competição esportiva, não mostrar que você é uma pessoa inteligente. Nesse mundo, o esforço é algo ruim, pois se sou inteligente, não precisaria me esforçar. Mas existe também um outro mundo no qual o fracasso mostra uma oportunidade de aprendizado e crescimento, onde você poderá ver realizados os seus sonhos.

A bem da verdade, a sua mentalidade é uma crença que você pode mudar, assim você poderá atingir seu objetivo (D. Carol, 2006).

Após essa explicação, chegamos em casa, e meu filho falou: "Pai, você está parecendo um psicólogo, mas você nunca estudou psicologia, você é uma pessoa cartesiana, sempre trabalhou com finanças". Logo retruquei que tive uma vida muito difícil e aprendi muitas coisas, na prática do dia a dia. Reconheço que era uma pessoa de código mental fixo, no entanto, depois de vários insucessos e lutas para me reerguer, percebi que minha mentalidade mudou, mas nunca havia pesquisado sobre o tema, apenas mudei minha mentalidade por questões de vida; assim, a vida me levou a ser do jeito que sou hoje para que pudesse obter sucesso, ou seja, entendi o quanto é importante se ter uma mentalidade construtiva, na prática, e sem saber até que isso existia. Com o passar dos anos, estudei, fiz minha tese de doutorado, que nada mais foi do que ter estudado sobre o meu comportamento como diretor financeiro em grandes empresas de varejo de moda, e o que eu deveria ter feito para ter crescido mais no mundo corporativo. Enfim, fiz uma tese para estudar o meu "eu" e o porquê do meu desempenho, onde errei e o que deveria ter feito. Queria aprender com alguns fracassos que tive e, assim, tentar melhorar meu desempenho futuro.

Agora aprofundo meu conhecimento em novas áreas e aproveito para, com minha experiência de vida, unir o conhecimento teórico baseado em pesquisas que mostram como a pessoa deve agir diante das dificuldades, mostrando resiliência para crescer e atingir o sucesso por meio da escala meritocrática. Poderia afirmar que o entendimento do que se trata o conceito do código mental fixo e o código mental construtivo é fundamental para obtermos sucesso pela da meritocracia. Dito tudo isso, meu filho se retirou da sala e foi para seu quarto com uma expressão facial de que o tema é interessante e que eu teria razão. Após algum tempo, já percebo uma mudança de atitude nele, ou seja, o ensinamento está surtindo efeito para uma virada de chave em sua mentalidade — de um rapaz de código mental fixo para um homem de código mental construtivo.

Lições aprendidas

Segundo D. Carol (2006), podemos extrair três regras básicas sobre essas duas mentalidades. Neste livro, chamo de lições aprendidas com relação ao código fixo e ao código construtivo.

Regra #1

A mentalidade fixa segue uma regra principal que é: "Parecer talentoso a todo custo". Em uma mentalidade de crescimento, é: "Aprender, aprender, aprender!"

Regra #2

A mentalidade fixa tem como sua segunda regra: "Não se esforce demais, nem pratique demais". Em uma mentalidade de crescimento, a regra é: "Trabalhe com paixão e dedicação — o esforço".

Regra #3

A mentalidade fixa tem como a terceira regra: "Ao se deparar com contratempos, fuja ou esconda suas deficiências". Em uma mentalidade de crescimento, a regra é: "Aceite seus erros e enfrente suas deficiências".

Em suma, podemos concluir que este tema está enraizado no conceito meritocrático, portanto seu entendimento e prática é mandatório para podermos subir na escala meritocrática e obtermos sucesso. O pleno conhecimento desses dois códigos nos leva a entender por que algumas pessoas não atingem seus objetivos e outras conseguem. E o mais importante disso é saber que compete unicamente a nós mesmos mudarmos nossas crenças ou a nossa mentalidade para que obtenhamos sucesso. Mas nunca se esqueça mais uma vez de que — **O sucesso é algo relativo.**

15

Para muitos, falta garra para vencer

↳ *O conceito de "Grit" ou garra em português — Não importa o que você tenha estudado, se você tem uma inteligência superior, ou quão grande é seu talento, você pode vencer através de sua "garra".*

Garra — é uma palavra muito utilizada no dia a dia das pessoas, mas que, na atualidade, ganha importância pelo seu significado que é utilizado para explicar por que algumas obtêm sucesso e outras não, ou ainda para explicar como as pessoas devem agir para obter sucesso. Também é fonte de explicação para as pessoas que fracassam. Vamos, portanto, mostrar algumas situações nas quais a "garra" foi responsável pelo sucesso ou insucesso, independentemente do talento das pessoas, sua inteligência ou nível de escolaridade.

Como a maioria dos brasileiros, sou apaixonado por futebol. Sou Fluminense desde criança. Meu falecido pai adorava me levar ao Maracanã para ver os jogos do então Botafogo, porém me tornei torcedor do Fluminense. Sempre acompanhei meu clube de coração de perto e muitas vezes, quando estava presente no Maracanã e o time não jogava bem, a torcida da arquibancada pedia garra aos jogadores, e falávamos que o time havia perdido por falta de "**garra**".

Os torcedores do Flamengo devem se lembrar, lá pelos idos de 1995, quando trouxeram o Romário para jogar em seu time após sua excelente performance na Copa do Mundo de Futebol de 1994, e o jogador Edmundo, em excelente fase no futebol, para jogar ao lado da grande promessa, o jogador Sávio, que veio das categorias de base do Flamengo. Logo a torcida batizou esse trio de jogadores como sendo o "melhor ataque do mundo, Romário, Sávio e Edmundo", e que até uma música foi criada para enaltecer esse trio de jogares que não deu muito certo, e a música passou a ter o título do "pior ataque do mundo, Romário, Sávio e Edmundo". Muitos na época falavam de problemas de ego entre esses jogadores e, falta de "**garra**".

Em seu discurso para a Universidade de Stanford, Steve Jobs mostra toda a dificuldade de sua vida, fala do quanto é importante acima de tudo fazermos o que nós amamos e citou claramente que não completou o seu curso de graduação, no entanto, com muita determinação, fez aulas avulsas de caligrafia, passou inúmeras dificuldades, mas venceu, acima de tudo, por sua "**garra**".

Outro dia estava observando uma conversa que colegas de trabalho estavam tendo sobre estudar para obter uma certificação importante para as suas carreiras. Todos alegavam falta de tempo para estudar e mostravam pouco entusiasmo. A meu ver, era pura falta de "**garra**" das pessoas, pois exceto uma, que era casada e com filhos, as outras duas eram solteiras e trabalhavam das 9h às 18h. Cabe ressaltar aqui que as três nessa situação estavam em igualdade de condições para atingir o sucesso, no caso, a certificação; dessa forma, nada as impedia de estudar, exceto a falta de "**garra**".

Lembro-me também do doutorado que cursei durante sete anos, onde o máximo de tempo permitido pela universidade era de quatro anos, podendo pedir extensão por mais um ano. Depois de muito esforço, consegui mais dois anos e, mesmo assim, fui quase jubilado pel a universidade. Um doutorado, a meu ver, não é algo fácil, ainda mais quando se estuda em uma universidade europeia e todo o material de leitura e escrita não é em sua língua materna. Lembro-me também de uma conversa em que meus filhos e minha esposa estavam presentes quando falei que não era uma pessoa muito inteligente; logo, todos retrucaram: "Como você não é inteligente se você conquistou um PhD?" Respondi: "Olha, até pode ser que eu seja um pouco inteligente, mas, no caso desse doutorado, minha "garra" foi predominante, muito acima de qualquer hipótese de ter conquistado pela minha inteligência". Durante longos sete anos, não participei de festas, atividades com os filhos, momentos de descanso, enfim, houve muita privação, ainda mais que eu trabalhava das 9h às 18h semanalmente, ministrava aulas frequentemente à noite e ainda que não muito satisfatoriamente tinha que dar atenção à família. Nesse ponto, quero falar de minha esposa, mulher incansável que me ajudou muito nessa trajetória: sem ela me apoiando, não teria conseguido. E por que conto essa história? Eu conto para mostrar que consegui isso tudo graças à minha **"garra"**.

Jorge Paulo Lemann fala sobre **"grit"** ou **"garra"** em uma pequena gravação presente no YouTube. Acesse https://www.youtube.com/watch?v=JV8KgD_zHQc, onde ele enfatiza que o termo "**grit**", na atualidade, é muito usado nos EUA, e que expressa a disposição daqueles que, independentemente de qualquer obstáculo, utilizam sua "**garra**" para vencer.

Assim sendo, quando falamos de "grit", não podemos deixar de falar sobre a psicóloga e pesquisadora da Universidade da Pensilvânia, Angela Duckworth, dado que ela desenvolveu várias pesquisas sobre o tema "garra". Cito aqui o resultado dessas pesquisas, pois elas servirão para embasar o texto onde falamos sobre "grit" ou "garra", em português. Cabe destacar ainda a importância do tema para esta obra, pois quando pensamos em garra pensamos em uma força interna que as pessoas possuem e utilizam-na para se desenvolverem e superarem desafios, logo, esse assunto dentro de um livro que desmistifica a meritocracia faz todo sentido para entendermos como funciona a engrenagem meritocrática, e como nos preparar e agir para atingirmos o sucesso.

Em seu livro (Duckworth, 2016), Angela começa descrevendo sua experiência com o assunto talento e como foi enganada por ele. Ela obteve essa experiência quando ainda estava atuando como professora em sala de aula. Ela percebia que alguns alunos entendiam os conceitos matemáticos mais facilmente do que outros. Eles eram verdadeiros "crânios", pois não necessitavam de tanta explicação, porém outros alunos mostravam dificuldade de entender.

Angela começou a ter uma ideia melhor do que significava garra quando, ao fim do primeiro período de avaliação, constatou que alguns daqueles alunos mais "crânios" não estavam tirando boas notas conforme sua expectativa; na realidade, um número considerável desses estudantes mais talentosos estava tirando notas medíocres e até abaixo do que poderia ser considerado medíocre.

Já os alunos que demonstraram ter mais dificuldade em aprender estavam tendo uma performance acima do esperado. Esses, com maior dificuldade no aprendizado, tinham a característica de levar para a aula todo material necessário e se concentravam enquanto ela explicava, anotavam suas explicações e pouco se distraíam com outras coisas enquanto ela explicava. O que mais chamava a atenção era que esses alunos aproveitavam os momentos de intervalo para tirar dúvidas. Ela pôde então notar, após a correção das provas, que os esforços feitos pelos não "crânios" foram compensados com maiores notas nas provas. Na concepção da pesquisadora, a aptidão ou talento não levou os alunos com essa característica a tirar boas notas, donde ela concluiu que talento não é garantia de sucesso sem garra. Na realidade, existe um consenso de que na matemática os alunos mais talentosos tenham melhor performance que os colegas que não levam jeito com números. A autora esperava que, com o passar do tempo, a distância entre os talentosos e o restante da turma, que não tinha aptidão matemática, só aumentasse, porém, ela pôde verificar que essa distância não ocorria em relação aos mais esforçados.

Neste ponto aqui, faço uma pequena observação do que aconteceu comigo, na prática, quando ministrava uma matéria de finanças para o mestrado, e um dos alunos era um oceanógrafo. Lembro-me de que na primeira aula, ele falou: "Professor, vou me esforçar, mas cursei oceanografia, números para mim são uma dificuldade". Porém, durante o período de aula, era o mais esforçado, fazia todas as atividades, tirava dúvidas, era o primeiro a chegar à aula seguinte, novamente tirava as dúvidas que ele tinha tido sobre a matéria quando estudava em casa. Esse era um típico caso em que a garra do estudante fez a diferença para ele atingir o sucesso, que, nesse caso, foi através da sua performance, atingindo a melhor nota da turma.

Com relação aos esportes, a percepção é a mesma, a garra do esportista é fundamental para ele obter sucesso em sua jornada. Duckworth (2016) cita um artigo que ela leu sobre natação competitiva intitulado *A trivialidade da excelência*, de Chambliss (1989), onde o autor conclui que as grandes conquistas humanas "são um agregado de inumeráveis elementos isolados, e cada um dos quais, em certo sentido, nada tem de extraordinário".

Em seu artigo, Chambliss (1989), afirma que:

> "Um desempenho superlativo é, na verdade, uma confluência de dezenas de pequenas qualificações ou atividades, cada uma delas aprendida pela prática ou por acaso, que foi cuidadosamente transformada em hábito e, mais tarde, reunida num conjunto. Não existe nada de extraordinário ou sobre-humano em qualquer desses atos; o que produz excelência é o mero fato de serem realizados de forma sistemática, correta e ao mesmo tempo."

Segundo a obra do autor, quando desejamos atingir o sucesso, temos que ter em mente que é necessário utilizarmos várias ferramentas ao mesmo tempo. Garra é uma dessas habilidades, mas sozinha também não levará ao sucesso. Essa afirmação vai ao encontro da ideia central de nosso livro, onde fazemos uma análise completa do que é a meritocracia, como ela funciona e como devemos encarar e superar os desafios normais do dia a dia para subir na escala meritocrática.

Em um ponto levantado pela autora com relação ao talento (Duckworth, 2016), onde ela diz que "mitologizar o talento nato nos livra de responsabilidade. Faz com que possamos relaxar e aceitar o status quo", essa afirmação da autora nos mostra uma mensagem extremamente relevante em relação à conquista do sucesso. Noto no meu dia a dia que as pessoas, às vezes, se escondem atrás de desculpas para não utilizarem "garra" para conquistar seus objetivos. Eu gostaria de afirmar que: utilizar garra para conquistar alguma coisa "dá trabalho", tira você de sua zona de conforto. Essas pessoas põem geralmente a culpa da não perseguição de seus objetivos à questão de dizer que não são talentosas o suficiente, no entanto, nunca se esforçaram para conseguir o que querem.

Duckworth (2016) afirma que o esforço constrói a habilidade, tornando-a produtiva. Angela fala ainda de pessoas que acreditam não ter talento para chegar a uma certa posição, e aí perguntam se valeria a pena tentar fazer algo com esforço, já que não chegariam ao nível da melhor pessoa. Exemplo: uma criança que pratica futebol poderia desanimar caso pensasse que não adianta treinar, pois nunca chegará a ser um jogador de futebol do nível do argentino Leonel Messi. Ora, essa é uma questão que soa, no mínimo, absurda para as pessoas que acreditam em garra e têm uma visão melhor de vida, pois segundo Duckworth (2016), todas as pessoas têm seus limites, tanto em relação a seu talento como em relação às suas oportunidades. Lembre-se de que falo e insisto na afirmação de que o sucesso é relativo, dessa forma, a relatividade do sucesso explica o que falamos na frase anterior.

Cabe ressaltar ainda que, conforme Duckworth (2016) afirma, nós mesmos nos impomos essas limitações. Às vezes tentamos, e fracassamos, e aí concluímos que chegamos ao topo de nossas possibilidades. Já em outras situações, vamos na direção certa, porém mudamos o rumo no meio do caminho. Logo, podemos afirmar que, em ambos os casos, acabamos não indo até onde poderíamos ter alcançado.

Algumas considerações sobre "garra"

O título deste capítulo enfatiza que, às vezes, alguns não vencem, pois não têm garra. Concordo plenamente com esse título, mas cabe aqui fazermos algumas considerações. Dentro do texto, em que falo sobre garra, ficou claro que não somente a sua garra o levará ao sucesso. O que o levará ao sucesso é uma conjunção de fatores que, somados, têm o potencial de alavancar a sua vida. Esses fatores, abordamos aqui, neste livro.

No entanto, ter garra é fundamental, mandatório, imprescindível. Uma pessoa sem garra está malfadada a não conquistar seus objetivos. Isto também está bem claro quando lemos este capítulo. Mas, caros leitores, ter garra, e praticá-la, dá um imenso trabalho, e é preciso ter disposição para colocá-la em prática. Muitos não conseguem e desistem no meio do caminho. Falta garra, porém quando isso ocorre de uma pessoa largar seus objetivos no meio do caminho, ela, com certeza, não soube analisar o *trade-off* de estar tomando aquela decisão. Enfim, existem diversos fatores que impactam em sua capacidade de ter garra.

Mas é possível uma pessoa desenvolver sua garra? O que deve ser feito? Bem, sobre esse ponto posso afirmar que não existe uma receita de bolo, pois cada pessoa tem atitudes e motivações distintas. Até a pesquisadora Angela Duckworth afirma isso, ou seja, ela não comprovou nada por meio de pesquisas que servissem de suporte a uma teoria que explicasse como as pessoas adquirem garra. Ainda assim, as pessoas que não a possuem devem tentar mudar sua mentalidade, muitas vezes é necessária a procura de um mentor ou de um terapeuta. Ou também se abrir mais com algumas amizades, mas aqui vale lembrar que essas pessoas amigas com quem você deve conversar têm que ser um exemplo de pessoas com garra, caso contrário, não surtirá efeito.

Traçar objetivos atingíveis, e se planejar, ajuda você na construção de sua garra. E nunca se esqueça de que temos limitações, individuais e externas, portanto, em muitos casos, não seremos o melhor de todos, mas evoluiremos e alcançaremos nossos objetivos, caso tenhamos garra. Mais uma vez nossos leitores devem lembrar que tanto o sucesso quanto o fracasso são relativos. Pensem nisso e terão uma vida melhor, onde perceberão que ter "**garra**" compensa.

15.1 Talento x Esforço – O que conta para fazermos sucesso?

> *"Nada no mundo consegue tomar o lugar da persistência. O talento não consegue; nada é mais comum que homens fracassados com talento. A genialidade não consegue; gênios não recompensados é quase um provérbio. A educação não consegue; o mundo é cheio de errantes educados. A persistência e a determinação sozinhas são onipotentes."**
>
> — Calvin Coolidge (30º presidente dos Estados Unidos)

Sou amante de futebol. No Brasil, a grande maioria da população adora futebol. Dia de jogo do Brasil na Copa do Mundo é feriado nacional. Portanto, notícias sobre futebol são bastante comuns no dia a dia das pessoas. Dentre uma das notícias que tomamos conhecimento mais regularmente é sobre jogador de futebol talentoso. Uma das principais características desses jogadores é que nasceram com talento ou, na minha forma de ver, nasceram com alguma característica física ou mental que podem beneficiá-los na atividade futebolística. Aparecem muitos, com certeza.

Mas da mesma forma que esses jogadores aparecem, eles somem, mesmo antes de serem vendidos para clubes europeus. Por esse motivo, alguns clubes vendem esses jogadores muito novos para evitar esse tipo de problema. Preferem receber menos dinheiro na venda a arriscar e esperar mais tempo, e como resultado, o talentoso jogador deixar de produzir bem, ou melhor, nesse caso, jogar um bom futebol. O fato é que um dos problemas mais comuns que acontecem com essas pessoas é que quem se considera talentoso em algo tende a se tornar preguiçoso. Por outro lado, os que não se acham talentosos são extremamente esforçados e se tornam muito melhores naquilo que fazem. O fato que ocorre com jogadores de futebol pode acontecer com qualquer pessoa de qualquer profissão.

---

* Frase extraída do site: <https://citacoes.in/citacoes/594192-calvin-coolidge-nada-no-mundo-consegue-tomar-o-lugar-da-persistenc/>. Acesso em: 25/11/2023.

O treinamento e a repetição melhoram o desempenho em qualquer atividade. Você pode se tornar um grande profissional em qualquer coisa, se praticar constantemente sua rotina/processo. A repetição traz consistência e qualidade. No caso dos jogadores de futebol, eles, por terem talento, acabam não se esforçando (nos treinos, por exemplo) e acabam tendo o seu rendimento prejudicado por falta de treino e de esforço na preparação física. Esse fato ocorre com qualquer pessoa de qualquer área de trabalho. A verdade é que pessoas que se consideram talentosas em algo tendem a se tornar preguiçosas. Já as pessoas que não se acham talentosas são extremamente esforçadas e se tornam muito melhores naquilo que fazem.

Em pesquisa feita pela Survey of America's Inner Financial Life, *Worth Magazine*, na sociedade americana sobre o que é mais importante para o sucesso se talento ou esforço, os americanos disseram que têm duas vezes mais chance de votar no esforço.

No mundo atual, muito por conta da ansiedade, perdemos muitos jovens talentosos, pois essas pessoas mais jovens querem queimar etapas na construção da experiência e da sua habilidade; precisamos ter resiliência para desenvolver o talento, precisamos nos esforçar. A ansiedade, de uma forma geral, acaba atrapalhando e tirando o foco e a confiança das pessoas quando essas precisam se desenvolver em suas carreiras. O esforço é o remédio contra a percepção da falta de talento.

O esforçado não tem medo de ter insucesso em suas tomadas de decisão e recomeçar. O talentoso pensa que tudo que ele faz é muito bom, "eu sou o melhor". A pessoa esforçada acredita que pode melhorar sempre sua performance e o resultado de seu trabalho. Geralmente, o talentoso tem o ego inflado e, dessa forma, tende a prejudicar um trabalho em equipe. O esforçado pede ajuda para atingir um trabalho de excelência, já o talentoso tende a tentar fazer as coisas sozinho, pois acredita que outras pessoas não têm capacidade de ajudá-lo de uma forma satisfatória. O esforçado tende a querer sempre superar as expectativas. Portanto, o ideal é se esforçar para que o talento seja impulsionado consistentemente e no tempo adequado de cada pessoa.

Dado que falamos que ser esforçado é fundamental para atingirmos nossos objetivos, ou seja, todos devemos ser esforçados; no entanto, apenas descrevemos os pontos fracos de ser talentoso. Essa ideia ficou na minha cabeça e, desse modo, fui verificar o que dizia a literatura como forma de embasar minhas teorias.

Duckworth (2016) questiona em seu livro se o fato de sermos talentosos é algo ruim. Ou se todas as pessoas têm o mesmo nível de talento. Sua resposta para ambas as perguntas é não, e enfatiza que, sim, é bom ter talento, pois, na verdade, uma pessoa talentosa aprende com mais rapidez, aliado ao fato de que algumas pessoas são melhores em desenvolver certas tarefas do que outras. Porém, a autora cita que o grande perigo de se valorizar somente o talento é de que se corre o risco de deixarmos todos os outros fatores que o levam ao sucesso fora de nossa percepção, e passarmos a enxergar que esses outros fatores são menos importantes, como garra, por exemplo.

Na opinião da psicóloga, a principal razão pela qual a valorização do talento pode ser nociva é simples: ao focarmos apenas o talento, nós arriscamos deixar tudo o mais fora do nosso campo de visão. Sem querer, passamos a mensagem de que esses outros fatores — como a garra — são menos importantes.

Como podemos observar neste texto, o talento apenas não te faz subir na escala meritocrática. Precisamos nos esforçar para conseguirmos nossos objetivos. O fato de você desistir, pois tem uma pessoa que você acha que tem talento maior que o seu, é também uma decisão errada. Treine, esforce-se, coloque dedicação para que você possa atingir seus objetivos. Segundo a psicóloga Angela Duckworth, em seu livro (Duckworth, 2016), afirma que "o foco no talento nos desvia de uma coisa que tem pelo menos a mesma importância: o esforço". No entanto, devemos sempre ter em mente que nosso sucesso é relativo, sob todas as formas que falamos aqui no livro com relação a se superar e obter sucesso: o importante é entender a engrenagem da meritocracia, e se esforçar, assim você tem certeza de que atingirá o sucesso.

16

Desvendando o conceito de resiliência

Em seu artigo escrito pela Universidade de Harvard intitulado "How Resilience Works", a psicóloga Diane L. Coutu fala sobre a relevância da resiliência para aqueles que desejam obter sucesso em suas vidas:

> "Mais do que educação, mais do que experiência, mais do que treinamento, o nível de resiliência de uma pessoa determinará quem tem sucesso e quem fracassa. Isso é verdade na ala de câncer, é verdade nas Olimpíadas e nas salas de reuniões" (Coutu, 2002).

Portanto, não podemos dissociar a resiliência como fator preponderante para aqueles que desejam subir na escala meritocrática. Eu iria até mais além e afirmo que, sem resiliência, não conseguimos avançar na escala meritocrática, dado que, ao enfrentar o primeiro fracasso, tenderíamos a desistir, além disso, podemos acrescentar que é praticamente impossível uma pessoa não sofrer nenhuma adversidade em sua vida.

Dessa forma, hoje em dia o termo resiliência vem sendo citado como característica fundamental para que você consiga sucesso em sua vida. Seja ele por intermédio do seu trabalho na empresa, seus estudos, ou até mesmo quando você é empresário.

O nome resiliência se encontra presente em todas as receitas de sucesso. E, nessas receitas, vem escrita a clássica história de fulano de tal, que tentou várias vezes fazer alguma coisa e não obteve sucesso, porém, não desistiu e, após haver tentado inúmeras vezes e não ter conseguido, ele obteve sucesso de tanto tentar e não desistir, apesar de vários fracassos. Ele foi resiliente. Esse é um exemplo a ser seguido. Dizem alguns.

E aí, pronto, essa é a receita para você ser resiliente: "Basta seguir o fulano de tal", a pessoa A fala empolgadamente para a pessoa B. "Temos que ter resiliência", continua A para B. No entanto, na grande maioria das vezes, A, que deu conselho para B, já desiste na primeira adversidade, e B, também. Ou seja, após lerem o texto (ou a receita do sucesso) ficaram empolgados com o sucesso de fulano de tal, mas nas suas primeiras adversidades sucumbiram e não conseguiram subir na escala meritocrática. A verdade é que nem A, nem B são resilientes, apenas ficaram empolgadas. Portanto, neste livro sobre meritocracia, não poderia deixar de falar de resiliência e afirmar que, ser resiliente, é mandatório para obter sucesso e subir na escala meritocrática.

Mas, após ler este texto, o leitor poderá perguntar: "O autor do livro não está fazendo a mesma coisa dos outros livros, dizendo que é preciso resiliência? Não estaria chamando a atenção do leitor para quando ler o texto ficar empolgado e na primeira adversidade desistir?" Bem, posso responder enfaticamente que não. Pois, o fato de ser mostrado que resiliência é importante como vários livros e palestras dizem, nosso livro entra mais a fundo nessa questão, para mostrar o que é realmente resiliência, quais características devemos assumir para nos mostrarmos resilientes, ou o que devemos fazer em nossas vidas para sermos realmente resilientes. Como devemos treinar para isso? Portanto, abordamos esse fato sob um outro ângulo, dado que nesta obra não desenvolvemos estratégias "salvadoras", mas apenas mostramos a realidade como é e quais opções de vida você tem para subir na escala meritocrática.

Portanto, falar sobre resiliência, apenas, não faz efeito se colocarmos exemplos de pessoas resilientes, mostrarmos esses indivíduos e mandarmos a pessoa seguir o "homem ou a mulher de sucesso — sigam esse exemplo"; portanto, nesse caso de apenas falar "siga esse exemplo", não mostrará o que deve ser mudado em você para que obtenha sucesso. O mais importante é fazer você entender o real significado de resiliência e, caso não a possua, desenvolva em você essa característica.

16.1 Quais as principais características das pessoas resilientes

Em uma entrevista de emprego, o entrevistador pergunta ao candidato quais suas principais características pessoais: uma das características mais comuns de ser citada é a resiliência. Nos currículos, é palavra obrigatória. Virou corriqueiro se falar em resiliência. Todos falam de resiliência. Mas, será que a pessoa que assume ser resiliente sabe realmente o que é ser resiliente? Bem, pela minha experiência de vida, acredito que a maioria não saiba bem, ou tenha a falsa impressão de que saiba, ou, o que é pior, acha que tenha essa característica.

Para que o leitor tenha a exata noção de que é resiliente, ele deverá entender qual o conceito de resiliência e quais as características principais que esse tipo de pessoa possui; essas são questões mandatórias para aquelas que buscam o sucesso: entender os principais conceitos que te levarão a subir na escala meritocrática, avaliar se você possui essa característica e, caso não a possua, como deve fazer para desenvolvê-la. Cabe ressaltar que, quando não entendemos do que se trata determinado conceito, e fazemos uma leitura errada de quanto possuímos dessa determinada característica, temos a tendência a tomar decisões erradas na vida, fracassamos e, o que é pior, não teremos força psicológica para sobrepor as adversidades, levando-nos a abandonar nossos objetivos.

Primeiramente as pessoas devem entender o conceito de resiliência, para que possam ter a exata noção do quão resilientes são. Por definição, a resiliência é a redução da vulnerabilidade às experiências de risco, a superação de um estresse ou adversidade, ou ainda o atingimento de um resultado relativamente bom, ainda que se tenha passado por um momento de dificuldade (Rutter, 2006).

O conceito de resiliência tem como seu principal pilar o reconhecimento de que existe uma grande diversidade de respostas das pessoas a todos os diferentes tipos de adversidades ambientais. Sobre a resiliência, podemos inferir que ela tem como base as evidências de que alguns indivíduos têm um resultado melhor do que outros que passaram por um nível comparável de adversidade. Aliado a esse fato também podemos inferir que, quando uma pessoa tem uma experiência negativa, ela poderá se fortalecer em relação à resposta a um estresse ou adversidade posterior (Rutter, 2012).

De outra maneira, podemos afirmar que o foco está nas diferenças das pessoas em resposta à adversidade, em vez de supormos que os resultados podem ser explicados em termos do equilíbrio entre influências positivas e negativas, com a suposição de que elas afetarão a maioria das pessoas da mesma maneira e na mesma intensidade (Rutter, 2012).

Em segundo lugar, as pessoas devem entender que percebem o quão resilientes são depois que ocorre uma adversidade nas suas vidas, como lidam com a situação e como superam essa adversidade (Coutu, 2002).

Segundo Coutu (2002), as pessoas resilientes têm como característica três fatores:

- Aceitam com frieza as duras realidades que enfrentam.
- Encontram significado em momentos difíceis.
- Possuem uma incrível capacidade de improvisar, contentando-se com o que estiver ao seu alcance.

Definir essas características é extremamente importante para você, leitor, dado que, muitas vezes, possuímos essas individualidades, mas não as cultivamos em momentos em que enfrentamos as adversidades. Em muitos casos até pensamos que não adianta nada ter esse pensamento, e caímos em depressão ou desistimos. Portanto, entender essas características fará com que você analise se está no caminho certo para vencer as adversidades. Segundo Coutu (2002), para cultivar a resiliência é necessário aplicar as práticas a seguir, que são comuns a pessoas resilientes:

1. **Enfrentam a realidade** — Em vez de negar a adversidade que está ocorrendo em sua vida, tenha uma visão sóbria e realista da realidade de sua situação. Agindo dessa forma, você poderá se preparar para tomar as decisões necessárias e se tornar capaz de suportar as adversidades, desenvolvendo defesas para sobreviver, antes que realmente ocorra um fato adverso. Essa atitude não é uma forma de otimismo puro, que é a forma de otimismo que distorce o senso de realidade, ainda que exista uma crença na qual muitos acreditem que isso seja verdade. Devemos ter em mente que em situações extremamente difíceis, o pensamento cor-de-rosa pode ter consequências desastrosas. Ocorre que, quando realmente encaramos a realidade, nós nos preparamos para agir de forma a suportar e sobreviver a situações adversas. Isso faz parte de um treinamento para sobreviver, antes que ocorra certa dificuldade.
2. **Buscam um significado** — Quando as épocas de dificuldade aparecerem, resista a qualquer impulso de se ver como vítima e gritar: "Por que eu?" Em vez disso, tente enxergar o que aquele momento lhe traz de ensinamento para criar significado para você e para os outros. Pensando assim, você conseguirá construir pontes que o levem do atual momento difícil em que você está para um futuro melhor e mais pleno. Quando você cria essas pontes, consegue clarear sua mente, tornando o seu presente gerenciável, e consequentemente, eliminando a sensação de que o presente é esmagador. A sua capacidade de enxergar a realidade está diretamente ligada ao segundo componente da resiliência, a tendência pessoal de dar sentido a momentos difíceis. Todos nós conhecemos pessoas que, quando estão sob pressão, expressam sua reação por meio da frase: "Como isso pode estar acontecendo comigo?" Essas pessoas se veem como vítimas e não conseguem lidar com as adversidades, pois estas não trazem nenhuma lição de aprendizado, elas não conseguem enxergar isso. Mas as pessoas resilientes conseguem ter um entendimento sobre o momento difícil que estão vivendo, e tiram lições disso,

o que lhes proporciona criar algum tipo de objetivo futuro ou um significado diferente com relação a suas vidas e a de outras pessoas.

3. **Improvisam repetidamente** — Nos momentos difíceis da vida, seja inventivo. Aproveite ao máximo os recursos à sua disposição, enxergue o "copo meio cheio" e imagine novas alternativas que os outros não veem. O terceiro componente da resiliência é a capacidade de fazer o possível com as ferramentas que você possuir. Você já tentou improvisar sua recuperação após uma adversidade ocorrida em sua vida, seja ela profissional ou pessoal?

Escrevendo este livro e, nesse momento, conversando com minha esposa, vieram à minha mente diversas situações que poderiam ter sido evitadas, caso entendêssemos o que é resiliência e como cultivá-la. A bem da verdade, as pessoas resilientes aprendem que tudo na vida passa, por mais que você enfrente uma situação de extrema dificuldade. A questão que muitos sofrem é por não cultivar essas três práticas e, ainda por cima, ficarem ligados a determinada situação difícil que foi enfrentada. Ficar ligado a uma dificuldade na vida, poderá fazer você ser uma pessoa derrotada, ou poderá também frear uma possibilidade de que você dê um próximo passo rumo ao sucesso, pois muitas pessoas que ficam com o foco no passado, e não criam um propósito em suas vidas, sucumbem. Cabe ressaltar ainda que você pode se recuperar das adversidades, utilizando uma ou duas dessas características em seu favor; no entanto, você só poderá se considerar uma pessoa resiliente, caso possua os três atributos conjuntamente (Coutu, 2002).

16.2 Felizmente, você pode aprender a ser resiliente

Ser resiliente não é algo que as pessoas aprendem na escola, ou na universidade. Muitos já nascem resilientes, outros nem tanto. Mas resiliência, hoje, é muito solicitada como uma *soft skill* em entrevistas. Muitos se dizem resilientes, mas, na verdade, não são nem um pouco e, quando enfrentam a menor adversidade, desistem, ou desenvolvem algum trauma. Esse é o cenário básico mais comum nos dias de hoje. Contribuindo para esse meu ponto de vista, falo sobre algumas colocações feitas por meus interlocutores em conversas que eventualmente desenvolvemos no dia a dia:

1. Olha, não consigo ser igual a você, não consigo mesmo. Você tem uma visão diferente de vida, pois eu fico pensando naquilo que me ocorreu, é difícil aquele momento de sair da minha cabeça.
2. Não sei como abandonar esse pensamento sobre os problemas que tive, não consigo mudar minha mente. Não tenho forças sozinho.
3. Olha, só penso no hoje, minha situação é difícil, não dá para pensar no futuro, nem na solução do problema que estou tendo.
4. Você já nasceu assim, mente forte, não consigo ser igual a você.

Esses são alguns dos discursos de algumas pessoas com relação às suas capacidades de serem resilientes. Muitas se dizem incapazes e não tentam entender a situação, apenas se julgam incapazes de desenvolver resiliência e pronto, vivem dessa forma para sempre, pois acham mais fácil serem vítimas. Outras acham que as pessoas não desenvolvem resiliência, pois ela já vem de nascença, e não há como desenvolvê-la. E por fim, existem aquelas que pensam em desenvolver, mas tentam o caminho errado, achando que é somente achar uma pessoa que seja resiliente e tentar fazer como ela — não desistir nunca — mas, diante da menor adversidade, desanimam e sucumbem em seus objetivos. Portanto, neste livro, abordamos essas diversas situações que tanto prejudicam aqueles que desejam ser resilientes para que alcancem seus objetivos através da escala meritocrática.

Uma grande parte das primeiras teorias sobre resiliência falava sobre como a genética tem um papel importante no desenvolvimento dela. A ideia era de que as pessoas nasciam resilientes. O fato é que realmente existe uma verdade referente à influência genética na resiliência, no entanto, hoje existe uma grande quantidade de evidências empíricas mostrando que a resiliência pode ser aprendida por qualquer pessoa (Coutu, 2002). Portanto, vamos enumerar quais as características que devem ser desenvolvidas para que as pessoas se tornem efetivamente resilientes.

Otimismo

Cultive o otimismo, pensar positivo quando enfrentamos adversidades nos fortalece. O efeito positivo nos protege diante do estresse, segundo várias pesquisas, e diminui a excitação autonômica após a exposição ao estresse (Folkman e Moskowitz, 2000). Seu efeito positivo também está relacionado a uma recuperação mais rápida e uma melhor saúde física em geral (Scheier et al., 1989; Warner et al., 2012). Por outro lado, os pessimistas relataram falta de esperança e desamparo e são menos propensos a evitar enfrentamento quando estão sob pressão (Carver et al., 2010). Não seja pessimista, mesmo diante das adversidades.

Avaliação cognitiva

Você enxerga sempre o copo meio vazio, ou tenta vê-lo meio cheio? Tentar enxergá-lo meio cheio faz parte do exercício para se criar resiliência, avaliar e monitorar os pensamentos negativos e substituí-los por outros mais positivos, significa desenvolver uma avaliação cognitiva (McRae et al., 2012). Também chamada de flexibilidade cognitiva ou reenquadramento cognitivo, essa estratégia de regulação das emoções significa mudar a maneira de enxergar os fatos ou situações. Reavaliar conscientemente as situações adversas ou traumáticas para encontrar o ponto certo associado à resiliência (Gross, 2002).

Enfrentamento ativo

O enfrentamento "ativo" refere-se às medidas ativas tomadas para reduzir o impacto negativo do estresse em nossa saúde mental. O enfrentamento, por meio de técnicas comportamentais ou psicológicas utilizadas para reduzir ou superar o estresse, tem sido associado à resiliência em indivíduos (Feder et al., 2009).

Por exemplo, uma pessoa está casada e criando os filhos. Essa pode ser uma fase altamente estressante da vida. Para controlar o estresse, a pessoa pode procurar um psicólogo, matricular-se em uma academia, fazer um esporte, meditar, dedicar-se a um hobby ou qualquer outra coisa que ajude a diminuir o nível de estresse. Ou seja, faça algo que dê prazer, ou que leve a desfocar de uma situação difícil, trazendo prazer para a sua vida.

Apoio social

Tanto a presença de apoio social quanto o comportamento de buscar apoio social têm sido associados à resistência psicológica e à recomposição diante de eventos adversos tão comuns em nossas vidas (Ozbay et al., 2008). Não se desenvolve resiliência apenas por ter uma rede de pessoas a que você se conecte, na realidade, essa conexão deve sempre ocorrer nos momentos em que você mais precisa dessas pessoas. É nas interações com as pessoas que você busca suporte para que validem seus planos, façam você enxergar de outra forma uma determinada perspectiva sobre uma situação, fazendo até você rir, ou simplesmente o incentivem a se levantar do tombo sofrido e tentar novamente, porque a batalha não está perdida, ou seja, ainda vale o esforço. Assim nos tornamos resilientes (Cross et al., 2021).

Humor

Invista em situações que levem a ter a sensação de humor. Sorrir faz bem à saúde, sempre ouço esse conselho dos mais velhos. Tive a oportunidade de identificar que o humor cria resiliência quando da morte da minha mãe ocorrida no dia 31/12/1995. Nesse dia, muito chateado, compareci a uma festa de fim de ano, onde tive a oportunidade de encontrar pessoas divertidas que me fizeram rir bastante, ainda que estivesse muito triste, fazendo com que, a partir daquele momento, começasse a me recuperar daquela adversidade. Na mesma linha, pesquisas identificaram que o humor para o ser humano serve como uma forma de cooperação muito eficaz que contribui para desenvolver a resiliência, não só pelo fato de que o humor pode aliviar a tensão, mas pelo fato de que ele é capaz de atrair apoio social (Vaillant, 1992). O humor é amplamente usado como forma de se proteger contra o estresse (Southwick e Charney, 2012).

Exercício Físico

Hoje, com 60 anos, pratico exercício. Costume desde que era bem criança. Sempre gostei de praticar futebol, natação e corrida. Hoje, após uma cirurgia no joelho, já não consigo fazer longas corridas, mas continuo praticando corrida na areia, onde tem menos impacto, e nas esteiras da academia. Sempre tentei passar esse costume aos meus filhos, à minha filha não consegui, mas a meu filho consegui que ele fosse lutador de jiu-jítsu, o que já ajuda. Mas o fato é que, após praticarmos alguma atividade, sentimos um tremendo bem-estar. Quando acabo de correr, minha criatividade aumenta, acho solução para meus problemas e ganho força para enfrentar as adversidades. Esse sentimento de prazer e resiliência é bem discutido na literatura, e existem vários artigos sobre esse tema. O exercício físico gera efeitos positivos em relação ao seu bem-estar psicológico, bem como sobre o seu humor, a depressão clínica e melhora a sua autoestima. Existem também pesquisas que apontam o exercício físico demonstrando afetar os fatores neurobiológicos de resiliência em estudos com animais (Fleshner et al., 2011) e humanos (Wittert et al., 1996; Winter et al., 2007).

Comportamento Pró-Social

O altruísmo tem sido associado à resiliência tanto em adultos como em crianças (Southwick et al., 2005; Leontopoulou, 2010). Muitas pessoas, inclusive após sofrerem uma adversidade, tonam-se resilientes. A pesquisa feita por Staub & Vollhardt mostra que a vitimização e o sofrimento das pessoas fizeram com que fosse gerado um comportamento social positivo, promovendo a recuperação do trauma sofrido, o crescimento de sua resiliência, assim esse estudo sugere que as interações pós-traumáticas podem promover o "altruísmo nascido do sofrimento" (Staub & Vollhardt, 2008).

Mindfulness

O que significa *mindfulness*? Muito se fala dessa técnica, mas poucos sabem exatamente o que é e para que serve. *Mindfulness* é um fator psicológico associado à resiliência. Ele tem sua origem como uma prática de meditação budista. *Mindfulness*, que significa ter "atenção plena", ou seja, sua prática tem o objetivo de que uma pessoa se concentre completamente no presente, mas também percebendo tudo que está acontecendo com o seu corpo e percebendo tudo que está à sua volta. Quando se está em "atenção plena", as pessoas passam a focar o agora, abandonando as preocupações com passado e futuro que acabam dando uma percepção de sentimentos, sensações e do ambiente.

Pesquisas apontam que, quando se pratica o estado de atenção plena, reduzimos as consequências de momentos estressantes e aumentamos nossa resiliência (Smith et al., 2011). Portanto, para aqueles que desejam se fortalecer psicologicamente, a prática dessa arte em momentos adversos fomentará a sua capacidade de reação, incrementando sua resiliência.

Segundo o site da universidade PUC (PUCRS Online, 2021), existem técnicas de meditação com foco em atenção plena, onde a pessoa exercita sua capacidade de pensar e fazer escolhas mais conscientes em vez de tomar atitudes sem pensar, no automático. O *mindfulness* causa uma melhora no seu foco, sua produtividade, estimula o desenvolvimento do autocontrole, além de reduzir a ansiedade e o estresse. Muitas vezes podemos praticar o *mindfulness* durante o dia, veja as dicas.

1. *Reserve um horário em que esteja relaxado e livre de interrupções*
   Pela manhã, ou antes de dormir. Escolha um local silencioso e tranquilo. Escolha roupas confortáveis, deixe o celular e TV desligados.

2. *Escolha uma postura agradável*
   Escolha uma posição que te deixe confortável, olhos abertos ou fechados, evite se mexer e busque a sua maior consciência corporal.

3. *Controle a sua respiração*
   Controle a sua respiração para alinhar a mente e a respiração. Na realidade, quando controlamos a respiração, fazemos com que ela se acalme e, consequentemente, a mente relaxa de forma natural.

4. *Esvazie seus pensamentos*
   Esvazie sua mente, esqueça seus problemas durante a meditação. Caso você se distraia por algum problema, não foque nele, apenas

deixe sair da sua mente. Não se prenda ou julgue, concentre-se novamente na respiração.

5. *Mantenha o foco na ação realizada*
Agora, foque o próximo fato. Leve sua consciência do agora para alguma atividade do seu dia a dia. Reserve esse tempo para você, sem conversas ou contato com outras pessoas. É possível treinar essa prática em vários momentos do dia.

Bússola Moral

Internamente, as pessoas resilientes comumente compartilham um sistema de crença que orienta seus valores e sua ética (Southwick et al., 2005). Embora a religião, ou a espiritualidade seja considerada muitas vezes um componente da bússola moral de uma pessoa, o conceito de moral tem seus pilares baseados em uma crença mais genuinamente humana na moralidade. "Uma pesquisa feita com 121 pacientes diagnosticados com depressão e/ou transtorno de ansiedade, mostrou que a falta de propósito na vida e a baixa frequência de exercícios físicos foram correlacionados com baixa resiliência, mas a baixa espiritualidade prevaleceu como o principal preditor de baixa resiliência" (Min et. al., 2012). Portanto, podemos concluir que a espiritualidade, praticada sem fanatismo, é uma grande fonte de inspiração para nos tornarmos resilientes. No entanto, no mundo atual, podemos observar lados extremos onde uns levam a espiritualidade ao nível máximo de fanatismo e, em muitas vezes, misturando até com fatores políticos. Enquanto outros enxergam a espiritualidade como coisa ultrapassada, ou, em muitos casos, até com desprezo e ódio. Cabe aqui ressaltar que a espiritualidade que se prega é apenas uma forma de crença em uma entidade maior, que fomente sua mente a criar condições de você se tornar mais forte para enfrentar as adversidades.

Como podemos observar, existem diferentes formas de nos tornarmos resilientes, no entanto, devemos em primeiro lugar praticar a arte do desenvolvimento da resiliência. Devemos também entender que, para nos tornarmos resilientes, necessitamos de tempo, nenhuma mudança ocorrerá em nossas mentes de um dia para o outro. Tempo nesse caso é fundamental, e a consistência de nosso trabalho idem, pois a construção de uma mente forte para aqueles mais fracos, toma tempo. Outro ponto a ser citado é que você nunca deverá se comparar a ninguém, siga seus passos, seja consistente em seus atos e, dessa forma, você desenvolverá uma mente forte.

16.3 Pessoas resilientes são mais produtivas, felizes e mais focadas em seus objetivos

Ser resiliente não é algo fácil, de forma alguma. Exige possuirmos uma mente forte e, muitas das vezes, dependendo da situação, maior carga de esforço físico. É cansativo tanto mentalmente como fisicamente sair de uma situação adversa sem ter nossa mente prejudicada, nem desenvolvermos uma depressão. Nesse ponto, gostaria de fazer um breve comentário do que estou percebendo que está ocorrendo com as gerações atuais: um enorme consumo de antidepressivos. Fico realmente estarrecido quando contei as pessoas de meu convívio que tomam antidepressivos e fazem tratamento com psicólogos. Não que esteja criticando-as, pois não sou daquelas pessoas que não acreditam em depressão, nem que as pessoas não necessitem de acompanhamento psicológico, longe disso. Mas, em muitos casos, as pessoas podem se ajudar mais seguindo alguns conselhos de como se tornarem resilientes. No título anterior, falamos bastante de como desenvolver a resiliência. E cabe ressaltar que, apenas tomar remédio sem tentar se ajudar através de um exercício, seja ele qual for para desenvolver a sua resiliência, fará de você uma pessoa mais frágil ainda. Portanto, primeiramente devemos entender a importância da resiliência, para que esta habilidade seja considerada como uma importante qualidade na sua vida e que acrescentará bastante ao seu dia a dia.

Dessa forma, podemos afirmar que as pessoas resilientes são mais produtivas, ou seja, conseguem entregar mais de uma tarefa em menos tempo. Sua capacidade de focar determinado objetivo é muito maior do que uma pessoa sem resiliência, o que, dessa forma, estimula sua produtividade. De fato, quando desenvolvemos a resiliência, temos uma capacidade maior de enfrentar a realidade na qual você está vivendo e consequentemente o faz enxergar um objetivo maior, assim você reúne forças para trabalhar e atingir determinado objetivo, o que acaba o tornando mais produtivo.

A pessoa resiliente se torna mais feliz. Fato. Outro dia desses estava falando com minha esposa sobre a avó do sobrinho dela, como a senhora mudou seu comportamento após o nascimento do neto. Essa senhora sente prazer em ajudar a nora, que trabalha fora, na rotina com seu neto. Apesar dessa senhora ter vários problemas, o nascimento do neto a fez enxergar o aparecimento de um novo objetivo em sua vida, fazendo-a feliz e, digamos, até "energizada". O que ocorreu com essa senhora nada mais foi do que o desenvolvimento de sua resiliência, pois foi capaz de encarar a sua realidade de forma diferente, sobrepujando as dificuldades e criando um objetivo de vida, o que consequentemente a fez ficar mais feliz.

17

É muito bom vencer na vida

Sempre fui uma pessoa competitiva. Gostava de ganhar desde criança, mas meus pais me ensinavam que nem sempre era possível ganhar; portanto, quando jogava qualquer jogo com eles, nem sempre eu era vencedor, o que me chateava, mas fui me moldando para ser uma pessoa persistente. Meu pai sempre me dizia: "Perde-se uma batalha, mas não se perde a guerra". Fiz o mesmo com meus filhos. E dessa forma como fui criado é que começamos a moldar um vencedor, pois um vencedor, em primeiro lugar, deverá saber perder, aprender com seus erros, pensar em novas estratégias e tentar novamente. Isso é gratificante, nos traz enorme prazer quando vencemos. Porém, nem todas as pessoas são assim. Existem diferenças, pois nós, seres humanos, somos diferentes, no entanto, devemos entender como o "jogo é jogado" e essa é a proposta de nosso livro. Ensinar você a desenvolver habilidades para atingir o sucesso através da escala meritocrática, sem nos pautarmos em nenhuma receita mágica, apenas mostrando caminhos e ensinando a jogar o jogo da vida.

17.1 Ensinando as pessoas como é bom vencer e o quanto é ruim lamentar, invejar e não ser persistente

Um evento ocorrido em minha casa, chamou-me atenção, pois serviu de exemplo para este livro, uma vez que se encaixa perfeitamente nesta parte do capítulo. Estávamos em casa, eu, minha esposa, o pedreiro, fazendo obras no meu banheiro, e minha secretária, que toca os afazeres diários da casa. Foi quando o pedreiro, em mais de uma vez nos dias em que ele estava trabalhando na obra do banheiro, começou a lamentar sobre os problemas que ele tem. Ele tinha a mania de repetir, sempre que falávamos com ele sobre qualquer coisa, a frase: "estou cheio de problemas", isso ele me falava diariamente. E, uma dessas vezes, minha secretária, que é de origem humilde, vive em uma comunidade, sustenta quatro filhos e um neto, e que tem outros afazeres além de trabalhar em minha casa para aumentar a sua renda, falou para o pedreiro após sua enésima reclamação de que estava cheio de problemas: "Se você está vivo, você possui problemas, eles só acabam quando você morre, temos que aprender a resolvê-los". Após ouvir essa frase de uma pessoa aguerrida, senti o quanto é importante sermos persistentes. Ainda mais que essa frase veio dessa pessoa que possui inúmeros problemas de ordem familiar e econômica.

Em outro evento, dia 8 de junho de 2023, estava sem muito o que fazer à noite, procurando um filme ou uma série na Netflix, quando acabei achando o documentário sobre Arnold Schwarzenegger, o ator de *O Exterminador do Futuro* e campeão mundial de fisiculturismo. O documentário é bem interessante e mostra o crescimento profissional da pessoa, ex-Mister Olympia, ator e ex-governador do estado da Califórnia, nos EUA. O documentário é um show motivacional, porém, dentro daqueles três episódios, um discurso de Arnold me chamou muito a atenção, quando ele falava sobre o seu sentimento após ter perdido o seu pai: Ele dizia que não sentiu nada. Ele afirmava que tirou isso de seu pensamento e continuava — "eu treinei para isso, ou seja, treinei para que nada externo me afetasse".

Segundo Arnold, quando você é uma pessoa que tem um objetivo, que sempre tem uma missão, você terá menos tempo para pensar coisas do tipo: "Como me sinto hoje? Estou deprimido hoje? Estou com pena de mim mesmo? Virei uma vítima? Oh, meu Deus. Sinto-me tão mal comigo mesmo".

Segundo o ator, ele não tinha tempo para esses pensamentos, que são para quem não se esforça bastante. Se sua mente está sempre ocupada, não terá tempo para pensar em ter pena de você. "Vamos seguir adiante, sempre nos movimentando", completa o ator.

Esse pensamento do Arnold pode vir a receber várias críticas dos leitores, mas, em minha opinião, é o jeito certo de pensarmos. Não pensem que é fácil construir essa mentalidade, porém faz parte de um processo, de que você deverá treinar para encarar os momentos difíceis, e não ficar se lamentando o tempo todo. Como minha esposa Patrícia fala: "Vira a página, homem, e siga em frente".

Abaixo, descrevo algumas situações que vivenciei e que fazem todo sentido falarmos, pois servem de exemplo com relação ao contexto das palavras do Arnold como também na ideia geral do livro.

Situação 1

Alguns dias atrás, estava conversando com um amigo que havia perdido o emprego há uns seis meses. Ele até tinha uma reserva financeira que aguentaria pagar suas despesas por mais algum tempo, no entanto, ele estava muito preocupado e angustiado. Com filhos pequenos, ainda na idade escolar, necessitava de bastantes recursos financeiros, por isso, há algumas semanas, havia começado um curso sobre programação e leitura de dados que seria muito importante na sua carreira, além disso, mostraria em seu currículo que ele era um profissional atualizado. No entanto, devido à sua angústia pela situação, não conseguia se desenvolver e estava no momento somente reclamando da vida, segundo sua esposa. Quanto ao curso, estava indo bem devagar.

Situação 2

Em determinado momento em minha vida, trabalhei com duas pessoas: A e B. Pessoa A era um jovem de classe média, estudioso e inteligente, tendo cursado a sua graduação em uma universidade de excelência. Pessoa B era um jovem de classe alta e havia também cursado a sua graduação em uma universidade de excelência. O jovem A, muito esforçado, teve a oportunidade de fazer uma prova para obter uma certificação importante para o mercado financeiro. Dedicou-se ao máximo em seus estudos e obteve a certificação. Já o jovem B, ainda que não fosse necessário, manifestou sua vontade de fazer o mesmo teste, no entanto, não mostrou força de vontade para fazer o curso preparatório, e desistiu da prova. Muitos acharam que foi um tanto de inveja em relação ao jovem A, pois seu colega de trabalho havia conseguido a certificação.

Situação 3

Quando falo neste livro que precisamos esclarecer conceitos às pessoas, mais do que as ajudar financeiramente, falo da importância das pessoas entenderem alguns conceitos para se desenvolverem profissional ou pessoalmente. Vejo que a falta de persistência e desânimo das pessoas é algo grave, que afeta, e muito, suas vidas. Todos devemos ser persistentes. As pessoas precisam "gostar" de vencer na vida e obter sucesso, mas gosto sempre de lembrar que "sucesso é relativo"; portanto, nem todos atingirão o topo da cadeia, mas, com certeza, atingirão uma condição melhor de vida. A falta de persistência faz com que as pessoas abandonem seus sonhos no meio do caminho.

Recentemente estava conversando com uma funcionária, de formação mais humilde, que a elogiava pelo empenho no treinamento da empresa. Logo após, houve outro treinamento, mas seu empenho diminuiu, o que a levou novamente ao ostracismo. Não foi por falta de inteligência não ter avançado no treinamento, apenas falta de persistência e visão para continuar lutando e tentar vencer.

Coloquei essas três situações reais para exemplificar momentos do cotidiano que muitas pessoas não percebem, mas elas são extremamente comuns, no entanto, as pessoas enxergam-nas de formas diferentes e ficam paralisadas. Portanto, cabem aqui algumas observações sobre as situações que descrevi anteriormente.

Na situação 1, onde meu amigo se mostra preocupado e angustiado, somente se lamentado com todas as pessoas, segundo a sua esposa, não o levará a uma solução do problema. Sua preocupação é pertinente, no entanto, ele precisa de ação para que mude a situação, somente se lamentar não fará com que ele obtenha sucesso. Manter-se ativo em busca de soluções é o que ele deveria fazer. Culpar o próximo, falar de injustiças e não virar a página do que ocorreu de ruim em sua vida também não fará com que você obtenha sucesso. Lamentar-se, apenas, só traz maus pensamentos e enfraquece a sua mente. Portanto, nesse momento é que podemos observar aqueles que tendem a subir na escala meritocrática. Mente forte, resiliência e esforço, persistência e ação, muita ação, que um dia você alcançará seu objetivo.

Na situação 2, podemos observar o efeito inveja, e por que não falar também que nem sempre os mais abastados conseguem sucesso na vida. Precisamos mudar o discurso e focar o que é importante, que é o esforço pessoal. Vejo muitas pessoas independentemente de sua condição social invejarem as outras, no entanto, não mostram disposição, garra para vencer. Portanto, invejar não te fará subir na escala meritocrática, mas o esforço, sim, fará de você um vencedor, independentemente de sua condição social.

Na situação 3, vejo o caso como um pouco mais complexo, com uma conjunção de fatores podendo influenciar no comportamento da pessoa, que, nesse caso, tem sua origem mais humilde. Essas pessoas precisam de um mentor, como falei no meu capítulo anterior, até mais que recursos financeiros. Elas precisam conhecer o outro lado, precisam entender a dinâmica da vida, e entender que se esforçar e acreditar que seu trabalho vale a pena. Persistir sempre e ter ideia de que sua jornada será longa, e seu sucesso será alcançado, dentro do possível, não se esquecendo, cabe aqui lembrar mais uma vez, que o "sucesso é relativo".

Portanto, podemos afirmar que vencer na escala meritocrática é desafiador, mas traz inúmeros benefícios. Vencer é bom, mas é trabalhoso, por ser trabalhoso, muitos preferem invejar, outros, lamentar-se, ou mesmo desistir, pois é bem mais fácil arrumar desculpas para servir de narrativa contra seu insucesso.

17.2 A percepção dos menos favorecidos sobre meritocracia e como políticos se aproveitam

Na quarta parte do nosso livro intitulado **Como vencer barreiras e alcançar o sucesso – O tripé do sucesso: *mindset*, garra e resiliência,** falamos das habilidades que devemos desenvolver para alcançar o sucesso por meio da meritocracia. No entanto, nem sempre as pessoas têm um mínimo de conhecimento de que é necessário desenvolver essas habilidades para obter sucesso na vida, e em muitos casos, podemos observar que não existe vontade de alguns setores de nossa sociedade para que esse conhecimento seja difundido. Portanto, neste capítulo, decidi falar um pouco da percepção dos menos favorecidos sobre a meritocracia, dado que existem muitas críticas em sua grande maioria explorando o tema meritocracia como algo ruim para a sociedade. Além dos críticos que existem na academia e na mídia, também existem políticos com interesse de que a narrativa na qual a meritocracia é descrita como algo ruim para sociedade seja difundida. Dessa forma, os políticos usufruem dessa narrativa em benefício próprio, pois criam a ideia de que é fundamentalmente importante sua ajuda para que as pessoas consigam sobreviver, ao passo que a meritocracia prega o esforço pessoal, a resiliência e a garra para que obtenhamos o sucesso.

No entanto, essa desinformação sobre a meritocracia *per si* pode trazer uma falsa impressão sobre a importância do conceito meritocrático no desenvolvimento das pessoas, principalmente para aqueles menos favorecidos, que dadas as circunstâncias em que vivem, acabam desacreditando de seu potencial para reverter a situação em que se encontram, ou seja, no esforço que deve ser feito para obter sucesso e, então, acabam caindo na narrativa que somente as pessoas mais abastadas se aproveitam do conceito meritocrático.

Quero chamar atenção para esse fato que ocorre com muita frequência em nossa sociedade e é cada vez mais difundido por vários setores. Reafirmo nesta obra a importância de definirmos conceitos mais profundos do que é a meritocracia e, dessa forma, difundirmos essas ideias na sociedade. Como mostro ao longo deste livro, é preciso, sim, criar uma estratégia para se obter sucesso pela escala meritocrática e, assim, pararmos apenas de falar em esforço pessoal como forma de vencer na vida, pois se não entendermos como funciona "esse jogo da meritocracia", existirá uma grande chance de nos esforçarmos e não obtermos êxito, ou, ainda, no caso de haver uma demora maior para melhorarmos, que as pessoas acabam desistindo, criando assim um campo fértil para lamúrias e desculpas por não atingimento dos objetivos, quando, na realidade, a questão é apenas de definição de uma estratégia vencedora. Assim, quando não há esse entendimento maior, acaba dando espaço para entendimentos incorretos sobre a meritocracia.

Dessa forma, para começarmos a desmistificar essa ideia, apresento aqui uma breve análise de um projeto de pesquisa conduzido pelo professor Frederick Solt, da Universidade de Iowa, sob o título *Desigualdade econômica e crença na meritocracia nos Estados Unidos*, onde, através de estudos feitos com uma amostra maior de pessoas entrevistadas e mais representativa, aliada ao emprego de complexos modelos estatísticos, o professor Frederick Solt examinou como os contextos locais nos EUA interferem na capacidade das pessoas acreditarem ser possível progredir se estiverem dispostas a trabalhar duro. Solt et al. (2016) mostra, como resultado de sua pesquisa, a indicação de que os indivíduos de baixa renda têm menor probabilidade de rejeitar o ideal meritocrático onde a desigualdade econômica é maior.

O contexto atual

O tema desigualdade vem ganhando relevância em todos os meios de comunicação. Acadêmicos, imprensa e até grandes empresários e alguns investidores do mercado financeiro adotaram que algo deve ser feito para reduzirmos as desigualdades no mundo. Deveríamos começar explicando o que é meritocracia e como utilizar os conceitos meritocráticos e obter sucesso num mundo desigual.

Porém, nada é feito para conscientizarmos as pessoas do que realmente é necessário fazer para obter sucesso e sair da situação em que estão. Lembrem-se de que falo neste livro que nem sempre o dinheiro é fundamental, mas o aconselhamento para explicar o "jogo meritocrático" e como devemos agir para obter sucesso. Nada melhor para reduzir a desigualdade do que proporcionar melhores condições para que as pessoas cresçam na vida.

Meritocracia é tema de várias pesquisas, e uma delas conduzida por Newman, Johnston e Lown, Newman et al. (2015 a), que estuda como um ambiente de desigualdade de renda, no qual vivem as pessoas, pode afetar a sua crença na meritocracia e a capacidade que essas têm de progredir por meio do trabalho árduo. Sua conclusão é que, de acordo com a exposição a níveis mais altos de desigualdade de renda local, leva as pessoas de renda mais baixa a terem maior inclinação a rejeitar a meritocracia.

No entanto, o estudo de Solt et al. (2016) mostra que a conclusão do trabalho de Newman et al. (2015 a) não é apoiada pelos resultados relatados pelo próprio estudo. Logo, Solt et al. (2016) demonstra posteriormente, em uma nova pesquisa, com maior número de amostras, que, na realidade, ocorre o oposto do que Newman et al. (2015 a) afirmava. De acordo com a teoria de Solt et al. (2016), as pessoas de renda mais baixa, em ambientes de maior desigualdade, tendem a acreditar que as pessoas podem progredir, caso estejam dispostas a trabalhar arduamente.

Após analisar a pesquisa de Solt et al., chegamos à conclusão de que existem interessados em difundir a teoria de Newman et al. (2015 a), pois lhes traz benefícios. Para melhor entendermos essa situação, entro em mais detalhes sobre a pesquisa de Newman et al. (2015 a) que deu origem à teoria do conflito e à teoria do poder relativo (Goodin & Dryzek, 1980).

As teorias existentes

Pesquisas sobre meritocracia foram desenvolvidas por diversos pesquisadores. Muitos debates e conclusões foram escritos. Podemos notar que muitas dessas conclusões serviram de base para a disseminação de que o conceito meritocrático é um mito, é injusto, favorece os ricos, e que os pobres devem rejeitá-lo. Esse ponto é muito explorado ainda hoje por "várias ideologias", de uma forma geral, e por governos como forma de alterar a percepção sobre esse conceito entre os mais pobres, para assim atingirem seus objetivos políticos. Dentro desse conceito, Newman et al. (2015 a), pesquisador que deu origem à teoria do conflito, e Goodin & Dryzek (1980), que deu origem à teoria do poder relativo, são os que mais contribuíram para essa afirmação sobre a rejeição dos menos favorecidos à meritocracia.

Por outro lado, como já descrito acima, a teoria de Solt et al. (2016) mostra, como resultado de sua pesquisa, a indicação de que os indivíduos de baixa renda têm menor probabilidade de rejeitar o ideal meritocrático onde a desigualdade econômica é maior, ou seja, essa teoria vai contra o que é apresentado pelas teorias do conflito e da relatividade que descrevemos a seguir.

- Teoria do conflito — Essa teoria cria uma consciência de classes. Essa consciência, por sua vez, aumenta a demanda por redistribuição. Já as pessoas de renda mais alta em contextos de grande desigualdade, de forma contrária, devem evitar a culpa e, ao mesmo tempo, proteger seus privilégios, tornando-se ainda mais propensas a acreditar na importância do esforço individual para o atingimento do sucesso financeiro.

- Teoria do poder relativo — Essa teoria tem em seu princípio a ideia de que o recurso financeiro é um recurso político, ou seja, que ele pode ser usado para influenciar outras pessoas. Dessa forma, a teoria tem por base que, onde os ricos são mais ricos em relação aos pobres, consequentemente eles serão mais poderosos em relação aos pobres (Goodin e Dryzek, 1980). Em relação ao conceito meritocrático, essa teoria afirma que o maior desequilíbrio de poder, que resulta de níveis mais altos de desigualdade econômica, faz com que as pessoas de renda mais alta tenham mais recursos para difundir suas ideias na esfera pública, ao mesmo tempo em que privam pessoas mais pobres dos recursos necessários para que resistam às ideias dos mais abastados. Esse fato gera nos mais pobres "uma maior suscetibilidade à internalização dos valores, crenças ou regras do jogo dos poderosos como uma resposta adaptativa adicional, ou seja, como um meio de se adaptar a essas regras do jogo, fazendo com que os menos abastados se sintam numa situação a qual seja um meio de escapar da sensação subjetiva de impotência" (Gaventa, 1980).

A interferência política

Sabemos que as discussões acerca do tema meritocracia entram muito frequentemente em terreno político e ideológico, onde os críticos se apegam sempre à questão das desigualdades e ao que tange à questão de pontos de partida diferentes. Enfim, no meu entender, uma visão simplória do tema. No entanto, quando buscamos estudá-lo mais, vemos que existem estudos mostrando o porquê da tendência à criação da narrativa pejorativa sobre meritocracia.

Os resultados das pesquisas têm implicações políticas importantes. Para os defensores de políticas de redistribuição, se a teoria do conflito ou a teoria do poder relativo descrevem melhor a realidade política, a narrativa de que o esforço necessário para reverter a tendência de décadas de aumento da desigualdade de renda nos EUA ganha mais importância.

No entanto, caso os resultados da pesquisa de Newman et al. (2015 a) sobre a teoria do conflito fossem sólidos, e comprovados estatisticamente, os defensores de uma maior redistribuição poderiam se tornar mais tolerantes, pois ficariam mais confiantes de que, ao ativar o conflito entre classes, níveis mais altos de desigualdade forneceriam mais ou menos automaticamente os votos necessários para que suas políticas mais populistas continuassem a ser implementadas.

Todavia, os resultados de Solt et al. (2016) mostram que a estrutura social atual não vai se tornar mais fraca pelo motivo da teoria do conflito. O fato de os indivíduos de baixa renda, que vivem em localidades com níveis mais altos de desigualdade de renda, tenderem a ser menos propensos a não acreditar no conceito meritocrático, que é a ideologia que sustenta o status quo, significa que, se ocorrer uma mudança na mentalidade das pessoas, só ocorrerá se houver um esforço conjunto, ou um trabalho difícil de organização e mobilização daqueles que criaram a narrativa de que a meritocracia é ruim e a teoria do conflito explica a situação dos menos abastados.

Conforme podemos observar, existe uma grande tendência à maioria dos governantes de não promover uma ideia real do que é o processo meritocrático. Na minha visão, algo que não é difícil de se conseguir por conta da quantidade de opiniões contrárias a esse processo, porém, cabe a nós, sociedade, trazer uma visão melhor de todo o processo meritocrático, ensinando inclusive às pessoas como devem agir para subir nessa escala. Dessa forma, estaremos investindo para que tenhamos uma sociedade mais equilibrada, onde todos tenham o direito de alcançar melhores condições de vida. Cabe ressaltar o que quero dizer sobre melhores condições de vida: que as pessoas possam subir na escala meritocrática, lembrando sempre que tanto a meritocracia quanto o sucesso ou fracasso são processos relativos, conforme debato exaustivamente neste livro, assim podemos afirmar que o importante é atingirmos nossos objetivos.

5ª PARTE

Você é um produto, faça com que você seja desejado

Você já parou para pensar que para obtermos sucesso e crescermos através da meritocracia deveremos ter em mente que somos um "produto"? Sim, um produto, como, por exemplo, um novo modelo de iPhone e todas as suas novas propriedades que possibilitam fazer diversas coisas e facilitam o seu dia a dia. Pois bem, esse é que deve ser sempre seu pensamento: O que devo fazer para me tornar um produto? Nesse capítulo falaremos de alguns pontos importantes para que você se torne um produto. Mas nunca se esqueça de que você, como produto, deve ter qualidades sólidas, e não apenas ter um discurso que mostre algo que não é, nem uma máscara para esconder qualquer problema que porventura venha a ter. Seu foco, portanto, é se transformar em um produto que seja cobiçado e tenha alguma vantagem competitiva.

Como um produto devemos sempre buscar a inovação (principalmente por meio do aprendizado contínuo), buscar ser exclusivo em nossas atitudes e serviços prestados e estar sempre imaginando uma forma de solucionar problemas, seja da sociedade, da empresa em que você trabalha, ou de uma empresa que você próprio criou. Devemos criar nossa **"marca pessoal"**.

Como um produto, devemos ter nossos canais de distribuição. Não sob a forma de uma loja própria de varejo, e-commerce, ou atacado, mas através de seu **"networking"**, que deve ser criado estrategicamente para facilitar o atingimento de seus objetivos. Seu networking fará a distribuição de você como produto a pessoas interessadas em suas qualidades, suas competências.

Como um produto, devemos estar na mídia para vender. Não exatamente da mesma forma que uma propaganda de uma marca esportiva faz no intervalo de um jogo de futebol, porém devemos estar expostos, aparecer para outras pessoas e empresas. Nesse ponto, cabe uma ressalva, devemos aparecer, em geral, para pessoas e empresas que estejam em nosso foco, que façam sentido para nosso desenvolvimento. Não que não possamos aparecer para outras pessoas e empresas que não sejam nosso objetivo, mas, primeiramente, o ideal é gastar energia com o que poderia nos alavancar. Quando não aparecemos, não somos lembrados, sempre ouvi isso no dia a dia das empresas pelas quais passei. Mas, com certeza, faz todo sentido, e é tão importante que neste livro falo no Capítulo 3 sobre dois temas: a) Seja visto pelo líder de seu líder direto; b) Ninguém o remunera por seu valor, e sim por quanto eles acham que você vale. Ou seja, como um produto, precisamos saber nos vender bem!!! E para vender bem devemos ter uma **"marca pessoal"** forte e **"networking"**.

Nessa parte de nosso livro, falaremos sobre alguns pontos importantes para que você crie uma estratégia visando se tornar um produto de qualidade e demandado por consumidores. Dessa forma, você poderá se transformar num campeão de vendas.

18

Desenvolvendo a carreira através da meritocracia

Explicamos aqui neste livro, que, ao contrário do que alguns defendem, a meritocracia não é um mito. Ela existe e ela é justa. Conforme definimos anteriormente, minha visão de meritocracia é a de que ela é justa e relativa. Para subirmos em sua escala, necessitamos ter um comportamento que nos leve a determinado patamar dependendo de n variáveis.

Neste capítulo, falaremos sobre "networking" e "marca pessoal", ambos os temas de vital importância para nosso desenvolvimento, na realidade, vou mais além para afirmar que, sem eles, é praticamente impossível chegarmos ao sucesso. Vencer na escala meritocrática não é tarefa fácil de forma alguma, mas necessária, caso você queira atingir seus objetivos.

A primeira tarefa que devemos cumprir para subirmos na escala meritocrática é fazer interações sociais (networking). Aqui enfatizo que necessitamos fazer, no entanto, saber fazer não é algo trivial, nada é simples, exige esforço e resiliência. Muitos não sabem como fazê-lo, outros não gostam de fazer, outros, ainda que gostem, acham-se inferiorizados quando têm que lidar com pessoas que estejam em um nível superior ao seu. Existem também aqueles que gostam de fazer essas interações, mas, ao tentarem fazer, não obtêm êxito e, portanto, acabam desistindo. Todos esses fatores podem acabar prejudicando sua escalada para o sucesso.

A segunda tarefa é construir sua "marca pessoal". Durante toda a sua vida, para que obtenha sucesso profissional e pessoal, você depende de persuadir as pessoas a enxergarem seu valor. Isso faz parte de uma rotina para aqueles que desejem alcançar promoções em seus empregos, ou quando se está tentando conseguir um emprego desejado. Lembre-se sempre de que você é um produto, logo, um produto deve ter sua marca, desenvolvê-la e divulgá-la.

Cabe ressaltar que você está seguindo um modelo meritocrático, onde grande parte dos autores dizem que, com seu esforço, você chegará ao sucesso, mas a esse esforço devem ser adicionadas outras atitudes, para que você alcance o sucesso.

18.1 Sua carreira é um negócio. Aprenda a gerenciá-la

O seu desenvolvimento profissional está atrelado à sua possível condição financeira no futuro. Portanto, sua carreira deve ser gerida como um negócio. Você não precisa ser um empreendedor, ou ter uma empresa para achar que sua carreira é um negócio. Você deve entender que independentemente de sua opção de trabalhar empregado em alguma empresa, ou ser um profissional liberal, ou ter uma empresa própria, todas as formas de você construir sua carreira são um negócio à parte, e ele deve ser planejado, analisado, verificado seu retorno, que tanto deve ser o retorno financeiro quanto o retorno de sua satisfação pessoal.

No início de nossas vidas, a escolha de uma carreira parece simples. Para alguns realmente é, pois, desde crianças algumas pessoas já têm o dom de seguir por determinado caminho, outros nem tanto, demoram um pouco até acharem realmente o caminho a seguir, outro grupo permanece por anos "vagando" sem saber o que fazer. Tenho o exemplo dessa situação dentro de casa: minha filha desde criança quis ser arquiteta e, em idade adulta, cursou arquitetura; para meu filho, precisei de ajuda de uma psicóloga para entender o que ele queria cursar e, mesmo assim, começou a estudar relações internacionais e, após um semestre, passou a cursar administração de empresas. Meu filho tem um amigo que queria ser um *chef* e seguir em nutrição, depois quis ser engenheiro e passou para a faculdade de engenharia, largou para fazer economia, e agora, após um semestre, vai cursar arquitetura. Bem, no primeiro e no segundo caso, que falo de minha filha e meu filho, são situações normais, no entanto, o terceiro caso é algo preocupante. A não definição do caminho a seguir ainda jovem trará consequências e, possivelmente, não o levará ao sucesso. Portanto, nesses momentos a ajuda dos pais é fundamental, contudo, muitos pais, às vezes, não ajudam seus filhos e, nesse caso, a situação tende a piorar, essas pessoas precisam de uma mentoria. Às vezes, como professor, você detecta esse problema e tenta ajudar, mas nem sempre esse fato acontecerá com todos os jovens. Assim, é importante divulgarmos cada vez mais esse tema para que os jovens tomem consciência da importância dessa escolha. As escolas deveriam ter uma matéria para que os alunos ganhassem insights e assim seguissem seu caminho com mais segurança.

Após escolher a profissão, devemos pensar em como progredir dentro dela. Avaliar cenários, entender do mercado, analisar onde você poderá agregar valor e de que forma o fará de acordo com suas qualidades técnicas e pessoais. Outro ponto é saber o que essa profissão poderá te trazer de retorno financeiro, aonde você poderá chegar para que aquilo que escolheu para a sua vida lhe dê uma remuneração satisfatória em relação aos seus objetivos. Com quantas pessoas já conversei, que acabaram por cursar uma determinada profissão sem fazer essas análises e, depois de anos, mostraram-se insatisfeitas. Eu arriscaria dizer que a maioria delas tem essa opinião, além disso, mostram-se incapazes de saber como agregar valor e saber aonde elas querem chegar. Todos esses fatos acabam por não levá-las ao sucesso, e muitas acabam culpando a meritocracia, quando, na realidade, não prepararam sua carreira para ser gerenciada como um negócio.

Desenvolver uma rede de networking é fundamental, falamos desse assunto ainda neste capítulo, e de que forma construirei minha marca pessoal. Dois pontos fundamentais para desenvolvimento de sua carreira.

Nunca parem de aprender, lembrem-se de que as empresas para se perpetuarem necessitam sempre estar inovando, pois, sem inovação, tornam-se obsoletas. Da mesma forma acontece com nossas carreiras, pois, sem atualização contínua, nós nos tornamos obsoletos. Existe hoje uma expressão em inglês muito usada pelos coaches, mentores e acadêmicos — *Lifelong Learning* — que significa "o aprender ao longo da vida". Ela também pode ser entendida como a lógica de nunca ser tarde ou cedo demais para aprender algo novo.

Para aqueles que já estão dentro do jogo, ou seja, já são profissionais e querem se desenvolver e crescer por meio da escala meritocrática, aí vai um conselho: "Nunca é tarde para você alcançar seus objetivos". Basta seguir a cartilha aqui descrita. Claro que, dependendo de sua idade e de seu conhecimento, existe uma chance de você não conseguir atingir seus sonhos de quando era jovem, no entanto, é possível, sim, progredir. E lembre-se de que seu sucesso é relativo!!

Assim como quando você vai a um restaurante de sua preferência, você procura primeiramente pelo produto, ou seja, a comida deve ser de boa qualidade para te agradar e te dar prazer de comer. Fazendo uma analogia com sua carreira, eu diria que aqui entram suas competências técnicas: estas devem ser bem desenvolvidas e de qualidade, para que você mostre seu valor e obtenha o sucesso desejado em sua carreira.

O segundo ponto que você considera quando vai ao restaurante de sua preferência é o atendimento, ser bem atendido pelos garçons e pelo *maitre* faz toda a diferença, pois mesmo que a comida seja boa, se o atendimento for ruim, tendemos a nunca mais querer ir a esse restaurante. Da mesma forma faço uma analogia com sua carreira, ou seja, não adianta ser o "the best" tecnicamente falando se você não possui *soft skills* — capacidade de negociação, fácil comunicação, consegue desenvolver boas relações interpessoais, ser resiliente etc. — você não conseguirá se desenvolver e ser promovido. Assim como o restaurante que tem produto bom e péssimos atendentes perderá sua freguesia.

Conforme descrito antes, a administração de sua carreira segue padrões que se equiparam ao gerenciamento de uma empresa; portanto, trate sua carreira como se você estivesse gerenciando uma. Com certeza, agindo dessa forma, você conseguirá subir na escada da meritocracia.

19

Branding pessoal, aqui começa o seu sucesso

Começo esta parte do livro falando que devemos ter em mente que, para obter sucesso e subir na escala meritocrática, devemos nos considerar um produto. Para seguirmos dentro desse assunto, devemos entender um pouco de como ocorre a criação de uma marca. Claro que essa criação é algo complexo, e, para entrarmos nesse assunto em profundidade, deveria escrever um outro livro, porém, aqui descrevo, em algumas palavras, um resumo da essência do processo de construção de uma marca. Essa é a ideia principal, fazer o leitor entender a importância da sua marca pessoal para que seja criado um produto de sucesso.

Podemos afirmar que qualquer produto que vende muito e é unanimidade em sua categoria tem como característica uma marca forte. Diversas estratégias são adotadas para que o produto seja vendável. Dentre elas, destacamos a estratégia de preço, que tem relação com o objetivo de volume de vendas e lucratividade. Mas para que qualquer estratégia de preço obtenha êxito, a construção da marca do seu produto é fundamental. Queremos um produto que tenha como característica baixo preço para atingir grandes volumes de venda, ou um produto de luxo que tenha altas margens, mas preze pela exclusividade e raridade para atingir um público de alta renda? Portanto, a criação da marca deverá ser em linha com os objetivos de venda do produto, seja em relação a seu preço, ou a que público se destina. Com vários anos trabalhando no varejo como CFO, tive a oportunidade de presenciar estratégias criadas de forma errada em relação a preço x marca x público-alvo, fazendo com que algumas empresas fossem à falência.

Dito isso, vamos falar sobre a necessidade de criarmos nossa marca para obtermos sucesso. Em princípio, gostaria de enfatizar que tudo que acabamos de escrever serve para você, como pessoa, criar sua marca e ser um sucesso de "vendas". Portanto, a marca pessoal na atualidade deixou de ser associada apenas a celebridades e executivos, e passou a ser mandatória para os demais cargos de uma empresa, estudantes de universidades e pessoas em início de carreira (Zabojnik, 2018), para aqueles que desejam se desenvolver e crescer na escala meritocrática. Em seu artigo, Rastislav Zabojnik cita Kaputa (2011), onde ele fala sobre a importância da criação de sua marca pessoal, onde o nome, a identidade e a imagem da pessoa estão em jogo. É essa criação de marca que o fará se diferenciar da concorrência, fazendo com que essa imagem passe uma mensagem para o seu público-alvo. Segundo Kaputa (2011), para se obter sucesso, é mandatório criarmos estados mentais positivos em outras pessoas, pois essa aprovação externa é extremamente relevante para se obter uma marca pessoal forte. Em resumo, podemos afirmar que, seu sucesso dependerá de fazer com que os outros reconheçam seu valor. E sua marca deverá passar essa mensagem para seu público-alvo.

Não confunda marca pessoal com reputação

Outro dia, praticando minha rotina física matinal, onde apuro minha forma física e fomento minha criatividade, veio-me à mente o seguinte pensamento: a marca pessoal de uma pessoa é a sua reputação pessoal? Quando pensei sobre esse tema, pesquisei para entender se meu pensamento fazia sentido.

Aqui, abro um parêntese para falar sobre esse meu comportamento de pesquisar sobre diversos temas. Eu diria que adquiri essa prática por cursar um doutorado por sete anos, no qual, logo no início, quando cursava uma matéria do curso e tive que fazer uma apresentação, falei assim: "Eu acho"... e logo fui repreendido pelo professor que ministrava a matéria, um senhor PhD canadense: "Você não acha nada, você não pesquisou sobre o assunto, portanto sua opinião sem embasamento teórico não vale nada". Esse momento nunca mais saiu da minha cabeça e, desde então, antes de emitir uma opinião, procuro sempre pesquisar sobre o tema, para defender melhor meu ponto de vista. Fica aqui a dica, que considero importante, e recomendo seguir essa dica, pois será bastante útil no desenvolvimento de sua carreira.

Voltando ao nosso assunto sobre a marca pessoal ser igual à reputação, fui pesquisar e encontrei na literatura farto material sobre o tema, onde vários pesquisadores, e também Banet-Weiser (2012), falam sobre esse tema (marca pessoal x reputação) mostrando as características de cada um e apontando alguns aspectos que os diferenciam. O primeiro deles diz respeito ao fato de que a reputação pessoal não possui relação com os princípios de marketing e sua marca pessoal. A reputação tem a ver com a relação que existe entre um bom trabalho frequentemente realizado e a experiência pessoal criada para seus consumidores. A reputação é percebida como um consenso social que considera a ação de um indivíduo. O resultado da criação da reputação de um indivíduo é o seu reconhecimento social positivo em relação às suas atividades profissionais e pessoais no ambiente de trabalho ou num contexto social mais amplo.

Com relação à marca pessoal, podemos considerar que, a criação dessa, tem seus pilares baseados em conceitos de marketing. Essas estratégias de marketing ajudam a transformar paulatinamente a imagem de um indivíduo e a aplicá-la para fomentar seu desenvolvimento profissional. Essa estratégia se baseia em sua apresentação pessoal, por exemplo, em fotos, web design, estilo de comunicação em mídias sociais ou mídias tradicionais, de modo que tudo funcione de forma consistente, compreensível e coerente (Vlach, 2017).

A marca pessoal, segundo Vlach (2017), é caracterizada pelos três atributos a seguir:

- Clareza: A marca pessoal deve ter clareza, e precisa transmitir uma mensagem clara, sobre a visão, missão e valores.
- Exclusividade: Uma marca forte tem a ver com exclusividade, originalidade. Devemos expressar a singularidade individual e identificar nossa vantagem competitiva.
- Finalidade: Para termos uma marca pessoal de sucesso, devemos ter um objetivo definido, e todas as ações tomadas para desenvolvê-la devem permanecer consistentes nas plataformas privadas e profissionais.

Podemos concluir que a marca pessoal engloba não somente nossas habilidades mensuráveis, mas também fala muito da parte subjetiva de nossa personalidade e de como nos posicionamos perante nosso público-alvo.

19.1 Criando sua marca pessoal

O objetivo de criarmos uma marca pessoal forte e bem gerenciada é de obter um aumento de visibilidade perante as pessoas que têm importância para sua vida pessoal e profissional referente a todos os objetivos que você deseja realizar. A marca pessoal ajuda você a criar um bom networking, com consequente atração de novas oportunidades.

Para que você crie uma marca pessoal, você deve seguir alguns protocolos. Como falei anteriormente, este livro não vai efetivamente gerar um conhecimento profundo em como deve ser a rotina para você criar sua marca pessoal, mas vamos dar várias dicas de como você poderá montar uma estratégia para construir uma marca forte. Cabe ressaltar que uma marca pessoal é construída ao longo de um certo tempo; poderia dizer que existe um tempo de maturação, portanto é importante enfatizar que devemos ter persistência e resiliência para criarmos nossa marca pessoal. Mas, ao longo do tempo, seus resultados são promissores.

O processo de criação de sua marca em sete etapas

Após inúmeras pesquisas pude concluir que não existe uma receita de bolo sobre como criar uma marca pessoal, o que existe são direcionamentos para criação de estratégias e processos os quais as pessoas devem seguir para que construam essa marca. Dentro dessa análise, pude perceber também que existem alguns pontos em comum, dentre várias estratégias, mas que são abordados de forma um pouco diferente, no entanto, o objetivo segue sendo comum a todas as hipóteses.

No meu caso específico, sempre procurei construir uma marca pessoal com ênfase no meu conhecimento, que não somente englobava os conhecimentos técnicos de minha profissão, mas também o desenvolvimento de minhas *soft skills*, negociação, relacionamento interpessoal, resiliência, capacidade de resolução de problemas. Posso afirmar que ter um bom relacionamento interpessoal faz toda a diferença, pois ele cria condições de incremento de seu networking e você cria também replicadores de sua marca pessoal.

Claro que sempre tive objetivos bem definidos, mas, no meu caso específico, minha vida me levou algumas vezes para outros rumos, e precisei ajustar esses objetivos, mas, na essência, minhas decisões de construção de marca se pautavam no desenvolvimento do conhecimento, networking, capacidade de interação social e na aprendizagem contínua, pois sempre devemos estar atualizados; com certeza esse detalhe faz toda a diferença na manutenção de uma marca forte. Também no meu caso específico no passado, que compreende o início de minha carreira lá pela década de 1980, não tínhamos muito essa percepção. Portanto, continuo em busca de atualização contínua para que minha marca permaneça forte e, para isso, estou sempre em busca de novas pesquisas que mostrem novas estratégias para a construção e manutenção dessa marca. Fazer ajustes é sempre necessário.

As pessoas, de uma forma geral, têm uma marca pessoal, no entanto, muitas não têm a exata percepção do que significa ter uma marca pessoal, nem a utilizam de forma adequada. É preciso ter conhecimento de alguns conceitos de marketing, como construção de imagem, promoção de venda de produtos e serviços, potencial de receita etc., assim você poderá criar uma marca autêntica de forma que reflita as reais características de seu portador. Essa marca deve se basear na sua identidade pessoal, sua missão e valores de vida e nas suas vantagens competitivas. Com esses atributos bem definidos, você terá uma marca pessoal forte no longo prazo. Essa marca também deverá atender às demandas do mercado e aos objetivos pessoais do seu usuário que o levem ao sucesso.

Seguindo com minhas pesquisas sobre marca pessoal, tive acesso a um artigo publicado na revista *Harvard Business Review* (Avery e Greenwald, 2023) que fala das sete etapas para se construir uma marca pessoal. Gosto bastante de sua abordagem, dessa forma discuto sobre algumas ideias descritas nesse artigo para nosso livro, como forma de enriquecer nosso conteúdo.

Segundo Avery e Greenwald (2023), as sete etapas são:

1. **Defina primeiramente um objetivo.**
   Primeiramente, defina sua missão e visão de longo prazo, e como você gostaria de se diferenciar perante um público de seu interesse, na sua vida pessoal e profissional, quais valores você gostaria de incorporar à sua marca pessoal ao tomar suas decisões.

   Faça uma reflexão sobre o que você possui em termos de experiências, tomadas de decisões passadas, quais foram suas conquistas, seus interesses, traços de caráter e como você poderia fazer a diferença para outras pessoas. Pense de que forma essas qualidades se conectam com sua missão, o que você gosta realmente de fazer, e crie uma proposta de valor pessoal, baseada em três pilares: qual será seu público-alvo, o que você tem a oferecer e qual sua vantagem competitiva.

2. **Faça um mapeamento do conteúdo de sua marca pessoal.**
   Você precisa identificar e fazer uma análise das características de sua marca pessoal na atualidade, para então aperfeiçoá-la e colocá-la de acordo com seus objetivos pessoais e profissionais.

   Primeiramente, faça uma autoanálise do que as pessoas sabem sobre você, quais os pensamentos, atitudes e o que falam a seu respeito. Após esse passo, faça uma lista de suas credenciais, como: formação, experiência profissional ou pessoal e quais suas realizações. Em seguida, descreva suas conexões sociais e relacionamentos em vários grupos e organizações de seu interesse. Essa atitude facilitará uma avaliação do seu nível atual de capital social, de forma a compreendê-lo e utilizá-lo de maneira eficaz. Nessa lista, apresente seu capital cultural — a experiência que você desenvolveu por meio de sua educação, interações sociais, quais seus principais hobbies que lhe permitem conduzir sua vida em diferentes ambientes, ou seja, mostre sua flexibilidade.

Em seguida, faça uma lista de adjetivos ou frases descritivas que você acha que exprimam sua verdadeira personalidade, incluindo os pontos positivos e os pontos negativos. Verifique, ao final, se sua autoavaliação está em linha com a identidade de marca de seu desejo. Por exemplo, se a sua proposta de valor pessoal tem como base sua forte capacidade de liderança, você deverá ter palavras te descrevendo, como: influente, empático e orientado para resultados. Até que ponto você está exibindo e mostrando esses atributos?

Em segundo lugar, para que você consiga ter uma ideia bem próxima à realidade, faça uma pesquisa para descobrir se a sua imagem soa verdadeira para os outros. Escolha, primeiramente, pessoas "mais próximas", como colegas, chefes, professores, família, amigos, parceiros românticos; dentro desses grupos selecione aqueles que, com certeza, dirão verdades, para lhe dar um feedback objetivo. Faça essa pesquisa também com quem mal o conheça e pessoas que o tenham rejeitado (por exemplo, em um emprego ou em um encontro). Essa pesquisa deverá ser composta por perguntas abertas que estabeleçam relação com as suas qualidades, caráter, jeito de agir, em relação a seus pontos fortes e pontos fracos. Após conseguir os dados da entrevista, compare as opiniões deles com as suas. Veja se estão alinhadas com sua percepção ou não. Analise os *gaps* entre opiniões e veja como poderá preenchê-los.

Por fim, avalie suas características em relação à "concorrência". Comece fazendo uma lista do que seus concorrentes possuem em relação às suas habilidades, credenciais, capital social, capital cultural e traços de personalidade. Quais suas vantagens competitivas após essa análise? E, após o término dessa análise, enumere o que está faltando em seu portfólio, e foque esses aspectos, pois são esses que você precisa trabalhar para aprimorar.

3. **Crie uma história sobre você.**
Uma marca tem em sua concepção uma história envolvida. A criação de uma história para a marca é tão importante que poderá fazer a diferença entre seu sucesso ou seu fracasso. Portanto, você precisa identificar, criar e refinar as histórias que traduzam o conceito de sua marca. Pense nos momentos de sua vida nos quais você se destacou das outras pessoas, ou momentos de felicidade por ter atingido objetivos, ou ainda momentos nos quais, através de sua criatividade, solucionou problemas difíceis. Resumindo, podemos dizer que: pense nos momentos em que a sua singularidade fez a diferença entre o sucesso e o fracasso e, efetivamente, incorporou os conceitos da marca que você gostaria de ser.

   Por exemplo, quando em uma entrevista de emprego para a área financeira, um entrevistador me pergunta sobre minha carreira, como comecei na área financeira, não cito apenas lugares onde trabalhei desde meu primeiro emprego, em vez disso, começo falando do porquê gostava de trabalhar com finanças desde criança, quando ajudava meu pai diariamente no fechamento dos controles financeiros de seu negócio, na época, um posto de gasolina e, a partir daí, conto uma história sobre minha vida/carreira. Quando agimos dessa forma, as informações ficam memorizadas com mais facilidade na mente dos entrevistadores. Portanto, sua proposta de valor pessoal ganha ênfase, pois quando transmitida por meio de uma narrativa, fica mais memorável e persuasiva na mente de seu interlocutor.

4. **Incorpore sua marca.**
Em minha opinião, antes de começarmos a falar sobre a importância de se incorporar a marca, é necessário frisar que, quando construímos uma marca própria, ela deve ser autêntica. Ou seja, devemos mostrar para as pessoas o que realmente somos, e sentimos. Devemos acreditar e ter certeza de que somos aquilo que mostramos ser, e se porventura nos falta alguma qualidade que achamos que devemos possuir, devemos primeiramente nos desenvolver para chegar ao nível ótimo.

   Portanto, cada interação social pode fazer com que sua marca pessoal se aproxime ou se afaste de seu ideal. Em conversas do dia a dia, seja em uma festa, ou em entrevistas de emprego, as pessoas estão formando opiniões a respeito de seu pessoal; consciente ou inconscientemente, você está fazendo marketing pessoal. Ter em mente o impacto de sua mensagem nas pessoas é fundamental.

Por exemplo, caso uma pessoa te pergunte onde você está trabalhando e você responder que o trabalho é muito estressante, você sofre muita pressão, o escritório é longe de casa, preferiria estar trabalhando de home office, você acaba passando uma mensagem negativa e perdendo a oportunidade de reforçar aspectos atraentes da sua marca. Tente em vez disso passar uma mensagem positiva, como, por exemplo: "Hoje estou trabalhando na empresa XPTO, mas estou à procura de novos desafios, pois sou uma pessoa que está sempre se atualizando no mercado e quer se desenvolver na carreira". Dessa forma passa uma mensagem positiva de você e de seu momento, o seu objetivo maior, e mostra que tem capacidade para alçar novos voos, seu desejo de aprender coisas novas e conquistar seus objetivos.

5. **Comunique a história de sua marca.**
A propaganda é a "alma" do negócio, já dizia o velho ditado. Dessa forma, é importante você criar um "plano de mídia", no qual você descreverá quais canais de mídia você utilizará para divulgar sua marca de acordo com seu público-alvo.

Quando usar as mídias escolhidas, seja objetivo em suas mensagens e passe confiança, nunca esquecendo que sua imagem deve ser realmente traduzida no que você tem a oferecer a seu público, confiança também é a "alma do negócio". Divulgue suas histórias, descreva o que o torna valioso — e mostre às pessoas situações nas quais sua capacidade poderá ajudar a criar valor —, esse detalhe é fundamental para o seu sucesso.

Utilize as mídias sociais, como sites profissionais e pessoais, e o público orgânico gerado por qualquer conteúdo que você produza, como podcasts, vídeos, blogs, livros, discursos e artigos em publicações. Você poderá utilizar também a mídia paga, para aumentar a divulgação de sua marca no mercado, isso inclui todas as formas pelas quais você aumenta sua exposição, pagando a terceiros com expertise no assunto e conhecimento do público que você queira atingir.

Não deixe de avaliar a opção de combinar diversos tipos de mídias que deseja usar e a melhor maneira de utilizar as diversas plataformas. Nunca se esqueça de adaptar suas táticas e sua história ao seu público-alvo e à forma como seu público consome mídia.

6. **Socialize sua marca.**
   Ao criar a sua marca, você precisa ter um plano para socializá-la. Ou seja, ter quem a divulgue para outras pessoas pertinentes ao seu público-alvo. Primeiramente, identifique aquelas que possam fazer esse trabalho para você, sejam pessoas de seu contato, que conhecem bem sua marca e se proponham a divulgá-la, ou ainda algum profissional que poderia ajudar nessa divulgação. Divulgar sua marca em grupos específicos também pode ser interessante, como exemplo, os grupos que existem no LinkedIn. Existem também as comunidades de marca pessoal que são grupos, clubes ou mercados online ou offline por meio dos quais você pode encontrar pessoas que compartilham dos mesmos valores que o seu ou, ainda, que busquem o valor que você pode acrescentar às suas demandas.

   Não podemos esquecer os promotores, que são pessoas que têm como objetivo facilitar o seu caminho para o sucesso, por meio da comunicação de sua marca pessoal. Esses promotores são geralmente mentores profissionais, recrutadores, chefes, amigos que compartilham os contatos deles com você e poderão te levar a entrevistas informativas.

   Outro possível divulgador de sua marca, nesse caso uma pessoa que teria o poder de trazer bastante reconhecimento, é o assessor de imprensa. Para alguns que desejam divulgar sua marca profissionalmente, esses profissionais fazem bastante sentido, pois abrirão caminho com uma mídia mais poderosa, que abrangerá maior número de pessoas e também será divulgada em veículos de comunicação que trará maior credibilidade para sua marca.

7. **Reavalie e faça os ajustes necessários em sua marca.**
   O branding pessoal deve estar sempre em reavaliação e correção de rota, pois ele é um processo contínuo. O mercado hoje é muito rápido e exige mudanças. Avaliar suas histórias se estão de acordo com seu contexto pessoal e profissional, e recriá-las, se for o caso, é mandatório. Essa reavaliação passa por uma reedição de suas pesquisas

com outras pessoas para saber a opinião sobre você. Caso haja algum ponto levantado pelas pessoas que estejam contrárias às suas expectativas, e possam prejudicar seu desenvolvimento, faça uma pausa, reavalie e encontre a solução do problema. Por exemplo, caso você tenha interesse em ser gerente de alguma empresa e as pessoas mostrarem que lhe falta capacidade de liderança, faça um curso sobre o tema, leia e pratique para que você melhore sua capacidade e, assim, possa atingir o cargo desejado.

Em princípio, todo indivíduo tem uma marca pessoal. Entretanto, nem todos têm consciência do capital da marca pessoal e não a abordam de maneira estratégica, consistente e eficiente. Nesse contexto, é necessário assumir a responsabilidade e o controle sobre o valor da marca e do nome pessoal. A maioria dos conceitos de marca se concentra em seus aspectos de marketing, como aprimoramento da imagem, promoção de vendas de produtos ou serviços, receita potencial e assim por diante.

Em suma, podemos afirmar que nunca você deverá seguir adiante sem a solução do problema detectado. O processo de branding pessoal leva tempo e é trabalhoso. No entanto, temos certeza de que um processo bem-feito e um acompanhamento eficaz possibilitará a você controlar melhor sua imagem pessoal como também o levará a obter o sucesso desejado.

20

O que você tem a agregar? Como usar o networking a seu favor

Sou bom de “papo”. Essa é a frase que algumas pessoas falam ao se referirem a uma de minhas habilidades. Na realidade, eu poderia afirmar que possuo uma facilidade para fazer interações sociais. Falando de outra forma, eu diria que tenho talento para fazer interações sociais, porém, de acordo com o que falamos no nosso livro, talento somente não é suficiente, precisamos de esforço. É claro que sigo à risca minha receita sobre talento e esforço; portanto, apesar de meu talento para desenvolver meu networking, procuro aprimorá-lo, e estou sempre praticando e fazendo novos contatos. Muitas vezes, não obtive sucesso na tentativa de fazer alguns networkings.

Lembro-me de uma vez em que fui convidado a representar a universidade, na qual era funcionário, em um grande evento onde haveria um debate com três pessoas, na época, muito conhecidas na mídia. Uma delas era minha amiga, as outras duas, era a primeira vez que teria contato. Nesse momento, pensei: “Hoje farei ótimos contatos com os destaques da mídia, pessoa A e pessoa B”. Após o evento, na esteira de conseguir novos contatos, aproximei-me de A e B, mas não obtive sucesso. Não me deram atenção, pois eu era "minúsculo" perto deles em relação a estar presente na mídia.

Após esse fato, decepcionei-me e fiquei frustrado. Tive uma excelente oportunidade de fazer crescer meu networking com pessoas importantes na mídia, e não obtive sucesso. Então fui conversar com Patrícia, minha esposa, que é uma pessoa muito observadora, e me dá boas dicas sobre várias situações vividas por mim no meu dia a dia; ela possui uma percepção sobre o comportamento das pessoas. Ouço muito seus conselhos. Dessa forma, após descrever o ocorrido, ela falou, "para fazer um networking, você precisa pensar no que você tem a agregar a essa pessoa, principalmente se essa pessoa é alguém de renome, ou está numa posição hierárquica, ou social acima de você".

Logo em seguida, passei a refletir sobre certas situações ocorridas comigo, ao longo de minha vida, e verifiquei que isso ocorria com muita frequência, o que me gerou uma certa surpresa devido ao que minha esposa falou, e sua percepção sobre esses fatos. Ocorre que as pessoas, em geral, não têm tempo para desperdiçar, e necessitam perceber que existe um link com você para que se interessem a desenvolver um contato. Dessa forma, passei então a seguir o que ela falou e a desenvolver minhas técnicas, nas quais, para conseguir um contato, eu criava alguma situação em que mostrava à pessoa que teria algo a agregar, ou teria algum link sobre um determinado tema que poderia ser um hobby, um esporte, um livro, um determinado assunto. E a estratégia passou a funcionar melhor...

20.1 Os diferentes tipos de networkers e suas estratégias

Quando falamos de networking, devemos ter em mente que nem todas as pessoas têm as mesmas habilidades de comunicação. Existem os introvertidos, os extrovertidos, aqueles que têm maior facilidade para se comunicar, aqueles que têm um grupo de amigos grande e que sabem usar essa rede de amigos a seu favor para aumentar seu networking, de acordo com suas necessidades. Devido a esses diferentes tipos de pessoas, várias estratégias foram criadas para que, independentemente de sua característica pessoal, fosse possível criar uma rede de contatos.

Recentemente, em um trabalho que estou desenvolvendo de transição de carreira, o coach pediu para eu fazer uma lista de contatos, onde deveriam estar listados, em uma linha do tempo e por grupos, pessoas que julgava ser importantes para desenvolver ou resgatar um networking, de acordo com meus objetivos. De posse dessa lista, eu começaria a traçar estratégias de como me aproximar ou reaproximar de contatos importantes, de forma a construir uma extensa rede. Enquanto fazia esse trabalho, aproveitei para ler mais sobre o tema networking, e percebi que esse era um dos caminhos que devemos usar para atingir nossos objetivos.

O fato é que podemos fazer networking em qualquer lugar. Isso ocorre devido aos produtos que criamos, seja ele um serviço ou uma atividade qualquer, ou, ainda, por termos interesses mútuos com as pessoas que são nosso objetivo de fazer networking. No entanto, é também importante nos conhecermos para melhor entendimento de como podemos desenvolver a melhor estratégia de forma a crescer nosso networking.

Segundo Marissa King, autora do livro *Social Chemistry Decoding the Patterns of Human Connection* (*Química Social Decodificando os Padrões de Conexão Humana*, King, 2022), devido a diferentes características, as pessoas são classificadas em um dos três estilos de fazer "networking", que são caracterizados por sua rede de contatos:

1. **Os expansionistas** — são pessoas extrovertidas, que podem conhecer qualquer pessoa. Os expansionistas são mestres na arte de conhecer novas pessoas e se conectar imediatamente. Essa característica faz com que essas consigam as informações relevantes que são de seu interesse, ou podem também obter acesso imediato àquelas que possuem as informações desejadas.

2. **Os corretores** — Os corretores têm como característica desenvolver networking por meio de outras pessoas, fazendo apresentações. Eles, às vezes, conhecem poucas pessoas (cinco ou seis, por exemplo), mas acabam conseguindo acesso a mais contatos através

daquelas que conhecem. Às vezes, apesar do pouco número de conhecidos, conseguem desenvolver uma boa rede de contatos.

3. **Os convenentes** — Os convenentes possuem vários amigos e são unidos entre si. Normalmente, essa grande quantidade de amigos fornece as mesmas informações que uma extensa rede de networking, e quando não possuem essas informações, acabam encontrando facilmente pessoas dispostas a ajudar.

Podemos observar que conhecer suas características é extremamente relevante quando pensamos em criar uma estratégia de networking. Pois podemos encurtar caminho e atingir nossos objetivos mais rápido. Na próxima seção, iremos abordar algumas estratégias de como nos aproximar de nosso "público-alvo" para iniciarmos o contato.

20.2 Estratégias para networking

Como falei antes, continuo pesquisando sobre o tema networking e qual não foi minha surpresa ao ler o artigo de Harvard sobre o assunto e verificar que as palavras sábias de minha esposa fazem todo o sentido — "o que você tem a me agregar", quando pensamos em fazer o networking e queremos montar uma estratégia de aproximação, são um resumo de um plano de networking bem desenhado, explicado em poucas palavras, conforme mostrava o artigo. Todas as ações o levam a criar um elo com seu interlocutor para que seja criado o networking. Vou discutir aqui, neste capítulo, alguns pontos do artigo para que possamos desenvolver um networking forte e amplo, e como devemos "regá-lo" para que ele não morra com o passar do tempo.

20.2.1 Como tornar o evento do networking uma oportunidade

Fazer networking exige o desenvolvimento de uma estratégia, na maioria das vezes. Em algumas situações, ele pode ocorrer naturalmente, até mesmo sem que você perceba.

Dentro desse contexto, também sabemos que existem pessoas introvertidas e extrovertidas. As extrovertidas tendem a ser comunicativas e têm mais facilidade de fazer networking, já as introvertidas têm maior dificuldade por conta de suas características de desenvolver interações sociais. Outras pessoas realmente não gostam de fazer networking por pura percepção de que é algo falso. Mas não podemos abrir mão dele. Fazer networking é fundamental para obtermos sucesso e ascender na vida. Portanto, para aqueles que têm maior dificuldade ou não gostam do evento de fazer networking, vamos apresentar estratégias possíveis de serem implementadas, onde pessoas com essas características se sentirão mais confortáveis para fazer interações pessoais. E os extrovertidos, que já contam com maior facilidade na arte de fazer novos contatos, terão a oportunidade de melhorar as suas performances.

Em um artigo publicado pela universidade de Harvard, os autores Casciaro, Gino & Kouchaki (2016) falam sobre quatro estratégias que mudarão sua mentalidade em relação ao networking.

1. **Foco**

   Na primeira delas, os autores escrevem sobre a importância de ter foco. Uma grande parte das pessoas possuem foco motivacional dominante — descritos como foco de "promoção" ou de prevenção". Os que possuem foco de promoção pensam em seu desenvolvimento, atingimento de suas metas, ou todos os benefícios que o networking proporciona. Já os que pensam com foco em prevenção têm a percepção de que o evento de fazer networking é algo obrigatório, e o fazem apenas por motivos profissionais.

   Pesquisas realizadas com 174 advogados mostram que os de mentalidade de promoção conseguiam melhor desempenho e os de mentalidade de prevenção conseguiam um desempenho inferior em alguns aspectos de seus trabalhos.

   Segundo Carol Dweck, da Universidade de Stanford, devemos pensar positivo e tentar aproveitar as oportunidades que podem advir dos eventos de networking. Não se lamente por "ter que fazer networking", pense que ele o ajudará a aumentar o conhecimento e a melhorar o desempenho necessários para se desenvolver um bom trabalho — assim a atividade de networking passará a ser mais proveitosa.

2. **Interesse comum**

   Pense em algumas situações em que você teve oportunidade de conversar com pessoas que você nem conhecia, simplesmente porque vocês identificaram um interesse comum. Quando descobre um interesse comum com a pessoa objetivo, com a qual quer fazer networking, você cria um relacionamento de trabalho significativo. Brian Uzzi, da Northwestern University, nomeia esse fato como sendo o princípio das atividades compartilhadas. "As redes potentes não são forjadas por meio de interações casuais, mas por meio de atividades de risco relativamente alto que conectam você a diversas pessoas." Existem estudos de psicologia que apontam para o surgimento de conexões mais colaborativas e duradouras quando há um trabalho em equipe, em que o objetivo é o mesmo, exigindo a contribuição de cada pessoa envolvida.

   Mas, por experiência própria, não só no trabalho, o interesse mútuo facilita sua vida. Já fiz vários contatos com diversas pessoas por termos interesses mútuos. Aqui cabe enfatizar que não só interesses mútuos profissionais, mas hobbies, esportes, gastronomia, um filme, um determinado lugar para onde você tenha viajado. Enfim, qualquer ponto de intercessão entre você e a pessoa com quem deseja fazer o networking.

3. **O que você tem a oferecer**

   Sim, conforme havia descrito acima, o que temos a oferecer é de vital importância para fazermos um networking. Casciaro, Gino & Kouchaki (2016) também compartilham do mesmo entendimento. Quando o networking ocorre entre pessoas mais seniores, fica mais simples de se encontrar alguma coisa que possa ser oferecida à sua pessoa objeto. Como, por exemplo, conselhos, liderança, acesso a recursos diversos, o networking parece mais fácil. No entanto, quando você está numa posição de inferioridade, ou ainda é um estagiário, ou numa posição mais júnior, é importante você, em determinadas situações, mostrar gratidão. Mas lembre sempre que essa gratidão deverá ser sincera, pois quanto mais ela for, maior será o seu valor e reconhecimento para quem a recebe. Os juniores, geralmente pessoas mais novas, também podem trazer novos conhecimentos para seus líderes, principalmente nas áreas inerentes à inteligência artificial, ou qualquer outra área de dados, pois esse fator também o levará a despertar um interesse no que você tem a agregar a seus superiores.

4. **Procure um propósito maior**
   Também é possível desenvolvermos um networking quando mostramos às pessoas que temos um propósito maior como nosso objetivo principal. Por exemplo, quando falar com alguma pessoa de seu interesse, comece mostrando o quanto é importante seu networking para o desenvolvimento da empresa, e o que a empresa pode oferecer para a sociedade. Tenha em mente que qualquer atividade de trabalho se torna mais atraente quando está vinculada a um objetivo maior. Portanto, estruture sua rede de contatos dessa forma.

20.2.2 Como fazer networking com pessoas bem-sucedidas

Muitas pessoas ficam desanimadas por achar improvável ter sucesso em fazer networking com pessoas bem-sucedidas e poderosas. Realmente, aquelas que têm uma posição mais alta na sociedade tendem a ser bem ocupadas por conta de seus compromissos diários e por serem requisitadas por inúmeras pessoas, muitas delas em busca de desenvolverem um networking. Mas, podemos afirmar que, mesmo quando tentamos desenvolver essas relações interpessoais com pessoas bem-sucedidas, é possível atingirmos nosso objetivo. Claro que não é tarefa fácil despertar a atenção dessas pessoas e construir um relacionamento, mas se desenvolvermos algumas estratégias específicas, essa tarefa se tornará mais fácil. Em minha visão, devemos procurar agregar valor a essas pessoas ou achar algum ponto de interesse em comum, da mesma forma que devemos fazer para desenvolver um networking com pessoas de qualquer posição social, dessa forma poderíamos nos aproximar delas. Lembre-se de que "o que você tem a agregar" é uma estratégia comum para qualquer tipo de networking.

Buscando aperfeiçoar minhas estratégias, fui pesquisar sobre o tema e pude ler um artigo publicado pela *Harvard Business Review* no qual Michael Clark fala sobre o networking com pessoas poderosas. Portanto, vamos utilizar os dados do artigo e discutir sobre o assunto de forma a contribuir para que as pessoas consigam desenvolver uma estratégia de aproximação com aquelas bem-sucedidas.

No artigo, Clark (2016) começa com o exemplo de um funcionário que, ainda que tentasse fazer networking, tinha um índice de sucesso muito pequeno. Essa pessoa, ainda que tivesse um bom currículo, com uma boa formação, não atingia seus objetivos.

Para esse funcionário foram indicadas cinco estratégias de modo que ele tivesse mais sucesso em suas interações pessoais.

Segundo Clark (2016), essas estratégias são:

1. **Procure ser recomendado por alguém respeitado em sua área**
   Esta é a melhor forma de você desenvolver um bom networking. Procure por amigos influentes, que possam fazer recomendações suas; às vezes não é tão fácil nos lembrarmos de alguém, mas após um tempo e após examinarmos nossa rede, a maioria consegue identificar essas pessoas importantes que detêm um bom networking. Assim, solicite a alguém influente que o recomende, e peça que o ajude a marcar uma reunião com a pessoa que você deseja conhecer.

2. **Procure por semelhanças**
   Conforme falado acima, devemos procurar sempre por semelhanças ou interesses comuns a essas pessoas. Por exemplo, use o LinkedIn para fazer a introdução, e busque um ponto de interesse mútuo.

3. **O que você tem a agregar**
   Faça uma lista dos seus pontos fortes, sejam eles referentes à sua formação, *soft skills*, ou alguma percepção que possa ser útil para a pessoa que deseja conhecer, assim você poderá se destacar e chamar a atenção.

4. **Elogie**
   Pessoas que são bem-sucedidas ou que estão em alguma posição de destaque, com certeza possuem fatos que as levaram a essa posição. Procure por esses fatos nas redes sociais e tente uma aproximação, fazendo referência a essas conquistas. Esse elogio pode ser

ainda referente a alguma entrevista ou algum artigo publicado na mídia comum, ou nas mídias sociais, por essas pessoas influentes.

Procure nessas entrevistas, ou artigos, algum ponto que foi discutido e que serviu de conselho para você; caso esse conselho o tenha ajudado, faça referência a ele e elogie. Por exemplo: "Gostei muito do que você disse em seu artigo no LinkedIn — isso me fez repensar o rumo que tomarei em minha carreira e como devo me comportar".

5. **Seja persistente**
   Sempre falo para o meu filho, "O não você já tem, então por que não tentar?" Bem, acabei de ler no artigo que o autor Clark (2016) tem a mesma opinião. Segundo ele, você deve sempre pedir, pois terá um retorno maior do que imagina.

Use as estratégias acima para fazer com que seu pedido seja mais convincente e tente, dentro do possível, fazer pedidos pessoalmente, pois esses são ainda mais difíceis de serem recusados.

20.2.3 Algumas dicas a mais

Anteriormente, foi feito um breve resumo de como criar estratégias de networking, falei sobre a frase que resume em grande parte estas estratégias, e que diz, "o que você tem a agregar". Mas, pela minha experiência, passarei mais algumas dicas para fazer networking.

Defina qual o seu objetivo, para saber onde você quer chegar e, assim, definir a rede de contatos que mais lhe interessa para desenvolver um networking. Escreva num papel as seguintes perguntas: Qual é sua área de interesse? Quais são as empresas em que você gostaria de trabalhar? Que cargo você pretende alcançar nos próximos dois anos, cinco e dez anos? Com bases nessas respostas, você poderá buscar novos contatos que estarão alinhados com seu objetivo.

Nunca devemos procurar pessoas apenas quando precisamos, acostume-se sempre a fazer networking e a mantê-lo vivo. Marque um café ou um almoço com pessoas que são importantes para você; às vezes, em um desses encontros, podem surgir oportunidades. Lembro-me de que foi em um desses almoços que a pessoa "se lembrou de mim" e fui indicado para um emprego que durou quase dez anos.

Participe de grupos de discussão da sua área, ou de seu interesse, nas mídias sociais, redes profissionais, blogs profissionais ou grupos de colegas da graduação, ou da pós. Faça perguntas, provoque conversas acerca de diferentes assuntos, porém, nessa fase, devemos colocar os assuntos que temos interesse em descobrir, quem são as pessoas com interesse mútuo. Fale de suas qualidades e como pode gerar valor dentro de sua área de atuação. Essa prática poderá te levar a conhecer novas pessoas.

Passe a seguir às empresas que sejam de seu interesse nas mídias sociais. Veja os comentários sobre a empresa, quais pessoas comentam, filtre esses comentários e faça contato com pessoas que façam sentido em relação à sua estratégia.

Enfim, use também um pouco de sua criatividade para se aproximar das pessoas. Ainda que tenhamos falado sobre "várias estratégias", existem ainda diversas formas de se aproximar de pessoas de seu interesse, basta que você treine para melhorar sua comunicação e fomente sua criatividade.

21

Sorte existe para quem? É possível contar com ela para o sucesso?

"Nossa, foi muita sorte sua ter conseguido isso...", quem nunca conversou com alguém e ouviu essa afirmação? Eu pelo menos ouvi diversas vezes essa frase em minha vida com várias pessoas, e até já tive discussões por causa da forma com que foi colocado esse assunto em algumas conversas. Sempre rebati que não havia tido sorte, minha conquista ocorreu pelo meu esforço, ou melhor, pela minha busca pela sorte.

Após lerem esse primeiro parágrafo, os leitores poderão perguntar: o autor do livro não acredita em sorte? Bem, será que realmente não acredito em sorte? Ou será que realmente sorte não existe? Ou, ainda, será que alguns tiveram sorte de nascer com sorte? Na realidade, em que mais acredito é que nós somos responsáveis por buscar a nossa sorte. Sim, é isso mesmo que você leu, acredito mais em ter que buscar a sorte, pois muitas vezes, ela não está do seu lado, temos que fazer esforço e ir buscá-la onde ela estiver. Cabe ressaltar que, para subir na escala meritocrática, a sorte não é considerada, no que eu concordo plenamente. Sorte se busca, não vem até você, conforme comento antes.

Muitos dirão que buscar a sorte é algo que não existe, o que posso dizer para essas pessoas é que: não acreditam porque nunca buscaram, sempre ficaram em sua zona de conforto, ou nunca tomaram algum tipo de risco em suas atitudes que as levassem a buscar a sorte.

Também existem pessoas que buscaram a sorte poucas vezes. Nesse caso específico, algumas tiveram a "sorte" de buscá-la poucas vezes e alcançar seus objetivos, mas esse não é o cenário mais provável, pois a busca da sorte exige perseverança, esforço pessoal e resiliência para lidar com as frustrações advindas de buscas infrutíferas. Eu mesmo já tentei a sorte várias vezes, diria que o índice de acerto foi pequeno, mas nas vezes em que achei a sorte tive boas recompensas. Mesmo assim, conforme falei anteriormente, as pessoas adoram dizer que você é um cara de sorte, não olhando para o esforço que dedicou para buscá-la.

Em toda minha vida tentei buscar a sorte várias vezes, e poderia afirmar que houve vários fracassos, mas continuei tentando. Posso ir até mais além em afirmar que, em muitas oportunidades, a busca pela sorte me levou a outros caminhos, e assim tive que corrigir meu planejamento para atingir meus objetivos, mas o esforço compensou, pois surgiram novas oportunidades. Cabe ressaltar que devemos encarar os ventos da sorte, não somente em relação aos objetivos que estamos querendo alcançar no momento, mas devemos estar sempre atentos às oportunidades que podem aparecer, essa é a "cereja do bolo" quando se busca a sorte, ou seja, em outras palavras, na busca pela sorte do objetivo A, temos sorte e conseguimos o objetivo B, o importante é estar sempre atento e corrigir seu plano para novos objetivos.

Conforme falado neste livro sobre meu esforço em fazer pesquisas acerca de determinados temas, o evento de "buscar a sorte" é um deles. Nessas pesquisas, gostei muito de um TED Talks de Tina Seeling intitulado "Os pequenos riscos que podemos assumir para aumentar a nossa sorte". Vamos aqui comentar sobre esse vídeo, onde a professora de inovação de Stanford fala sobre os ventos da sorte.

> Às vezes, os "ventos da sorte" sopram de leve, às vezes em rajadas e, às vezes, em direções que você não esperava. Portanto, é preciso construir uma vela — formada por minúsculos comportamentos — para pegá-los. Se o vento for insignificante, ele o guiará lentamente em direção aos seus objetivos, exigindo que você seja paciente.
>
> — Tina Seeling

Esses dizeres da autora mostram, em poucas palavras, o que acabei de mencionar, que nem sempre os ventos da sorte sopram a favor, às vezes mudam de direção, mas você deve estar sempre pronto para aproveitar quando esses ventos mudarem e forem em sua direção.

21.1 Os ventos da sorte

Segundo a autora, sorte pode ser definida como sucesso ou fracasso aparentemente causado pelo acaso. Ela usa a palavra "aparentemente", na frase anterior, pois quando sugere que a sorte é causada pelo acaso, não são considerados todos os vetores que entram em ação quando as pessoas obtêm um evento de sorte. Ainda conforme suas palavras, a sorte não é um fato repentino e isolado, mas sim um processo que se parece com o sopro dos ventos que às vezes vêm fortes e em rajadas e, outras vezes, mudam para uma nova direção que você não tem ideia de que aconteceria. Para que você pegue esses ventos, é necessário correr pequenos riscos e sair de sua zona de conforto, como uma criança aprendendo a andar — cai, levanta-se, cai, levanta-se, até que tenha aprendido a andar; quando criança corremos riscos, quando envelhecemos tendemos a nos tornar pessoas mais afeitas às zonas de conforto. Riscos existem de vários tipos, podem ser riscos intelectuais, físicos, financeiros, emocionais, sociais, éticos e políticos. E quando fazemos isso, comparamos nossos perfis de risco com os de outras pessoas e percebemos rapidamente que são todos muito diferentes.

Tina Seeling é professora de Stanford, e estimula seus alunos a correrem riscos, sejam eles, risco intelectual para tentarem resolver um problema que nunca haviam tentado antes ou mesmo um risco social, puxando conversa com alguma pessoa que estivesse a seu lado no avião, ou no metrô ou no ônibus, ou um risco emocional, talvez dizendo a alguém, que realmente admira, palavras que expressem essa admiração. Dessa forma, através da comunicação buscamos criar laços com outras pessoas e aí, a sorte poderá aparecer para você.

Outro ponto levantado pela autora é de que você precisa mudar sua relação com as ideias que surgem no dia a dia. Pois não existem ideias boas ou ruins, pode haver ideias terríveis que te inspirem para algo notável. Portanto, use sua criatividade, enxergue o copo meio cheio ao invés de sempre o achar meio vazio.

Em seu TED Talks, Tina cita um exemplo de como buscou a sorte. Em um voo para o Equador, ela tomou um certo risco de puxar conversa com uma pessoa ao seu lado, era um executivo de uma editora de livros. Após terem uma conversa bem interessante sobre vários aspectos, ela decidiu correr outro risco, mostrando a ele uma proposta de livro que ela havia elaborado para algo que estava fazendo em sua aula. No entanto, o editor falou para ela que aquele assunto não era adequado para a linha editorial deles, e agradeceu. Logo, ela pensou, "esse risco não deu certo". Fechou o laptop. No final do voo, trocou informações de contato.

Após um certo tempo, Tina entrou em contato com esse editor e disse: "Mark, você gostaria de ir à minha aula? Estou fazendo um projeto sobre a reinvenção do livro, o futuro da publicação". E ele disse: "Ótimo. Eu adoraria ir". Então ele foi à aula, e, segundo Tina, tiveram uma ótima experiência. Não desistindo de sua ideia inicial para publicação de seu livro, após um certo tempo, Tina escreve para o editor e envia-lhe vários videoclipes de outro projeto que seus alunos haviam desenvolvido. Dessa forma, o editor ficou interessado em conhecer os alunos que haviam desenvolvido esses projetos, pois poderia ser escrito um livro com eles. Logo, ele quis conhecer aqueles alunos.

Tina ficou um pouco decepcionada, pois suas tentativas eram para que ele se interessasse pelo livro dela, não dos alunos, mas, no final, acabou aceitando a ideia. Dessa forma, ela o convidou para ir à universidade. Assim, ele e seus colegas foram a Stanford e se reuniram com os alunos e, depois, todos almoçaram juntos. Foi nesse almoço que um dos editores perguntou a ela: "Ei, você já pensou em escrever um livro?"

Como podemos observar nessas palavras da professora de Stanford, Tina Seeling, ela tomou pequenos riscos e, ainda que durante algum tempo os ventos da sorte não estivessem a seu favor, ela continuou tentando, ou melhor, tomando pequenos riscos, até que a direção dos ventos soprou para ela e aí, sim, ela soube aproveitá-los.

Esse é um caso típico de como devemos buscar a sorte, pois ela não vem isoladamente, nem repentinamente como um raio, a sorte faz parte de um processo, e devemos buscá-la. Não desistir nunca, e nem se lamentar, pois às vezes a sorte não aparece da forma que nós queremos, mas de outra que acabará nos levando ao sucesso da mesma forma que havíamos tentado por outro caminho, pense nisso. E o que é melhor, a sorte pode até estar ao seu lado, basta observá-la e tentar pegá-la.

21.2 Todos merecem ter sorte?

A sorte gera desigualdades? Ou todos merecem a sorte que têm? Todos devem ter a mesma sorte? A sorte o leva a crescer na escala meritocrática?

A resposta a todas essas perguntas não é simples, no entanto, para podermos criar uma mentalidade vencedora e de sucesso, devemos desenvolver uma linha de raciocínio que o levará a criar uma mente forte; portanto, primeiramente, devemos ter o entendimento de como funciona a "sorte". E em segundo lugar, desenvolver uma forma de pensar que crie condições para que você a busque. Para isso, você deverá seguir estritamente o roteiro abaixo.

Primeiramente devemos entender como funciona a sorte.

1. A vida é uma caixa de surpresas, qualquer pessoa está sujeita a efeitos randômicos que poderão levar a diversas situações, e que não dependerão de sua vontade.
   Lembre-se: Nem sempre a sorte estará a seu favor.

2. Nunca se considere suficientemente bom em qualquer atividade, pois, talvez alguém com mais sorte que você alcance o seu objetivo, e você não.
   Lembre-se: Se não foi dessa vez, poderá ser da próxima.
3. Nunca diga que você é uma pessoa sem sorte, na realidade você é uma pessoa que nunca buscou a sorte ou buscou poucas vezes.
   Lembre-se: Tome pequenos riscos que a sorte aparecerá.
4. Se em um evento qualquer, você não teve sorte de obter o que você queria, tente outro evento. Às vezes, o evento que você queria não o levaria ao sucesso, e a segunda opção o levará. Lembre-se: a vida é uma caixa de surpresas.
   Lembre-se: Esteja sempre aberto a novas oportunidades.
5. Neste livro, falo que sucesso, fracasso e meritocracia são relativos.
   Lembre-se: Você poderá ter sorte para atingir algum objetivo, que não necessariamente será considerado o melhor em todas as hipóteses. Você apenas atingiu algo que faz jus às suas atitudes e às suas possibilidades.

Desenvolvendo uma forma de pensar.

Como podemos julgar se alguém merecia ter sorte? A verdade é que não podemos julgar se alguém merecia ter determinada sorte, pois esse é um fato extremamente subjetivo. O fato é que, se não tivermos sorte em nossa primeira tentativa, deveremos continuar tentando uma forma de ir buscá-la até que consigamos alcançá-la. Portanto, lamentar, invejar as conquistas alheias, maldizer, falando que é uma pessoa sem sorte, não faz parte do roteiro de uma pessoa que busca obter sucesso através da escala meritocrática. Devemos, sim, continuar a buscar a "nossa sorte", pois um dia ela aparecerá, como a sorte da Tina Seeling apareceu, com a mudança de direção dos ventos da sorte.

6ª PARTE

A ambição x ganância

Ambição e ganância exprimem anseios e desejos distintos; no entanto, o uso dessas duas palavras para descrever esses anseios e desejos se confundem. Muitas vezes usamos ambição quando queremos dizer ganância e vice-versa. Essas palavras *per si* têm uma conotação pejorativa segundo algumas narrativas ideológicas. No entanto, o real entendimento do significado de cada palavra e de suas diferenças possibilita a utilização de seus princípios de maneira correta e na medida certa. Esse entendimento se faz necessário para podermos seguir um caminho vitorioso por meio da ética.

22

Passando a limpo os conceitos

Neste livro, falamos sobre meritocracia, como ela é justa, como vencer e ter sucesso num mundo desigual. Neste capítulo, falaremos de ambição e ganância. Ao iniciar a leitura, muitos leitores questionarão o porquê de tratarmos desse assunto num livro de meritocracia. Posso aqui enumerar alguns motivos pela relevância de tratarmos desse tema:

- A palavra ambição tem uma conotação negativa para muitos e é usada por várias pessoas para se referirem a indivíduos que vencem e têm sucesso na vida. A meritocracia, no mesmo sentido, é usada para se referir a algo negativo, por vários autores. No entanto, tanto ambição como meritocracia não devem ter uma conotação negativa, e, neste livro, explicamos isso e afirmamos: é necessário uma pessoa ser ambiciosa para vencer na vida e obter sucesso, seguindo a escala meritocrática. Portanto, a ideia é desmistificarmos esses conceitos e explicar o porquê de sua importância para aqueles que buscam o sucesso. A palavra ambição é muito usada para traduzir a causa da atitude de uma pessoa que tenha feito algo ruim. No entanto, preferimos outro significado para essa palavra, de que a ambição serve para mostrar o desejo e a determinação de uma pessoa para alcançar o sucesso. Lógico que o sucesso pode variar de pessoa para pessoa e de cultura para cultura, conforme descrevemos neste livro sobre o sucesso como sendo uma medida relativa. No entanto, reafirmamos que ser ambicioso é ter objetivos e a determinação para completá-los.

- Já a palavra ganância traz, da mesma forma, uma conotação negativa em seu sentido, no entanto, o ato de ser ganancioso deve ser considerado diferentemente de ambicioso, dado que ganancioso significa o ato de uma pessoa ser acometida por um enorme desejo egoísta de algo (como dinheiro), mais do que necessário. Porém, alguns autores veem na ganância uma importante qualidade para aqueles que desejam vencer na vida. Dessa forma, iremos analisar ambas as situações, desmistificando o seu sentido.

22.1 Exemplos do cotidiano

Uma vez, estava conversando com um dos gerentes da empresa em que eu trabalhava sobre a equipe dele. Era uma conversa informal, que na realidade começou apenas por estarmos falando de uma vaga de analista que estava em aberto e queríamos contratar esse profissional. Aí, começamos a conversar sobre a equipe que ele tinha e como deveria ser o perfil desse profissional, não só sobre suas *hard skills* como também suas *soft skills*. Na conversa sobre a equipe desse gerente, comecei a falar da percepção que eu tinha de um funcionário dele, até porque esse funcionário, quando entrou para a empresa, já havia sido da minha equipe. Portanto, conhecia bem o trabalho dele em relação à sua capacidade técnica, que era muito boa. O gerente também elogiou muito o trabalho dele, organizado, assertivo em seus relatórios, caprichoso e cumpria todas as suas tarefas. Foi então que perguntei por que esse funcionário, de quem tanto eu como ele gostávamos, não havia sido promovido ainda? Foi nessa hora que me surpreendi com a resposta do gerente: "Ele é um ótimo profissional, mas sem nenhuma ambição". No mesmo instante, retruquei: "Mas será que não seria importante, você como líder ter uma conversa com ele, para ver se ele melhora seu comportamento e se torna uma pessoa mais ambiciosa?" "Não adianta", retrucou o gerente, "Já conversei várias vezes com ele, e ele não mudou seu comportamento, ele vai continuar feliz nessa condição pelo resto de sua vida". Toda essa conversa me fez pensar nessa situação durante bastante tempo. Em primeiro lugar, o gerente dele era uma pessoa extremamente ambiciosa e que havia obtido sucesso na vida muito por sua habilidade de criar empatia com o seu superior, seu esforço pessoal e sua submissão ao "ego de seu chefe". Essa é uma história verídica, a qual mostra que o fator ambição tem um papel fundamental no desenvolvimento de um profissional.

Escrevendo este livro, lembrei-me de outra história verídica que vivi sobre um grande amigo de infância, tipo irmão, meus pais gostavam muito dele. Esse meu amigo era de origem humilde, seus pais vieram do Nordeste do Brasil, eram trabalhadores e nem ele, nem seus três irmãos haviam passado necessidade, mas tinham uma vida bem simples por conta da condição de renda de seus pais. Como falei, meus pais gostavam muito dele, e, principalmente meu pai, dava muitos conselhos a ele. O rapaz era muito inteligente, tirava excelentes notas na escola, lia muitos livros, tinha excelente cultura.

Quando chegamos à fase dos 16 aos 18 anos, eu já planejava em que faculdade estudar, onde trabalhar, ou seja, já tentava traçar um rumo da minha vida para obter sucesso. Meu amigo, ao contrário, não tinha empolgação, não tinha ideia de fazer um curso superior, queria trabalhar apenas e ganhar o seu dinheiro. "Não quero muita responsabilidade, quero ganhar dinheiro apenas para me sustentar e ter uma família", dizia ele.

Assim, após muita conversa com meu pai, chegamos à conclusão, "ele não é uma pessoa ambiciosa, portanto pautará a sua vida desse jeito para sempre e viverá assim. Não tem grandes aspirações, não será uma pessoa de sucesso". Nesse segundo exemplo, podemos observar que, apesar de inteligente e culto, com um imenso potencial, porém sem ambição, meu amigo não seria capaz de grandes feitos em sua carreira.

Mais uma vez a falta de ambição tira a possibilidade das pessoas terem um maior desenvolvimento em suas carreiras e, assim, subir na escala meritocrática.

Mas, até que ponto é importante sermos ambiciosos, e o que nos traz de prejuízo não termos ambição? Ou, o que nos traz de prejuízo se formos excessivamente ambiciosos?

22.2 Definindo ganância

Vejamos agora o que podemos interpretar como ganância. Eu tenho um amigo que investe no mercado financeiro, na compra de ações, opções e agora, também moedas digitais, como, por exemplo, Bitcoin. O que há de ganancioso nisso? Nada, todos os investidores que diversificam seus portfólios têm, em geral, esses ativos em suas carteiras. Mas falo desse exemplo de mercado financeiro, pois é o exemplo mais comum do que a ganância pode fazer com a pessoa, ou seja, pode até levá-la ao topo, mas, na maioria dos casos, a pessoa fica entorpecida pelo sucesso e, aí, acaba tendo uma reviravolta quando tudo que foi conquistado, acaba se perdendo. Voltando ao caso do mercado financeiro, esse meu amigo começou a investir, e como a economia na época estava em crescimento acelerado, as bolsas e as criptomoedas se valorizavam a ritmos acelerados. Logo, meu amigo empolgado e querendo se tornar milionário, vende seu apartamento, aumenta sua posição em criptos e ações e continua por um curto espaço de tempo vendo seus ativos terem excelente valorização. Tive uma conversa com ele nesse período, mostrando os riscos que ele estava correndo, mas de nada adiantava, pois sua ganância era enorme, queria se tornar milionário. Após alguns meses, o mercado começou a realizar lucros, e o cenário econômico foi mudando aos poucos, fazendo com que seus ativos fossem perdendo valor, até chegar ao momento em que seus ativos, caso fossem vendidos, não gerariam recursos para a compra de um apartamento igual ao que ele havia vendido. Em resumo, perdeu grande parte de seu dinheiro e acabou ficando mais pobre do que era no início de sua trajetória como investidor. Esse é um típico caso de ganância, onde uma pessoa é acometida por um enorme desejo egoísta de algo (como dinheiro), mais do que necessário.

Gosto muito de lincar ganância a acontecimentos que ocorrem no mercado financeiro, pois é muito comum acontecerem grandes eventos nos quais a ganância foi o pano de fundo do acontecido. Vários exemplos desse fato ocorrem, como, por exemplo, a crise das hipotecas nos EUA no ano de 2008, que gerou vários prejuízos para a economia mundial. Ganância é um tema muito explorado na vida cotidiana, e é tema de vários filmes. Por exemplo, sobre a crise econômica que ocorreu em 2008, podemos citar, pelo menos, uns nove filmes, em que a ganância é "o ator principal":

- Trabalho interno
- Grande demais para quebrar
- A grande aposta
- Wall Street — O dinheiro nunca dorme
- Os últimos dias do Lehman Brothers
- Margin Call — O dia antes do fim
- A grande virada
- Collapse
- The flaw

Mas não só no mercado financeiro ocorrem eventos onde a ganância impera. A ganância pode estar presente na vida de qualquer pessoa, basta que ela tenha predisposição a desenvolvê-la. Afinal, a ganância é importante dentro do contexto de crescimento por meio do processo meritocrático?

Algumas pessoas tendem a confundir ganância com ambição. Outras acreditam no sentido pejorativo da palavra ganância e outras nem se importam com isso. Mas existem aqueles que acreditam que a ganância pode incrementar a performance de uma pessoa na empresa. Isto acontece com a palavra ambição, alguns a veem como sendo algo bom e outros, como algo ruim. Tenho a percepção de que o sentido de ganância é mais pejorativo que ambição.

Para podermos elucidar essas dúvidas, falaremos neste capítulo sobre a definição de ambição e ganância, como administrar a situação de falta ou excesso de ambição para conseguirmos atingir um nível ideal que nos faça atingir nossos objetivos. Falaremos também sobre a ganância e o que ela pode ocasionar em sua vida para que você atinja o crescimento desejado. Em resumo, o que podemos tirar de lição dessa história, onde ambição e ganância têm um papel relevante, para que possamos crescer através do processo meritocrático?

22.3 Definindo ambição

Segundo o dicionário Merriam Webster (Ambition, 2015), ambição é o desejo de ter sucesso, ser poderoso e famoso. Etimologicamente, a palavra ambição significa querer ambas as coisas, querer tudo. Pelo lado científico, significa motivação. Desde a Antiguidade, o sentido de ambição já gerava discussões e debates. Segundo a Igreja Católica, ambição já foi pecado e, até hoje, vemos a palavra ser usada em tom pejorativo, porém para muitas empresas é objeto de desejo.

A ambição, desde a época dos Romanos, tinha um significado um tanto pejorativo. Os aristocratas daquele tempo não podiam ser ambiciosos. Eles já possuíam tudo e eram superiores aos membros dos demais segmentos da sociedade. A conotação da palavra ambição, que foi sempre ligada a abusos e excessos, começa a ganhar novo significado a partir da Reforma Protestante no século XVI. Essa transformação prosseguiu até o século XIX, quando o centro de referência moral nas sociedades ocidentais efetivamente mudou da aristocracia para a burguesia: a partir de então, sua conotação passou a mudar para algo que gerasse valor para as pessoas, dada a sua virtude potencial (Castro, 2003).

Desde então, ambição se tornou uma das características mais desejáveis tanto na vida profissional como na pessoal. Nas empresas, principalmente, mas também na vida pessoal, ambição se torna significado de determinação, de garra, de ousadia, pois esses são fatores que as empresas gostariam de ver em qualquer funcionário. Muitos atribuem aos ambiciosos a característica de serem persistentes e efusivos, e acabam sendo invejados por aqueles que não venceram na vida.

Segundo estudos efetuados pelos pesquisadores Hogan & Holland (2003); Hogan & Chamorro-Premuzic (2015); e Judge & Kammeyer-Mueller (2012), a ambição é o traço de personalidade ligado ao sucesso na carreira. Esse significado muito tem a ver com as características de pessoas ambiciosas, pois essas são competitivas, assertivas, orientadas para resultados, confiantes e com histórico de mobilidade social ascendente (Hansson, Hogan, Johnson & Schroeder, 1983; Jones et al., 2017).

Essas pessoas perseguem suas ideias empreendedoras e gostam de competir nos esportes (Johnson, 1997), performam bem na escola (Driskell, Hogan, Salas & Hoskin, 1994) e têm facilidade de aprender rápido (Burris, 1976). Cabe ressaltar que geralmente as pessoas ambiciosas são mais bem-sucedidas na vida e alcançam níveis mais elevados de educação, o que resulta em melhor remuneração financeira (Judge & Kammeyer-Mueller, 2012; Kern, Friedman, Martin, Reynolds & Luong, 2009; Van der Heijde & Van der Heijden, 2006).

23

A arte de se tornar ambicioso e obter sucesso

23.1 O que é ser ambicioso?

Ser ambicioso ainda é algo que traz à mente inúmeras percepções. Uma delas tende a dar ênfase ao sucesso das pessoas e criar questionamentos. Afinal, o que faz com que algumas pessoas consigam atingir seus objetivos e satisfaçam seus desejos e, por outro lado, outras pessoas não obtenham o sucesso desejado? Em muitos casos, o que fez certas pessoas obterem êxito, dado que, segundo a situação delas, parecia que seu sucesso seria absolutamente improvável? Seria o caso de algumas pessoas serem mais aptas que as outras? Todas podem desenvolver uma motivação interior que as leve ao sucesso?

Existem estudos científicos provando que todos têm ambição. A diferença é que quem obtém sucesso passa a ideia de que sabe o que fazer com a sua ambição. Essas pessoas visualizam o que querem, planejam-se para atingir seus objetivos e encontram a hora certa de colocá-los em prática.

23.2 Mentalidade ambiciosa

Segundo a BetterHelp Editorial Team (2022), homens e mulheres que se mostram mais ambiciosos possuem uma força psicológica diferenciada. Dispor de uma mentalidade forte é um dom e talento crucial, possibilitando a essas pessoas, com tais características, desenvolver ambição e um desejo forte de alcançar seus objetivos.

Na realidade, a força psicológica é um fato crucial em se tratando do desenvolvimento da ambição, dado que, conforme escrevemos no início deste livro: a vida não é justa. Portanto, para que uma pessoa alcance seus objetivos, faz-se necessário se sobrepor a diversas intempéries, fato esse que não vem sem lutas e desafios. A capacidade de superar essas adversidades, independentemente do quão difíceis possam parecer, é o que realmente faz a diferença. A força psicológica, ou a falta dela, pode ainda determinar se uma pessoa atingirá o sucesso, ou se fracassará devido ao pouco esforço (BetterHelp Editorial Team, 2022).

É sabido que a mentalidade forte é uma das características das pessoas que desenvolvem ambição. Sabe-se também que as pessoas que obtiveram sucesso na vida, em algum momento, foram desencorajadas a superar as adversidades; isso ocorre, pois, muitas pessoas se sentem intimidadas por aqueles que ousam quebrar regras e rejeitam as normas e expectativas da sociedade. Às vezes, essa intimidação tem suas origens na inveja, ignorância ou preocupação com o homem, ou a mulher que são ambiciosos. Essas mesmas pessoas tendem a dar conselhos aos ambiciosos de que eles não devem correr riscos, pois, algumas situações são inseguras e o melhor é manter o status quo, reconsiderar as suas mudanças, que elas podem trazer um resultado indesejado.

Quando isso ocorre com uma determinada pessoa, e ela se mantém fiel a seus objetivos, e continua na árdua batalha de vencer, superando os desafios e se mantendo resiliente, teremos certeza de que essa pessoa é ambiciosa. Ao passo que, uma pessoa que é facilmente influenciada e governada pelas opiniões dos outros, tem poucas chances de sucesso, ou de outra forma, podemos afirmar que ela é pouco ambiciosa. Cabe ressaltar que esses críticos à sua performance, em muitos casos o fazem pensando no seu bem-estar, no entanto, são pessoas que não gostam de correr riscos, portanto seus conselhos acabam sendo prejudiciais e, consequentemente, devem ser rejeitados, de forma educada.

Ocorre que a mentalidade forte tem um de seus pilares pautados na autoconfiança. Essa autoconfiança é testada quando uma pessoa ambiciosa recebe informações do que poderia dar errado em sua estratégia, o que ela poderia ou não fazer, dessa forma a sua decisão posterior determinará se essa pessoa terá sucesso ou fracasso, consequentemente é nesse ponto que se distinguem os ambiciosos dos não ambiciosos.

Podemos concluir que uma pessoa deve ser ambiciosa para vencer na escala meritocrática. As características dos ambiciosos são de pessoas vencedoras, acostumadas a superar obstáculos, são resilientes, enfrentam desafios, têm autoconfiança e acreditam no seu sucesso.

23.3 Como ser ambicioso na dose certa

Mas, até que ponto é importante sermos ambiciosos, e o que nos traz de prejuízo não termos ambição? Ou, o que nos traz de prejuízo se formos excessivamente ambiciosos?

Ser ambicioso na medida certa, o que é isso? Difícil de identificar até onde vai a ambição "boa" e começa a ambição "ruim". Muitos artigos que leio sobre o tema, dependendo da filosofia do escritor, poderão levá-lo a conclusões errôneas. De uma forma geral, posso afirmar, depois de ter pesquisado sobre o tema que, toda a pessoa que tem vontade de vencer, mostra-se equilibrada emocionalmente, é ética, tem garra, resiliência e é esforçada, ela é ambiciosa. Ambição, no sentido de uma pessoa querer buscar o sucesso, dentro da escalada meritocrática, poderia ser considerada uma ambição boa. Já aqueles que tentam o sucesso a qualquer custo, são antiéticos e, para subir na vida, adotam o lema do "vale tudo", não podem ser considerados como possuidores de uma ambição boa. Mas vamos discutir mais um pouco sobre o tema, com base na literatura.

Devido à ambivalência da ambição — existe uma conotação ruim sobre o tema pelo motivo da história possuir homens maus como, por exemplo, Stalin, Hitler, Mao, que eram verdadeiros monstros em termos de serem ambiciosos, o que acaba por reduzir a quantidade de pesquisas sobre o tema. Embora a personalidade dominante na pesquisa ignora o assunto, pesquisadores aplicados em outros campos descobriram novas construções psicológicas (por exemplo, personalidade proativa) que se assemelham muito à ambição, e a pesquisa com essas construções tem sido bem produtiva (Jones, et al., 2017).

Quando se fala de ambição, logo vem à cabeça de muitos — a divisão entre o bem e o mal. O ponto é saber quando a pessoa passou dos limites, saber se essa pessoa é antiética, ou mau-caráter. Existe, por exemplo, a situação daquela pessoa que sonha com uma promoção, mas não faz nada para torná-la realidade. Outro exemplo, podemos citar aquele que se esforçou, sobrepôs obstáculos e venceu. E aquele que, devido à sua ambição, conseguiu uma melhora na condição financeira na sua vida. A ambição não é necessariamente boa ou má. A quantidade de ambição e as ações que se tomam em nome da ambição é o que pode ser definido como certo ou errado, e não como ambição boa ou ruim.

Muitas pessoas se dedicam a trabalhar longas horas por dia no intuito de conseguir galgar uma posição melhor no trabalho, o que pode ser considerado como uma atitude ética daqueles que querem vencer na vida. Mas, por outro lado, mentir, trapacear ou roubar, para se ter um progresso profissional, é errado. O ideal é que, na vida, a pessoa encontre um meio-termo que seja saudável, onde seus objetivos, interesses e desejos estejam pautados em atitudes éticas. No entanto, pisar em outras pessoas ou derrubá-las para alcançar os resultados desejados não é uma conduta ética ou adequada à vida profissional de quem queira ter orgulho de seus feitos. Portanto, não é possível que uma pessoa alcance seus objetivos sem que ela tenha ambição, porém, para que os alcance, sua conduta deverá seguir padrões éticos.

Cabe ressaltar que, conforme a história que contamos no início deste capítulo sobre falta de ambição, também pode se tornar um fator preocupante para aqueles que queiram obter sucesso. A sua falta também o levará a não alcançar seu pleno potencial e, assim, perder as oportunidades da vida. Compreender o significado da ambição é tão importante por uma variedade de razões que se tornarão cada dia mais evidentes no seu dia a dia.

23.4 O que fazer para se tornar uma pessoa ambiciosa

No início deste capítulo, falo de um caso real, onde uma pessoa não é promovida devido à sua falta de ambição. Geralmente, essa pessoa não gosta de correr riscos, de se desafiar, de sair de sua zona de conforto. Prefere fazer mais do mesmo todo dia e ir tocando a vida. O fato é que muitas dessas pessoas criticarão o sistema meritocrático, como sendo um mito, ou como sendo injusto, não porque o sistema tenha essas características, mas, sim, porque essas pessoas utilizam esses argumentos para encobrir suas fraquezas, sua falta de coragem, ou ainda para encobrir o seu medo de fracasso. Dessa forma, essas pessoas, com certeza, não subirão na escala meritocrática devido às suas personalidades. Em muitos casos, o que falta a elas é a ambição de vencer, de se desafiar para alcançar o sucesso e, assim, como não têm coragem, escondem-se atrás de subterfúgios os quais citamos acima. Essas pessoas que não têm ambição precisam desenvolvê-la na medida certa para subir na escala meritocrática.

Vejamos, então, como se comporta a ambição na vida das pessoas.

Podemos inferir que a ambição pode variar de acordo com várias situações que ocorrem na vida das pessoas, seja uma mudança no emprego, um problema familiar, ou uma mudança na mentalidade, é normal sentir menos ambição de vez em quando. Entretanto, caso percebamos que o nosso nível de ambição esteja afetando nosso humor e bem-estar, devemos procurar ajuda, seja ela por meio da leitura de livros de autoajuda, ou de um terapeuta que poderá fazer com que você entenda melhor por que está se sentindo menos ambicioso, bem como descobrir a melhor forma de melhorar sua ambição.

Mas não fique preocupado caso você perca a ambição, pois é comum a todos nós termos, em determinados momentos na vida, alguma falta dela. Isso ocorre mesmo com as pessoas mais bem-sucedidas do mundo, pois também passam por períodos de fracasso e dúvidas de toda a espécie. O que também diferencia as pessoas ambiciosas das não é a capacidade de recuperação em momentos de fracasso, rejeição ou decepção. Ou seja, embora possa ser fácil nos abatermos nas derrotas e em situações de contratempos, devemos ter em mente que a ambição não se trata de nunca falhar na vida, mas sim de se sobrepor às adversidades.

Dado que a ambição é um dos principais combustíveis para subir na escala meritocrática, vamos aqui descrever algumas maneiras de nos tornarmos ambiciosos, caso estejamos com falta desse desejo, de acordo com a BetterHelp Editorial Team (2022), que é a maior plataforma de terapia do mundo:

a. **Encontre um *benchmark***

   Encontrar alguém para admirar, cujo sucesso se aproxime do que você espera alcançar, pode ajudá-lo a encontrar a motivação para continuar perseguindo suas metas. Esse alguém pode trabalhar com você, ou pode ser uma pessoa pública presente nas redes sociais, um artista, um esportista top, enfim, uma pessoa que você admire. Mas tenha em mente que deve encontrar essa pessoa para gerar motivação em você, nunca para invejar.

b. **Torne suas metas visíveis**

   Escreva para você mesmo quais seriam suas metas na vida. Represente graficamente, pois assim você conseguirá ter uma ideia clara de seus objetivos, aumentando a sua motivação.

c. **Mantenha-se ativo, principalmente no que você gosta**
Manter-se ativo melhora a confiança, a acuidade mental e a saúde física e, consequentemente, traz motivação. Encontre uma atividade com que você realmente se identifica e pratique-a.

d. **Experimente o sucesso**
Se estiver com pouca motivação, tente realizar algumas das etapas necessárias para ter sucesso. Aos poucos, você vai se motivando e ganhando confiança para um objetivo maior.

e. **Fique perto de quem poderia apoiá-lo, ou que possa somar à sua vida**
Se você tem no seu rol de amizades mais próximas pessoas que não estão buscando seus objetivos para ter sucesso, é improvável que você também busque os seus. Tente encontrar amigos que se esforcem para atingir suas metas.

f. **Cultive seus talentos**
Todo mundo tem algo em que é bom, mesmo que seus talentos não pareçam impressionantes de imediato.

g. **Crie seu próprio significado**
Para perseguir o sucesso de forma verdadeira e eficaz, você precisa determinar o que exatamente isso significa para você. Algumas pessoas medem o sucesso pelo dinheiro que ganham, enquanto outras medem o sucesso pelo tempo livre que possuem para se dedicar a seus entes queridos ou hobbies. Lembre-se do que deixamos claro neste livro: o sucesso é relativo.

h. **Lembre-se de seus triunfos**
Mantenha seus momentos de glória e conquista acesos em sua mente para os dias em que sentir que perdeu a motivação. Lembrar-se de seus sucessos pode ajudá-lo a abandonar o desânimo e seguir em frente na busca de suas metas.

i. **Sonhe acordado!**
É extremamente importante sonharmos, principalmente quando idealizamos nossa vida, caso nossas metas sejam alcançadas. Você não deve viver de fantasias, mas, de vez em quando, imaginar todo

o trabalho árduo realizado e o sucesso que alcançou em diversas etapas de seu plano de vida é motivador.

j. **Use suas paixões**
Encontre coisas pelas quais você é apaixonado e veja como elas podem ajudá-lo a trabalhar para atingir suas metas. Se você é apaixonado por pintura, mas deseja seguir a carreira de professor, pode combinar as duas coisas e obter um diploma de professor de arte. Se você é apaixonado por culinária e deseja trabalhar em direito empresarial, pode usar a culinária como um meio de descompressão e relaxamento quando a carga de trabalho estiver muito grande.

k. **Saia de sua zona de conforto e motive-se**
As zonas de conforto podem parecer seguras, mas também podem estagnar o crescimento. Em vez de viver em sua zona de conforto, tente se esforçar para encarar desafios inexplorados e tentar novas ideias, como aprender um novo idioma. O pior que você pode fazer é fracassar, e até isso não faz mal. Saindo de sua zona de conforto, você busca motivação, principalmente se tentar fazer algo que lhe dê prazer.

l. **Acredite em si mesmo**
Desenvolva autoconfiança na sua capacidade. Você pode mudar sua vida. Mesmo quando existirem inúmeras dificuldades, acredite em você, não encare os erros cometidos ou falhas como sendo algo anormal, encare-os como etapas de seu crescimento pessoal e profissional. Raça!!! Vença-os!!!!

m. **Avalie o que é importante para você**
Os objetivos podem mudar e, dessa forma, as prioridades se alteram. Muitas vezes, um relacionamento pode ser mais importante para você do que a carreira com que sempre sonhou. Em outros casos, um novo emprego com o qual você sonhava seja mais importante do que a família que você gostaria de ter. Tenha em mente que as mudanças fazem parte da vida, sendo assim, permita-se mudar. Poucas coisas matam a motivação de forma tão eficaz quanto a rigidez.

Podemos concluir que desenvolver um espírito ambicioso não tem nada de mal, nem para você pessoalmente, nem para você em relação à sociedade. Você pode, sim, ser ambicioso e deve ser, para dessa forma ter oportunidade de alcançar seus objetivos, e obter sucesso. Momentos de baixa motivação não devem ser fator que vai influenciar em seu grau de ambição, sabemos que muitos momentos são difíceis, mas manter-se focado para atingir o objetivo faz parte de seu manual para alcançar suas metas por meio da escala meritocrática.

7ª PARTE

Reflexões – Fazendo uma pausa para entender o passado, avaliar seu presente e planejar o futuro

24

Onde foi que eu errei?

Longa história a ser contada. Hoje faço uma pergunta a mim mesmo: será que se não tivesse errado tanto, teria conseguido vencer na vida e ter sucesso? Será que se não tivesse passado por vários momentos de dificuldade, teria criado "casca"? Errar na vida é ruim? Será que se meus pais tivessem evitado através de conselhos vários erros que cometi, eu não teria obtido uma vida melhor?

Todas essas perguntas ficam quase que diariamente na minha cabeça. Mas como dizem os especialistas em psicologia, não devemos gastar energia com fatos passados, pois eles não mudarão; assim, devemos aprender com os erros e olhar para frente, tomando as decisões certas para que os erros do passado não se repitam.

Mas neste livro faço uma reflexão onde divido parte da minha história com o leitor para mostrar que podemos acertar os rumos de nossas vidas e obter sucesso. Nunca é tarde, basta querer. Quanto tempo perdi por ter errado tanto, quantas voltas tive que dar para vencer na vida, quanto me esforcei para recuperar o tempo perdido e muitas vezes me privei de fazer certas coisas em prol de outras. Mas após uma rápida análise, chego à conclusão de que, ter errado bastante mais o fato de ter em mente um objetivo, me fez ser uma pessoa resiliente e perseverante. Não admitia não conquistar meus objetivos. E é nesse ponto que está meu diferencial, que, na realidade, não é só um diferencial de minha pessoa, mas de todas aquelas que desenvolvem um objetivo na vida e, custe o que custar, colocam-se a persegui-lo. Além de perseguir meu objetivo e de conhecer "o outro lado", fato esse que me motivava, aprendi a desenvolver minha perseverança. Vejam que falo neste parágrafo de persistência, perseverança, resiliência e de que tinha a ideia de que existia um outro lado, logo, esses fatores foram essenciais para que eu não abandonasse meus objetivos.

Os erros foram muitos, mas, olha para a última parte da frase que escrevi no parágrafo anterior: "...o quanto me privei de certas coisas em prol de outras, muitas vezes", e começo a descrever o principal fator de meu desenvolvimento pessoal, ou seja, o *trade-off* que abordo neste livro.

Sempre construí em minha mente um objetivo macro, que me guiava pelos caminhos de incerteza, momentos de desânimo, adversidades, falta de motivação, enfim, resumindo em uma palavra: quando estava mal, muito mal, pensava em meu objetivo de vida principal. Assim, vinha aquele sonho de vencer, ser feliz e obter sucesso, mesmo que para isso tivesse que renunciar a certas coisas, como gastar dinheiro em diversão, comer fora, beber, namorar, adiar casamento, viajar, enfim, um monte de coisas de que abria mão, pois necessitava de dinheiro para estudar e, assim, ter uma condição melhor no futuro. Adiei o casamento com uma menina com quem namorava por muitos anos, pois não queria ter mais despesas, preferia viver com minha mãe. Imagina ter filhos, casar e sustentar a casa toda, eu não conseguiria juntar dinheiro e melhorar de vida. Ou seja, cabeça num futuro melhor.

Mas onde foi que errei, finalmente? Errava na forma como conduzia minha vida, uma delas foi demorar a escolher uma profissão, depois abandonar a faculdade, pois havia escolhido a profissão errada.

E o meu maior erro, que me custou muito caro, mas que consegui reverter em curto espaço de tempo: o abandono de meu objetivo maior de vida, que era ser uma pessoa de sucesso. Quanto tempo foi perdido por isso. Ficar sem cursar outra faculdade, ser uma pessoa rebelde, mesmo nos empregos que conseguia. Falta de inteligência emocional no meu relacionamento com meus superiores. Todos esses erros me fizeram demorar a conseguir um bom emprego, fazendo-me perder várias oportunidades e, quando consegui, já não era uma pessoa tão jovem. Mas depois desse período, voltei ao jogo, foco no meu desenvolvimento, e não me abandonei mais desde então. Foi nesse momento que comecei a entender como o jogo era jogado, pois, mesmo tendo um objetivo de vida, encontrava-me perdido. Mesmo assim, continuava estudando, mesmo quando, por uma infelicidade, perdi o emprego quando ocorreu o famoso Plano Collor. Nessa época, tive que descer e até virar entregador de jornal da *Folha de S.Paulo* para me sustentar e sustentar minha mãe. E para pagar minha primeira pós-graduação, entregava jornal na madrugada/manhã e fazia pós-graduação à noite, na FGV. Fiz três pós-graduações, queria recuperar o tempo perdido, tinha que focar os estudos. Nesse meio tempo, consegui um emprego de analista financeiro, saí da entrega de jornal, mudei de empresa, fui promovido a gerente financeiro, fui demitido, pois a empresa em que trabalhava ficou em má situação financeira, abri uma empresa, fali e depois procurei uma recolocação como empregado, obtive êxito e assumi a posição de gerente executivo de um laboratório, fora do Rio de Janeiro. Nessa empresa, tive um enorme sucesso, desenvolvi um plano de exportação para vários países, viajei o mundo, participei de uma missão oficial do governo indiano e brasileiro, junto com o Ministério da Saúde brasileiro. Nessa época, senti-me pleno.

Nossa, como demorou isso tudo, até aqui já havia decorrido 38 anos. Muita coisa errada, mas um objetivo claro: vou vencer! Divorciei-me, conheci minha esposa atual e fui pai. Foi então que minha vida começou a mudar. Aí a coisa ficou séria mesmo; assim, parti para fazer um mestrado fora do país, nos EUA, e depois um doutorado numa universidade na França. Quando consegui ser aprovado, um filme me passou pela cabeça: como consegui isso tudo? Tive uma juventude bem "doida", demorei a entender o jogo da vida e havia sido um entregador do *Jornal Folha de S.Paulo*, junto a diversas pessoas pouco favorecidas economicamente, com muito pouca cultura; dessa forma, era considerado pela empresa, um simples "peão" como os demais e, através de minha força mental e seguindo os conceitos meritocráticos, após 27 anos havia me tornado um PhD por uma universidade europeia, junto a diversas pessoas de vários países, de elevadíssimo nível cultural. Após tanto esforço, minha tese foi escolhida como uma das cinco melhores no seu tema no International Congress Marketing Trends de Paris, junto com outros concorrentes da London School of Fashion, ESMT Berlin, McKinsey & Company, Niigata University (Japão). Como foi possível atingir isso?

25

Fazendo uma análise do meu momento

Terminei o capítulo anterior com a frase "Como foi possível atingir isso?" Foi possível por alguns motivos que enfatizo neste livro, como: resiliência, perseverança, garra, ter conhecido o outro lado da vida, o que me motivava a vencer, ambição e, não menos importante, ter errado muito, mas ter tido sempre em mente o objetivo de crescer, enfim, falo de todos esses fatores neste livro. Mas isso já é passado, agora a vida me proporciona outros objetivos, pois, aos 60 anos, já tenho uma filha casada e um filho para se formar na Universidade Federal do Rio de Janeiro (UFRJ), ou como dizemos, já em parte encaminhado na vida e mentorado por mim e minha esposa, coisa que não tive aos meus 20 anos.

O fato é que, aos meus 60 anos, estou publicando meu primeiro livro sobre negociação com um dos meus orientadores de doutorado e, em seguida, já escrevendo este livro. Um sonho que consigo realizar aos 60 anos, e que comecei a sonhar desde meus 7 anos, quando escrevia no jornal da escola.

Mas meu momento agora é de preparação para fazer uma transição de minha carreira corporativa para uma carreira acadêmica plena, quer dizer, comecei a me preparar para ser professor aos 37 anos e, hoje, apesar de trabalhar em uma empresa como diretor financeiro, também ministro aulas de finanças em turmas de pós-graduação, nas melhores universidades do Rio de Janeiro.

Na verdade, meu momento sempre foi o de planejar minha vida, traçar objetivos e persegui-los. Errei, tive derrotas, desilusões, venci, perdi, enfim, lutei e consegui através da meritocracia atingir meus objetivos. Dessa forma, gostaria de deixar claro que, independentemente do nosso momento atual, devemos sempre estar de olho no futuro em nosso desenvolvimento, e o que é mais importante para nosso momento ou o momento atual da vida de todos — sonhar com os seus objetivos, sonhar com o que gostaria de atingir na sua vida, sonhar com o que você gosta de fazer e ter a oportunidade de fazer, sonhar com um amor, pois o sonho é o maior combustível da nossa motivação.

No seu momento, planeje, pense como resolver seus problemas e não como aquele problema o está atingindo, pois isso tira energia; pense que uma mente positiva aliada à sua garra o levará a grandes conquistas e você passará a enxergar que, seguir o conceito meritocrático é a forma mais adequada de atingir nossos objetivos. Mas nunca se esqueça dos seus *trade-offs*, eles podem levá-lo ao sucesso ou ao fracasso total, por isso, dada a sua relevância, escrevi um capítulo sobre esse tema, pois muitas pessoas em suas vidas não conseguem enxergar que estão diante de um *trade-off* e, ao tomarem a decisão errada, não alcançam seus objetivos e culpam a meritocracia, dizendo que ela não é justa.

26

Construindo um alicerce para o futuro

Recentemente vi uma apresentação do famoso empreendedor chinês, Jack Ma, que fundou a Alibaba, a gigante chinesa do e-commerce, na qual ele fala sobre idades das pessoas e o que elas devem fazer. Claro que a que me chamou mais atenção foi aquela fala de quando se chega aos 60 anos, que é minha idade, o que devemos fazer. Nesse momento que ele diz que uma pessoa que faz 60 anos deve focar os seus netos e se divertir, confesso que fiquei decepcionado. Não que não deva curtir meus netos, longe disso, mas também não podemos esquecer aqueles que nunca serão avós. Portanto, logo de início achei a colocação dele infeliz, mas, ao mesmo tempo, procurei analisar o que ele estava querendo dizer com isso, e cheguei à conclusão de que ele queria mostrar a importância de se fazer o que gosta a partir dessa idade, já que, quando se é mais novo, devemos ter como foco o nosso trabalho e desenvolvimento profissional, e nem sempre vamos fazer o que nos dá prazer.

Bem, nesse ponto do livro passei a fazer mais reflexões, pois estou escrevendo um livro para o público em geral e não só para pessoas de 60 anos, logo, devo falar de algo mais amplo. Sendo assim, comentarei neste capítulo a construção do alicerce para aqueles mais jovens, abaixo de sessenta, e para os "coroas" sessentões.

A princípio posso falar que concordo que devemos começar a virar a chave na idade dos 60 anos, focando coisas que nos dão mais prazer, mas também, por que não pensar que, nessa época da vida, podemos aliar o que dá prazer e desenvolver tarefas para conquistar novos objetivos para ter sucesso nas coisas que você sempre quis e não tinha tempo de fazer, dado que o foco maior estava em seu trabalho, família, filhos pequenos. Vale aqui uma reflexão. Mas cabe ressaltar que não estou falando daquela pessoa que fez 60 anos, leu este livro e pensou num momento de reflexão rápida: "Bem, além de curtir meus netos, vou também me dedicar a estudar mais para atingir um cargo maior numa empresa multinacional". Neste caso específico, acredito que há uma grande chance dessa pessoa de 60 anos estar pensando de uma forma errada, sem planejamento algum, o que, com certeza, vai levá-la, talvez, ao insucesso, à desmotivação e, com certeza, abandonará seu objetivo. Esse processo de como queremos aproveitar nossas vidas após os 60 anos deve começar, na melhor das hipóteses, quando começamos a trabalhar, mas, tenho certeza que ter uma mente com pensamento nos 60 anos, tendo-se entre 25 e 30 anos, talvez seja querer demais da minha audiência. Vejo que devemos ter em mente os 60 anos, com certeza, a partir dos 40 anos. Nesse momento, você já é uma pessoa mais madura e tem melhor compreensão da vida, pois, nessa fase, já deixamos de lado alguns "ideais revolucionários" e abraçamos a máxima daquele ditado que hoje o diretor-presidente da empresa em que trabalho usa muito "a vida como ela é".

Portanto, cabe aí pensar muito no que gostamos de fazer, qual o nosso prazer e como viabilizá-lo financeiramente. Nessa fase da vida, dá para pensar em subir na escala meritocrática? Muitos podem me perguntar, e, com certeza, minha resposta será sim, claro, basta planejarmos, temos muito a conquistar ainda nessa fase, desde que você tenha desenvolvido um planejamento anteriormente que mostre diversas opções; aliado a isso, você deverá ter perseverança para atingir seus objetivos. Mas lembre-se de que é importante você colocar no seu planejamento a atenção aos netos e à família, pois, nessa fase da vida, cabe renunciarmos a uma parte de nosso sucesso financeiro para nos dedicarmos mais à família.

Mas, e os mais jovens, como construir esse alicerce pensando em seu futuro? Em primeiro lugar, chamo a atenção para que leiam aquele capítulo em que falo do *trade-off*. Pessoas jovens são mais suscetíveis a decisões erradas que, muitas vezes, podem trazer consequências para toda a sua vida. Por isso digo que o roteiro do jovem deve começar por esse tema, caso queira obter sucesso. Claro que, nem sempre uma decisão errada quando jovem o levará com certeza ao insucesso, mas na maioria das vezes, se não levar ao insucesso, poderá levar a determinada situação na qual você deverá fazer mais esforço para atingir o sucesso. Tomar as decisões corretas quando existe um *trade-off* é o ponto mais importante de se ter em mente. Caso contrário, mesmo que a situação seja reversível, no caso de ter havido uma escolha errada, você deverá se esforçar mais para revertê-la, logo, a pessoa que conhece as leis do *trade-off* deverá estar consciente da decisão tomada e seus impactos. Sabendo disso, as pessoas poderão até evitar muitas escolhas que seriam feitas de forma não pensada e que trariam consequências, acabando por prejudicar sua vida.

Em segundo lugar, não podemos esquecer a tão falada garra, perseverança, bom networking, estudo e sempre lembrar que não podemos abandonar nossos objetivos. Em terceiro lugar, cabe ressaltar algo que não havia falado aqui, mas que é crucial para o desenvolvimento da vida das pessoas e subida na escala meritocrática: o estudo de finanças, no que tange a fazer investimentos pessoais corretamente. Claro que você não precisa ser um expert no assunto, mas ler a respeito e se inteirar do tema por meio de palestras e pequenos cursos rápidos faz todo o sentido. O estudo sobre finanças/investimentos é fundamental, e aconselho os jovens a começarem a estudar no início de suas carreiras, o quanto mais cedo melhor. Você, sabendo finanças, com certeza fará melhores escolhas quando se vir diante de um *trade-off*.

Na realidade, o alicerce que devemos construir, considerado de uma forma mais ampla, passa por toda explicação dada neste livro, e neste capítulo, apenas reforço minha ideia e acrescento o estudo de finanças, o qual enxergo como um diferencial para que a pessoa faça melhores escolhas em sua vida e prepare o jovem para, no futuro, ter uma vida melhor sob a ótica financeira e possa fazer em parte o que Jack Ma aconselha, aliado a novos projetos de sucesso.

8ª PARTE

Cases Reais - Exemplos reais de como obter sucesso

Ao escrever este livro, conforme já falado, pensei em trazer minha experiência pessoal, leitura de livros e pesquisas. Escrevi as sete partes do livro, trazendo informações sobre o que é meritocracia, igualdade e de como conquistá-las em um mundo desigual. No entanto, mais uma vez reafirmo que, toda a história contada neste livro não segue padrões científicos acadêmicos, na realidade, é apenas uma interpretação minha, baseada em artigos científicos e obras literárias, e na experiência adquirida ao longo de minha vida. Em busca de tornar toda a história desta obra mais dinâmica e atraente, coloquei uma pitada de realidade, já que apenas minha experiência de vida era relatada.

Para esse evento, convidei quatro pessoas para escreverem um case sobre suas vidas e, como já as conhecia, sabia que haviam vencido pelo seu esforço e obstinação, além das demais ferramentas que descrevo neste livro, que são necessárias para atingir o sucesso. A ideia central era buscar pessoas que fossem de nosso cotidiano, para que o leitor não pensasse que fulano A subiu na vida e ficou rico por sorte, ou por ter pais ricos, ou ter recebido herança. Também me preocupei com que essas pessoas fossem de “fácil acesso”; chamo de fácil acesso uma pessoa que possa ser encontrada na rua, fazendo compras ou passeando, ou fazendo qualquer atividade cotidiana, já que uma pessoa de “difícil acesso”, só podemos vê-la na TV, ou pela internet. Exemplo desse tipo de pessoa: o Neymar — jogador famoso da Seleção Brasileira de Futebol.

Com certeza, histórias de pessoas de “fácil acesso” nos motivam muito mais, pois as enxergamos mais próximas, e isso dá uma sensação de que, “sim, obter o sucesso é possível”, ou “ele é do meu tipo, identifico-me com ele”, pensarão nossos leitores. Outro ponto importante foi mostrar que essas pessoas progrediram na vida, mas não ficaram milionárias, pois muitos lincam o sucesso apenas à sua condição econômico-financeira, quando isso não é verdade. **O sucesso é relativo.**

Assim, na seção dos cases, estruturei o texto, fazendo uma introdução de como conheci essas pessoas e por que as chamei para escrever suas histórias no meu livro.

Em segundo lugar, mostro a história dessas pessoas, que foram escritas por elas mesmas.

E, por último, apresento quais lições que podem ser tiradas dessas histórias e lincadas com a narrativa do livro. Portanto, leia, faça uma reflexão, procure no livro as informações que explicam, em grande parte, a atitude delas sob o olhar de que a meritocracia é justa, e tente aplicar na sua vida, pois, dessa forma, você se tornará um vencedor.

Case 1 | O Estagiário Levi

Faço parte do corpo docente da Alumni Coppead. Levi foi meu aluno, com certeza sempre foi uma pessoa que participava bastante das aulas, como ele mesmo descreve em seu texto. Assim, chamou-me atenção por suas dúvidas sempre pertinentes e suas colocações. Logo que abrimos uma vaga de estagiário na empresa em que trabalho, convidei o Levi a participar. Sua aprovação foi rápida, e teve um excelente desempenho nos testes.

Após começar a trabalhar, em pouco tempo, já parecia um veterano, participava das discussões e com seu trabalho sempre assertivo, ganhou logo importância dentro do grupo, onde todos o respeitavam e elogiavam. Infelizmente para a empresa e felizmente para a pessoa Levi, logo recebeu uma proposta para trabalhar numa das maiores casas de investimento no Brasil, que, com certeza, o fará em curto espaço de tempo, um profissional de sucesso.

A história de Levi

Você se imaginaria vivendo em uma casa com dez pessoas?

Tenho muito orgulho e respeito pela minha origem familiar. Desde os primeiros 6 meses até os 18 anos, eu morei com minha família paterna, migrantes pernambucanos que, em meados da década de 1980, foram para São Paulo tentar uma vida minimamente melhor. Na casa onde morei, em Diadema/SP, além de mim, moravam meus avós, meu pai, duas tias, dois tios, o marido de uma tia e um primo. Na história da minha família, fui o primeiro a ingressar em uma graduação. Meu pai, apesar de ser uma pessoa naturalmente inteligente, infelizmente não teve a oportunidade de terminar o ensino fundamental, pois precisou começar a trabalhar muito cedo para ajudar no sustento da família, enquanto meu avô (que era cortador de cana no interior de Pernambuco antes de vir para São Paulo) nunca estudou, mas sempre teve uma boa intuição para cálculos mentais de operações básicas, mesmo não sabendo ler e escrever.

Apesar de todas as dificuldades, meu pai (infelizmente sem poder contar com o apoio de minha mãe) sempre fez questão de tentar me prover o melhor que podia, principalmente no que se referia à educação. Então, aos 7 anos, fiz uma prova para concorrer a uma bolsa de estudos em uma escola particular do ensino fundamental e médio e, com o sucesso que obtive, pude ter a chance de estudar em uma escola privada, mesmo sem ter condições financeiras para tal.

Já me sentia desafiado desde os 3 anos de idade.

Minhas primeiras memórias sobre algo que me desafiou intelectualmente são de quando eu tinha entre 3 e 4 anos, e meu pai me falava que era necessário aprender a ler e escrever. Mesmo que ele não falasse em tom de desafio, ainda tenho a nítida lembrança de que já considerava aquilo como uma tarefa que precisava aprender e dominar a qualquer custo, pois ficava evidente que todos ao meu redor sabiam, e se eles sabiam, eu tinha que saber também. Além disso, também lembro que, nessa época, meu pai havia ganhado diversos gibis de seu chefe, os quais levou para casa para me dar de presente e talvez incentivar meu gosto por leitura. A estratégia funcionou, pois, quando percebi que para entender as histórias que estavam por trás daqueles diversos quadrinhos, era preciso aprender a ler, minha motivação aumentou consideravelmente, pois não me contentava com o fato de que não conseguia entender o que estava na minha frente (como era criança, lembro-me até de chorar de raiva por conta disso). Essa motivação foi a principal responsável por eu ter conseguido entrar na pré-escola já sabendo ler e escrever.

Desde então, tal sentimento passou a me acompanhar para qualquer tarefa intelectual que me era proposta. Durante o ensino fundamental até meados do ensino médio, na escola em que era bolsista, sempre mantive bom gosto e interesse pelos estudos, não só porque toda aquela gama de conhecimentos novos me interessava e me despertava curiosidade, mas, porque eu fazia questão de provar que tinha capacidade de raciocinar e interpretar da melhor forma as informações que me eram dadas, e gostava de demonstrar isso, participando ativamente das aulas (o que às vezes gerava incômodo nos meus colegas de classe). Para completar, sempre fui competitivo no ambiente escolar, que me permitia comparar os meus resultados com os dos meus colegas, o que, por sua vez, aumentava minha vontade de mostrar interesse, participação e ir bem nas provas escolares.

Hoje em dia, percebo que a escola era um ambiente muito contrastante com a minha realidade, embora isso não fosse tão nítido, por conta de minha natural imaturidade e falta de experiência para esse tipo de situação na época. Ainda assim, consigo lembrar algumas situações. Como era o único bolsista da minha turma, todos os colegas tinham realidades distintas das minhas. Enquanto a maioria voltava das férias contando sobre suas viagens para vários países e quantas vezes já tinham viajado de avião, ou ainda, qual smartphone, videogame ou computador novo tinham ganhado dos pais como prêmio pelo último resultado escolar (muitas vezes mediano), eu não tinha história nenhuma para contar, além de não ter oportunidade de me vangloriar por algo de valor que havia ganhado. Mas como disse, nessa época, eu realmente não ligava muito para isso, talvez por que me sentia melhor sabendo que obtinha resultados melhores nas notas escolares, ou ainda, que a maioria desses colegas contavam comigo para ajudá-los nas tarefas e trabalhos. Contudo, saber que existiam pessoas com melhores condições financeiras e materiais, que estavam estudando comigo, me motivava a acreditar que eu também poderia ter melhores condições de vida. Por isso acredito que, nessa época, desenvolvi bem o meu código mental construtivo, já que podia sentir constantemente a necessidade de sempre aprender mais para poder ter um rendimento acima dos meus colegas e, quem sabe, no futuro, ter a chance de ter uma vida até mesmo melhor do que a deles.

Mas, então, chegou a adolescência e o interesse pela música.

Há uma fase em nossas vidas em que acabamos nos deixando levar por paixões momentâneas que aparentemente parecem ser a resposta para os nossos problemas e aflições emocionais. Na adolescência, sabemos que todas as nossas experiências e sentimentos são muito mais intensos do que em qualquer outro momento e, por isso, foi no ensino médio que comecei a dar menos atenção às obrigações escolares e comecei a me dedicar (de forma um pouco obsessiva, eu diria) ao estudo da música, por meio do aprendizado de violão e guitarra.

Aqui, surgia novamente a questão de me sentir desafiado a aprender uma coisa que tinha a sua devida complexidade. Toda aquela gama de informações novas, tais como tonalidades, campos harmônicos e melódicos, formação de acordes, escalas etc., eram como um novo mundo repleto de informações que me davam prazer, não só na abstração de novas ideias que eram construídas, como também na execução prática e momentânea dessas ideias através do instrumento musical. Além disso, havia novamente o fator da competição, já que foi por intermédio de um colega de classe que comecei a aprender esses instrumentos, de modo que, inconscientemente, já o colocava como meu *benchmark*, não ficando satisfeito até que chegasse ao mesmo nível em que ele estava na música.

Contudo, além dessas questões técnicas, a música também tinha um fator ideológico e emocional, que era apresentado por meio das letras das canções de músicos e bandas, de modo que tal fator foi um dos grandes influenciadores para a minha vontade de ser independente e fazer o meu próprio caminho, já que não poderia viver para sempre na casa de minha família paterna.

O fim da vida escolar e o começo da vida adulta.

Durante nossa jornada, às vezes surgem imprevistos que podem nos desestabilizar um pouco, mas desde que apliquemos resiliência e determinação, sempre haverá um jeito de contornar a situação.

Nesse contexto, no segundo ano do ensino médio, a escola privada onde eu estudava decidiu arbitrariamente cortar a bolsa de estudos que eu tinha (embora minhas notas ainda continuassem boas), e já que meu pai não tinha condições para pagar o valor da mensalidade integral, fui forçado, no último ano do ensino médio, a procurar uma alternativa. A primeira delas foi me matricular o mais rápido possível em uma escola pública estadual da cidade, processo em que não tive dificuldades.

Porém, sabia que também havia a possibilidade de terminar o ensino médio em uma escola técnica, onde o ensino era reconhecidamente melhor. Mas para isso era necessário ter um bom resultado numa prova de vagas remanescentes que era aplicada para aqueles que quisessem entrar no decorrer do ensino médio. Então, estudei o máximo que podia, pois desejava manter o nível de estudos que vinha tendo até aquele momento. Tal esforço me rendeu a segunda colocação nessa prova, que me proporcionou uma vaga no 3° ano do ensino médio da nova escola técnica.

Como citei antes, foi nessa época que desenvolvi um grande gosto pela música, de modo que, quando terminei o ensino médio, já dava aulas particulares de violão e guitarra, além de trabalhar em uma pequena escola de música da cidade. Dentro desse cenário, a escolha que mais fazia sentido era ingressar em uma faculdade de música, e foi o que fiz.

Eu já ganhava um pouco com as aulas e ainda morava na casa do meu pai, então acabei optando por não concorrer no vestibular de uma universidade pública e, a conselho do meu primeiro professor de música, consegui uma bolsa na mesma faculdade particular em que ele estudava, dando início no primeiro semestre do curso de licenciatura em música, quando tinha 17 anos. Ao final do semestre, contudo, mais um imprevisto aconteceu: por dificuldades financeiras, a faculdade tinha decretado que as aulas estavam suspensas até segunda ordem.

Na época, já me questionava sobre a decisão de ter escolhido tal faculdade, uma vez que tinha, inconscientemente, uma grande ambição de conseguir ser bem-sucedido financeiramente, e não enxergava muito progresso nesse quesito, caso continuasse nessa carreira. Então, tranquei a faculdade, e um pouco desanimado, acabei não procurando uma alternativa para minha formação. Porém, nesse período até o começo do ano seguinte, continuei com as aulas particulares, e pude juntar um pouco de dinheiro nesse meio tempo.

Um pouco indignado e revoltado com a minha situação, foi no início do ano de 2018 que tomei a decisão de sair de casa e começar a ser dono do meu próprio nariz. Decidi trocar todo o conforto de morar com a família (ter comida pronta e roupa lavada, não me preocupar com as contas etc.), pela necessidade de independência e autorresponsabilização, que, sem dúvida nenhuma, foram (e estão sendo) extremamente relevantes para o meu aprendizado evolutivo. Eu já sabia que não poderia contar com a ajuda financeira de ninguém, pois minha família não tinha condições financeiras para me sustentar fora de casa. Então, com o pouco dinheiro que havia juntado, aluguei um quarto em uma pensão em outra cidade, ao mesmo tempo em que também tinha decidido que não iria mais dar aulas de música.

Antes de continuar, um adendo.

Uma parte significativa de minha história foi bastante influenciada pela minha relação com o dinheiro. Talvez porque eu venha de família humilde, e por conta disso, eram escassos os momentos em que me relacionava com alguma quantia financeira, inconscientemente acabei criando a mentalidade de não desperdiçar o pouco que tinha, mesmo que minha família, por si só, não tivesse (e infelizmente, ainda não tem) o hábito de guardar, pelo menos, uma parte de tudo o que ganha para projetos futuros.

Esse hábito me acompanhou por toda vida, antes mesmo de surgirem os vários gurus das finanças pessoais que vemos pela internet hoje em dia. Além disso, assuntos relacionados a dinheiro, educação financeira e investimentos sempre me chamaram atenção e me despertaram o interesse, tanto porque sempre tive a ambição de conquistar uma melhor qualidade de vida para mim e para minha família quanto pelo fato de que toda a complexidade envolvida no mercado financeiro parecia acessível apenas para uma pequena quantidade de pessoas, e nunca suportei a ideia de que algo não pudesse ser acessível para mim, até porque o campo das ideias e do pensamento é aberto para qualquer um que tenha o interesse de aprender, independentemente de qualquer característica pessoal. Dito isso, vamos adiante.

O começo da trajetória até aqui.

Sempre tive a intuição de que, para mudar o rumo da sua vida, você precisa literalmente recomeçar e estar disposto a arriscar e aprender coisas novas, desafiando-se para encarar qualquer obstáculo que venha pela frente. Logo, meu primeiro recomeço foi o que citei acima, quando decidi sair de casa. Desde esse dia, no início de 2018, até hoje, morei em dez casas diferentes e passei por seis experiências profissionais distintas (entre empregos formais, atuação como autônomo e estágios). Vou agora resumir um pouco desse trajeto.

Nessa fase, meu principal foco foi literalmente aprender a sobreviver sozinho. O primeiro impulso foi conseguir o trabalho mais fácil que aparecesse, afinal de contas, precisava de algo regular para sobreviver. Foi assim que depois de ir três vezes ao mesmo processo seletivo, consegui um trabalho registrado como captador de clientes para uma ótica. Ali, minha principal (e única, aliás) função era abordar as pessoas na rua e convencê-las a entrar na ótica. Lembro que era muito cansativo, pois eu ficava em pé o dia inteiro, mas, por outro lado, havia a oportunidade de, em todos os dias, conhecer e conversar com pessoas diferentes, que, de vez em quando, contavam-me um pouco sobre as histórias que já tinham vivido. Uma dessas histórias, particularmente, tocou-me na época, quando um senhor me recomendou um livro chamado *O Homem Mais Rico da Babilônia*, justificando que era por conta desse livro que ele tinha conseguido juntar dinheiro para investir em imóveis e viver com o dinheiro dos aluguéis. Devido ao meu gosto por esse tipo de assunto, aquela história me chamou a atenção e ficou guardada na minha memória, embora, efetivamente, só tenha lido o livro dois anos depois, em 2020.

Fiquei apenas três meses nesse trabalho, pois não era o que eu queria. Mas ainda precisava sobreviver. Passei um período revendendo brigadeiro gourmet no centro de São Paulo (vendia bastante), até que surgiu uma outra oportunidade em um trabalho regular na minha cidade de origem, Diadema (porém, em nenhum momento pensei em voltar para a casa do meu pai, pois em minha concepção, seria dar um passo atrás). Era uma posição de atendente/auxiliar administrativo em um novo prédio de atividades culturais que estava sendo inaugurado na cidade. Ali fiquei por um tempo maior (do final de 2018 ao começo de 2020), pois mesmo recebendo pouco, conseguia guardar uma boa quantia mensal, ainda que pagasse aluguel e demais despesas.

A decisão de sair desse trabalho se deu porque, mais uma vez, eu não estava contente com minha situação, não era aquilo que queria para minha vida. Além disso, nesse meio tempo, o meu interesse por assuntos relacionados a economia, investimentos e mercado financeiro foi aumentando cada vez mais. Então, era necessário recomeçar novamente, e para isso eu estava disposto a morar em outro estado, mas dessa vez, com o propósito de estudar em uma universidade pública. Mas por que outro estado? Porque o desejo era me desafiar mais, colocando-me verdadeiramente à prova, para mostrar a mim mesmo que eu seria capaz de construir o meu próprio caminho, mesmo estando longe da minha zona de conforto (da qual faziam parte familiares, colegas e amigos). No ano de 2019, concentrei-me em estudar para o ENEM e, mesmo estando há alguns anos longe da escola, consegui ter um bom desempenho, por mais que estivesse concorrendo na categoria de Ampla Concorrência (já que eu não havia estudado o ensino médio em escola pública ou havia sido bolsista integral na escola privada).

A ideia era entrar em um curso que pudesse me abrir portas para o mercado financeiro. Nesse sentido, acabei escolhendo cursar matemática na UFRJ, no Rio de Janeiro. A escolha, naquele momento, baseou-se em uma mistura de gosto pessoal pela disciplina com a análise da ementa do curso, além de pesquisa sobre a reputação da universidade e oferta de atividades extracurriculares que poderiam agregar na minha formação e objetivo de carreira. Lembro que para conseguir uma garantia financeira maior quando eu fosse morar no Rio de Janeiro, negociei a minha rescisão de contrato no trabalho com o meu antigo chefe, contando toda a minha história e propósito de começar a estudar em outro estado, afinal, eu havia construído boas relações com ele e tinha certeza de que minha escolha seria vista com bons olhos. A estratégia deu certo, de modo que, com o dinheiro da rescisão, acabei vindo para o Rio de Janeiro com uma reserva suficiente para um bom período. E isso, na verdade, foi extremamente relevante, uma vez que no ano em que eu acabava de entrar na universidade, morando em outro estado, surgiu a avassaladora pandemia da covid-19.

Por outro lado, foi durante a pandemia que meu interesse por investimentos, principalmente pelo mercado de ações, se intensificou ainda mais, de modo que aproveitei todo o tempo em que ficamos isolados para tentar me aprofundar, de forma autônoma, nos conceitos relacionados a esse tema.

Mais escolhas e desafios, agora na universidade.

A vida universitária é uma grande oportunidade para conhecer novas pessoas, participar de grupos e ligas estudantis e construir bons relacionamentos. Claro que devemos nos concentrar em ter um bom rendimento nas disciplinas regulares, mas se quisermos ter uma chance para entrar no mercado de trabalho ou, ainda, começar a construir novos projetos, é necessário ir um pouco além. Assim que entrei na UFRJ, comecei a pesquisar quais os projetos de que poderia participar, e como já desejava trabalhar com finanças e investimentos, no segundo ano da faculdade entrei para uma liga de mercado financeiro. Sem dúvida foi uma decisão assertiva, uma vez que lá tivemos a oportunidade de participar de visitas a empresas do setor, assistir a palestras com profissionais já experientes no mercado, fazer novos amigos que tinham objetivos profissionais parecidos com os meus e, ainda, estudar sobre temas relacionados ao mercado financeiro, uma vez que muitas vezes as disciplinas da universidade não são suficientes para dar uma boa perspectiva de como funciona o mercado, na prática. Por isso, é importante saber onde encontrar pessoas que têm objetivos parecidos com os seus e, assim, construir um bom networking que certamente o ajudará na sua trajetória, em algum momento.

Foi por meio do meu interesse em aprimorar minhas habilidades e conhecimentos e também dessa rede de relacionamentos que, em 2022, tive a oportunidade de conhecer um excelente projeto, paralelo à faculdade, que foi um grande propulsor na minha formação, facilitando o meu acesso a conteúdo sobre finanças e mercado financeiro que muitas vezes não são acessíveis a quem não tem condições financeiras para tal. Foi através do Projeto Jovens Talentos Finanças que tive a oportunidade de ganhar uma bolsa integral em uma formação muito respeitada na área, o curso de finanças corporativas, investimentos e mercado financeiro da Alumni Coppead.

Na época em que recebi a notícia de que tinha sido aprovado para a bolsa, eu já estava estagiando há três meses em uma empresa da área petroquímica, no setor de RH. Não hesitei em mais uma vez pedir demissão, já que não era aquilo que eu queria, de modo que tinha entrado no estágio porque, de novo, precisava de uma segurança financeira mínima.

A partir de então, eu teria tempo total para me dedicar à faculdade e ao curso do Projeto Jovens Talentos Finanças. Então, mais uma vez, a história se repetiu. Novamente era necessário que eu mostrasse a minha capacidade de conseguir dar o melhor, sendo competitivo (principalmente com aqueles que não eram bolsistas como eu) e mostrando que tinha tanta capacidade quanto qualquer outra pessoa de absorver, interpretar, raciocinar e aplicar conceitos que até então pareciam disponíveis apenas para aqueles que pudessem pagar o preço do curso. Terminei a formação com a nota máxima esperada e saí de lá com muitos amigos, incluindo alunos e professores. Inclusive, foi lá que conheci o Haroldo, que era professor da disciplina de tesouraria e capital de giro. Além disso, já no meio do curso, foi o próprio Haroldo que me fez um convite para uma entrevista de emprego relacionada a uma vaga no *back office* de uma securitizadora, e já que aquela seria uma chance para a minha inserção no mercado financeiro, aceitei o convite. Quando cheguei lá, mais uma vez fui colocado à prova, pois após a entrevista, fui pego de surpresa com duas provas, uma de excel e outra de matemática financeira. Após obter excelente resultado (o que era esperado, pois, os conceitos de matemática financeira estavam bem "frescos" por conta do curso, e eu havia trabalhado bastante com excel no estágio anterior), recebi a proposta de trabalhar efetivado já como assistente na empresa. Porém, como eu estava ainda fazendo a formação de finanças com a faculdade, perguntei se em vez de assistente, não haveria a possibilidade de ser contratado como estagiário, pois, dessa forma, seria melhor para ambos os lados. A proposta foi aceita, e acabei ficando por seis meses na securitizadora como estagiário de *back office*.

Acredito que, lendo este texto, deve ter ficado claro que gosto de desafios. No final do ano de 2022, estagiando, fazendo faculdade e a formação em finanças ao mesmo tempo, eu ainda participava da Liga de Mercado Financeiro que comentei anteriormente. Foi por intermédio dela que tive a oportunidade de prestigiar a apresentação da área de Risco de uma grande gestora de investimentos do Rio de Janeiro, em um evento que foi realizado presencialmente na UFRJ. Ao final da apresentação, o gestor da área de Risco havia proposto um desafio: de acordo com os conceitos relacionados à gestão de risco de um fundo de investimentos que ele tinha apresentado, nós teríamos que resolver um case que envolvia diversos conceitos e métodos de análise de risco junto com técnicas de alocação e otimização de portfólios, envolvendo diversas classes de ativos. Logo que ouvi sobre essa possibilidade, já imaginava que ali poderia existir uma oportunidade, afinal de contas, se eu apresentasse um bom trabalho na resolução desse desafio, poderia apostar que haveria alguma chance, mesmo que mínima, de conseguir um estágio naquela gestora. Mas por que essa animação com uma gestora de investimentos? Desde que comecei a entender mais sobre o mercado de trabalho desse setor, trabalhar em uma gestora de recursos sempre foi o que me chamou mais atenção, seja pelo ambiente competitivo e meritocrático, seja pela remuneração ou pelo convívio com pessoas altamente capacitadas e inteligentes. Eu precisava saber como era aquela experiência, ansiava por isso, pois tinha certeza de que estar em um ambiente assim seria crucial para o meu desenvolvimento profissional e intelectual. Tal percepção foi o que me motivou a ter a proatividade de solicitar o envio do desafio após a apresentação, assim como recrutar mais integrantes da Liga para participar comigo, afinal, a proposta era que fosse uma resolução em grupo. Assim, conseguimos formar um grupo de quatro pessoas, de modo que tínhamos duas semanas para resolver o case proposto e desenvolver uma apresentação com o resultado. No entanto, os integrantes da Liga eram estudantes super ocupados, assim como eu, e talvez eles não vissem a chance que eu via naquele momento, de modo que depois da primeira semana, dois dos quatro integrantes já haviam desistido. Entretanto, eu não poderia deixar aquela chance passar, e assumi completamente a responsabilidade pela resolução do trabalho, virando algumas noites para conseguir absorver e aprender o conteúdo que era necessário, ao mesmo tempo em que ia montando a resolução.

No dia da apresentação, conseguimos mostrar um trabalho que foi bastante prestigiado e elogiado, onde ficou nítido que todo o esforço empregado tinha valido a pena. Mas nada havia sido comentado sobre qualquer possibilidade de estágio ou coisa do tipo, até porque, na data da apresentação, a gestora já estava com um processo seletivo para estagiários em andamento, o qual já havia encerrado o prazo para as inscrições. Porém, isso não me desanimou. Conhecendo a cultura da empresa e sabendo que eles valorizavam bons trabalhos, não hesitei em entrar em contato no dia seguinte, pelo LinkedIn, com o gestor que havia assistido à apresentação. Expliquei que havia gostado bastante do desafio e que a gestora parecia um local incrível de se trabalhar, lamentando que não tinha me inscrito no processo seletivo, mas aproveitando para perguntar se por acaso não existia alguma vaga aberta em que eu poderia concorrer. Acredito que tal proatividade foi bem-vista, uma vez que o gestor me informou que existia uma oportunidade aberta, sim, já marcando uma entrevista para os próximos dias. Então, depois de passar nas entrevistas, fui aprovado para estagiar em uma das maiores gestoras de investimentos do Brasil, no time de análise de ações, posição em que estou atualmente.

Uma reflexão final sobre meritocracia, sob a minha visão.

É fato que meritocracia é um assunto polêmico nos dias de hoje. Contudo, parece que muitas vezes o significado de algo simples é extrapolado para outros conceitos que tendem a gerar conflitos, problemas, discussões e baixa autoestima. Sob a ótica da minha própria história, se a tristeza de pensar na desigualdade social entre a minha família e a família de muitos colegas meus me consumisse (o que muitas vezes quase aconteceu), eu não teria forças, nem coragem para ignorar esses pensamentos e continuar motivado, de modo que, provavelmente, ficaria apenas me lamentando e fazendo conjecturas sobre um mundo ilusório onde todos nascem com as mesmas condições.

Em vez disso, acredito que deveríamos nos concentrar em um conceito de meritocracia que nos estimula a dar o nosso melhor em cada tarefa que nos propomos a fazer ou que nos é dada, a perseguir com determinação qualquer objetivo que a gente tenha em mente, a extrapolar as nossas expectativas, sempre tratando bem as pessoas à nossa volta, independentemente de onde elas venham, sejam de famílias abastadas ou de famílias mais humildes. O verdadeiro mérito não está em ficar se comparando a todo momento com terceiros, ele está em você se sentir bem consigo mesmo, não importando qualquer circunstância externa que possa te distanciar da sua plena atitude e pensamento.

Além disso, acredito que a orientação familiar é muito mais valiosa do que qualquer condição financeira, não sendo necessário que familiares possuam bens valiosos para prover conselhos construtivos aos integrantes mais novos da família. Uma boa orientação não depende de status. E caso vejamos alguém que pareça carecer de boa orientação, que possamos nos esforçar para fornecer um novo ponto de vista a essa pessoa.

Por fim, é óbvio que não devemos ignorar as desigualdades sociais que assolam a sociedade, longe disso. Mas, por outro lado, o problema não é resolvido quando apenas as diferenças são exaltadas, em vez das qualidades daqueles que se esforçam para ser pessoas melhores a cada dia, em diversos contextos e situações. No final das contas, todos merecemos empatia, afinal, todos estamos fadados a sofrer com alguma coisa em algum momento, independentemente da condição de origem.

Levi atualmente é estagiário de análise de ações na SPX Capital em 10/07/2023.

Lições tiradas

Nesse caso específico, o autor do case faz menção a alguns pontos que levantamos no livro, como fundamentais para que se obtenha sucesso, que são eles:

- Código mental construtivo
- Sorte se busca
- Resiliência e perseverança
- A importância de se conhecer o outro lado
- Talento + esforço = sucesso

Case 2 | Gilvan Bueno, um excelente vendedor e contador de histórias - Um grande adepto da ideia - "Você é um produto, faça com que você seja desejado"

Gilvan foi um cara que conheci por intermédio de um amigo em comum. A empresa onde trabalho é parceira da empresa onde Gilvan trabalha. Vi que ele tinha uma história bonita de vida, de muita luta e obstinação em busca de um objetivo. Mas o que mais me chamou atenção no dia em que conheci o Gilvan foi sua capacidade argumentativa, simpatia e vontade de vencer. Logo quando iniciei o projeto deste livro, chamei-o para participar. Realmente sua capacidade de se comunicar é algo fora de série.

Abaixo segue um pouco de sua história.

A história de Gilvan

Foi assistindo ao filme *À Procura da Felicidade* que nasceu o meu desejo de trabalhar no mercado financeiro. A trajetória de Chris Gardner, interpretado por Will Smith, estimulou uma vontade de mudar de atendente de uma rede de fast-food para as empresas do mercado financeiro. Importante lembrar que o começo da vida profissional foi como auxiliar de pedreiro, carregando cimento nas obras.

A primeira ação para mudar de vida é que você precisa ver para acreditar. Ter pessoas e histórias de pessoas que você admira são forças motivadoras para realizar mudanças importantes na sua vida.

Digo isso, pois antes desse filme, eu nunca tinha pensado em trabalhar no mercado financeiro. Eu estava acomodado, estabelecido e muito confortável no meu mundo.

Para você entender como era o meu mundo, eu preciso voltar no tempo e te contar tudo do início. Um momento importante foi a minha estreia em Salvador, digo isso, pois quem nasce na Bahia, não nasce, estreia.

Logo em seguida, por uma grande confusão familiar, fui para o Espírito Santo. Aos 11 anos, após a morte da minha mãe, passei a morar com a minha avó. Aos 15 anos, por um gesto de amor para que minha avó pudesse se dedicar à sua saúde, fugi de casa em direção à cidade maravilhosa: Rio de Janeiro.

Meu objetivo era entrar no Colégio Naval e desenvolver uma carreira na Marinha, o desafio para materializar minha meta dependia do meu conhecimento em trigonometria, algo que não aconteceu como planejei.

Diante do fracasso dos concursos para tentar a vida militar, tentei outras carreiras, como a de jogador de futebol, mas também me faltou talento. Mas foi como enxadrista federado que encontrei paz de espírito. "O xadrez me moldou." Fiz amigos. Os torneios foram meu pai e minha mãe. Eu poderia ter ido por outro caminho, não fosse o esporte.

A segunda ação para mudar de vida, entenda suas limitações, faça as mudanças necessárias para adaptar a sua educação a algo que potencialize o seu conhecimento.

Aos 19 anos, dividia a vida entre o balcão de um restaurante da rodoviária do Rio de Janeiro, de manhã, e uma unidade de uma rede de fast-food à noite para conseguir alugar meu primeiro imóvel — até então, eu morava de favor.

Aos 20 anos, iniciei minha carreira como garçom. Profissão que foi meu sustento por muitos anos. Trabalhando em uma pizzaria no bairro de Botafogo, após assistir ao filme *À Procura da Felicidade*, percebi que era possível mudar de vida, compartilhei com os meus clientes que queria trabalhar no mercado financeiro. Eu me comunicava bem. Falava sobre livros, filmes, mostrava habilidade com cálculos. Alguns pessimistas foram contra os meus anseios, mas os otimistas me encorajaram.

A terceira ação para mudar de vida, aprenda a se comunicar e venda seu conhecimento como um produto ou serviço.

Essas conversas, leia-se vendas, estimularam que um cliente me indicasse para uma entrevista para trabalhar em uma corretora. Diante da crise financeira de 2008, ninguém queria trabalhar no mercado financeiro por medo. Mas não foi o meu caso, pensei, "A oportunidade está no risco".

Aprendizado muito importante da minha vida: Crises são oportunidades. Foi a quebra dos bancos americanos que criou oportunidades para minha entrada no mercado financeiro.

Após a primeira experiência na área comercial da corretora Geração Futuro, fui trabalhar no Itaú Unibanco, depois no BTG Pactual e em um escritório da XP Investimentos. Durante essa jornada, concluí minha faculdade em gestão financeira e conquistei diversos certificados necessários para trabalhar no mercado de capitais.

A quarta ação para mudar de vida, invista no desenvolvimento de competências que possam potencializar sua atividade comercial e, consequentemente, a sua carreira.

Nunca tive o melhor currículo quando comparado aos meus colegas de trabalho, não tinha estudado nas melhores escolas do país e muito menos tinha dinheiro para vivenciar férias na Europa, mas quando o assunto era dedicação e trabalho para conquistar algo, sempre fui obsessivo e determinado, trabalhar no mercado financeiro era mais do que contar com um bom emprego: era a oportunidade de alcançar ascensão social.

A quinta ação para mudar de vida, a vontade de vencer supera a falta de talento.

Após anos de trabalho árduo, o destino me reservou um dos momentos difíceis da minha carreira: a perda de uma oportunidade de promoção no trabalho, pois não falava inglês fluentemente.

Durante anos, pensei que esse momento havia sido uma falha na minha carreira, mas, na verdade, foi a coisa mais especial que me aconteceu, pois, foi por ser recusado naquele processo de seleção, ou melhor, essa derrota que me inspirou a pedir demissão dessa empresa e ir em busca de criar outras oportunidades de desenvolver o meu crescimento profissional e pessoal. Assim, pude fazer um intercâmbio em Nova York e depois fui trabalhar na Órama Corretora, na qual me encontro até hoje, como sócio.

A sexta ação para mudar de vida, algumas derrotas são necessárias para nos conscientizar de que as oportunidades de crescimento podem estar em outro lugar.

No final, o meu conselho para quem deseja mudar de vida é investir em comunicação, vendas, rede de contatos e competências para entender a relação risco/retorno e tempo/energia.

O profissional Gilvan Bueno

- site: www.gilvanbueno.com.br
- Sócio e gerente educacional da Órama Investimentos;
- Aluno do Boot Camp da Wharton Executive Education para Rising Generation Financial;
- Coautor de dois livros — *Independência Financeira* e *Manual de Organização Financeira para Empreendedores;*
- Ganhador do Google For Startups for Black Founders, pela empresa Financier Educação;
- Professor de atividade complementar da FGV Direito - Rio;
- Membro do comitê de investimentos do fundo Baobá; e
- Eleito pela revista "Forbes" como um dos nove inovadores negros no Brasil que estão buscando, pela Educação Financeira, uma ascensão social e econômica para as próximas gerações.

Lições tiradas

Nesse caso específico, o autor do case faz menção a alguns pontos que levantamos no livro, como fundamentais para que se obtenha sucesso, que são eles:

- Você é um produto, faça com que você seja desejado
- Sorte se busca
- Resiliência e perseverança

- A importância de se conhecer o outro lado
- Esforço sozinho nem sempre o levará a seus objetivos, mas um conjunto específico, sim.

Case 3 | Meu grande amigo jornalista, Sidney Rezende

Tudo começou quando estava ministrando uma aula de capital de giro para os alunos da turma Jovens Profissionais de Finanças pelo Coppead, naquela época ainda no prédio da Ilha do Fundão, no Rio de Janeiro. Um dos alunos da turma trabalhava na rede de TV da GloboNews e participava da elaboração do programa de entrevistas sobre finanças e economia. Em uma de minhas aulas, ele gostou do tema e disse que conversaria com a editora-chefe sobre uma entrevista para falar sobre o desempenho do indicador Pesquisa Mensal do Comércio que seria divulgado em breve. Mas mesmo antes desse convite, eu já conversava com esse meu aluno sobre a possibilidade de ser entrevistado no programa de economia chamado *Conta Corrente*, assim, ia aos poucos mostrando a ele meu conhecimento sobre o tema, e como poderia ser interessante uma entrevista. Bem, olha eu aí à procura da sorte!

Finalmente esse dia chegou e então fui convidado para participar do programa, lembro que ao entrar no estúdio para essa entrevista ao vivo, minha mão estava gelada, vontade de ir ao banheiro, sede, ou seja, sentia tudo ao mesmo tempo. Quando iniciou o programa e entrei no estúdio ao vivo, apertei a mão do entrevistador Sidney Rezende. No momento, eu pensava, "atingi meu objetivo", que era um dia ser entrevistado em um dos mais importantes telejornais sobre economia e finanças do Brasil. Acabou que pude estar no programa mais umas cinco vezes posteriormente.

Desse momento em diante, fiz amizade com Sidney que já dura onze anos. Conheci sua história em muitas das vezes em que o Sidney foi à universidade onde ministrava aula de finanças, fazia palestras para os estudantes, palestras essas que mostravam força, resiliência e superação de uma pessoa vinda do interior do Brasil para se tornar um dos melhores apresentadores da TV brasileira.

Antes de falar da história do Sidney, abro um parêntese para falar de uma passagem de minha vida nessa época em que conheci o famoso apresentador. Estava escrevendo esse texto sobre Sidney Rezende e me lembrei de que sempre tive um sonho de participar de um programa de TV ao vivo falando sobre economia. Mas, certo dia, estava em casa assistindo ao canal de economia e finanças Bloomberg TV, quando apareceu para entrevista uma pessoa que havia estudado comigo durante grande parte da minha vida e que, na realidade, sabia que não tinha uma capacidade maior que a minha para fazer um programa daquela envergadura. Foi então que me senti desafiado e fiz uma pergunta a mim mesmo: "Se ele conseguiu, por que não posso conseguir, basta eu focar esse meu objetivo". Desde então procurei traçar uma estratégia que me levasse a ter essa oportunidade. Bem de acordo como o que falo no livro, "fui buscar a sorte e achei", conforme a história que conto no início deste texto, quando encontrei o assistente da editora do *Jornal Conta Corrente* (que foi meu aluno), o restante da história, conto no parágrafo anterior.

Volto agora à história do Sidney Rezende. A seguir, ele transcreve com as próprias palavras a história de sua vida, que foi de luta e superação, tema que vai ao encontro da linha editorial deste livro.

Depoimento de Sidney Rezende sobre sua história

Se você está em busca de glamour, lamento desapontá-lo. Pela simples razão de que a vida é composta de desafios, e o resultado deles pode ser de vitórias, mas também de derrotas. Com minha família não foi diferente. E comigo, muito menos!

A lição surrada ainda está dentro do prazo de validade: "Os momentos de realização nos aquecem, mas são nas tentativas e erros que crescemos". Quando pus o ponto final no livro *Deve Ser Bom Ser Você – 102 brasileiros bem-sucedidos dizem o que pensam do sucesso*, aprendi que só se avança após a fixação de metas claras.

Todos os entrevistados admirados pelo país, de uma maneira ou de outra, confessaram isso como princípio inarredável. Como isso funciona na prática? Pode-se começar a jornada com três passos clássicos e todos eles têm a ver com prazos. Liste os de curto, que são mais rápidos de serem alcançados; e somente depois trace os de médio e longo.

Funciona como uma régua

O cumprimento de cada alvo é um exemplo de ação bem-sucedida. E isso se transforma em adrenalina boa. O sorriso é um grande combustível. Se os objetivos forem atingidos rapidamente, melhor ainda! E como não somos iguais, as metas que estabelecemos atendem às nossas necessidades internas e externas.

Não é exatamente inteligente, mas tem pessoas e organizações que pensam que não se deve ajustar nunca o objetivo, basta ser resiliente, baixar a cabeça e partir para a meta. Balela. Quem já não ouviu: "Eu chegarei lá! Custe o que custar, e no prazo que for necessário!" Bem, pouquíssimos conseguem, mas os que pagaram pelo risco também podem ser considerados "bem-sucedidos". Sou daqueles que valorizam a técnica, a razão em harmonia com a emoção, organização e métodos. Mas aí que tem o "pulo do gato": sucesso não é propriedade de uma pessoa só, nem exclusivo de grupelho privilegiado. Por essa razão, não existe um caminho único para trilhar, e nem existe uma cartilha ou manual matadores. Senão gostaríamos de seguir o que está lá escrito.

Você, eu ou nossos vizinhos podemos todos ser admirados pelo que realizamos, mas, acredite, não existe sucesso sem algum tipo de métrica, planejamento, objetivos, alvos claros a serem alcançados e lógica quando chegarmos ao local que almejamos.

Minha família

Sou o caçula de uma família de sete filhos, dos quais dois morreram no nascedouro. Lucina, minha mãe, pertencia a uma humilde família de Caicó, Rio Grande do Norte, e Sidney, meu pai, de quem herdei o primeiro nome, filho de migrantes vindos de Minas Gerais para povoar o Centro-Oeste.

Foi em Campo Grande, Mato Grosso do Sul, que meus pais se conheceram, apaixonaram-se, e onde nascemos. Esse encontro só foi possível porque os meus avós paternos foram pioneiros por aquelas bandas. Eles chegaram quando tudo era mato, diriam os jovens de hoje.

Anos mais tarde, quando o casamento de meus pais se tornou insustentável, veio a separação. Não foi fácil, mas ficamos ao lado de nossa mãe, o que acelerou a reconstrução de nosso futuro.

Os meus irmãos mais instruídos viram que a oportunidade de vida nova estava no Rio de Janeiro, capital que ainda respirava os ares do prestígio de ter sido capital federal.

Os meus dois irmãos mais velhos foram os primeiros a se estabelecerem e, com isso, abriram as portas para o resto da família.

Nair, a mais velha, conseguiu um emprego de secretária na Fábrica Bangu, e esse cargo dava direito ao funcionário ter acesso a uma casa de operário para sua família. Foi o nosso primeiro lar no Rio.

Nair, com muito esforço, formou-se em economia e impulsionou a todos nós a sonharmos um dia morar em Copacabana, um dos bairros mais prestigiosos da Zona Sul. César conseguiu um trabalho no extinto Banco Souto Maior e, com grande esforço, frequentava duas faculdades, a de Administração e a de Direito. Quem diria que aquele rapazola magrinho e voz forte um dia seria um dos autores da Lei Penal Econômica, a "lei do colarinho branco"? Ambos nunca reclamaram da dura vida que levavam para sustentar sua família e substituir um pai, naquela altura, inexistente.

Imagino como não deve ter sido fácil trazer a família de outro estado para o Rio. Numa ocasião rara, César nos contou, com os olhos marejados, que incontáveis vezes não tinha dinheiro para comer e passava o dia com uma única refeição. Só lhe restava dormir, com a barriga roncando.

Ele guardou esse segredo cruel por anos a fio tão bem guardado que somente fomos saber quando todos nós já éramos pais e tínhamos nossas próprias famílias. Advogado bem-sucedido, ele passou nos concursos mais importantes de que participou com honrosos primeiros lugares.

Graças ao esforço dos dois, finalmente deixamos nossa terra e viemos com todos os nossos pertences dentro de uma Kombi. Nossa mãe, Renato, Vera e eu, ainda pequeno, viajamos com muita esperança de uma vida melhor. E assim acabou acontecendo. Para comer, naquela histórica viagem de Kombi, tínhamos a matula para ser dividida, como chamavam, de frango com farofa, e algumas laranjas de sobremesa. As frutas, nós as perdemos quando a Polícia Rodoviária nos parou numa blitz. Ao vasculhar o interior, sofremos uma baixa que muito nos custou durante o resto do percurso. Os policiais disseram que aprenderiam as frutas porque havia um surto de "cancro cítrico" na região que dividia São Paulo do Rio de Janeiro e, por isso, eles não poderiam deixar seguir com as laranjas.

A prioridade educação

Finalmente chegamos ao Rio e minha mãe, desde o início, como princípio, escolheu como mantra que todos tínhamos que estudar. Até por isso, não me esqueço dessa única vez em que levei uma surra. O motivo foi que minha mãe descobriu que eu havia "gazeteado" (faltado!) aula, e não ir à escola era algo muito grave na nossa casa.

A vigilância de minha mãe quanto à importância da educação foi preponderante para anos mais tarde todos chegarmos ao curso superior. Meu pai seguiu em Campo Grande. Somente anos depois trocou a cidade morena pelo Rio de Janeiro. Ele compôs uma nova família.

Do seu segundo casamento com Deidame, nasceu nossa querida irmã Alda, a quem amamos com grande devoção. Ela é um dos nossos exemplos de ética. A determinação dos meus irmãos mais velhos foi fundamental para a mudança dos rumos das nossas vidas. Eles foram os fundadores desse novo ciclo, traçaram uma meta exemplar para todos nós: estudo, trabalho, vontade de sair de onde estávamos e motivação para não aceitar a letargia. Por seguir essa filosofia, a família mirava para frente e para o alto. E tem sido assim até hoje.

Já iniciando a fase adulta, eu sonhava ser diretor de cinema, o que nunca se concluiu e, hoje, sereno, vejo que não teria competência para seguir essa bela carreira. Por acaso, inscrevi-me num curso de filosofia na Universidade Santa Úrsula e lá conheci Maria Edna Brito, que eu chamo de uma freira moderna, até hoje, e ligada à Igreja Católica no que ela tem de mais progressista.

Eu disse a ela que não pretendia fazer faculdade e ela demoliu, com doçura, essa minha intenção juvenil e me incentivou a fazer, sim, universidade e depois seguir a melhor profissão que atendesse a minha vocação.

Fiz comunicação social e, após o cumprimento do ciclo básico, só me restaram duas opções: publicidade ou jornalismo. A PUC do Rio não oferecia, naquela época, o curso de cinema. Para quem nunca havia pensado em seguir o universo do rádio, TV, jornais e revistas, foi uma revolução. O destino me carregou pelas mãos, sem planejamento, metas, objetivos ou qualquer uma das ferramentas que hoje sei que seriam importantes para melhor êxito. Mas deu certo!

Vida profissional

Depois do fortalecimento da família, fixação de metas e priorizar a educação, ter o trabalho como um meio de sobrevivência não é um bicho de sete cabeças. Comecei minha vida profissional aos 13 anos de idade como datilógrafo de uma revista que era impressa na rua do Senado, no centro do Rio Antigo. Mais um brasileirinho que substituiu a infância pelo trabalho, com o objetivo de ajudar na subsistência da família.

Trabalhamos com afinco para trazer dinheiro para casa, estudávamos para "subir na vida" e com isso tentar melhorar a realidade à nossa volta. Os irmãos mais velhos nos empurraram para fora da bolha. Eles sabiam que lá na frente, quanto mais preparados estivéssemos, nós poderíamos abrir novas frentes.

A vontade de mudar, os objetivos individuais e coletivos a serem alcançados, leitura constante e foco foram fundamentais para avançarmos. A propósito, não por acaso, até hoje, temos livros em nossas estantes. Está bem que existem computadores para desocupar espaços antigamente destinados ao papel, mas a leitura continua sendo indispensável. O saber e o conhecimento são aliados da vitória. Olhando em perspectiva, também atribuo à boa comunicação e simpatia de todos nós uma das chaves para se chegar a um bom lugar.

Minha mãe me deu um conselho que nunca mais esqueci: "Filho, quando você perceber que alguém não é boa pessoa, que esteja te fazendo mal, simplesmente saia de perto, deixe para lá e siga o teu caminho!"

No mundo corporativo, encontramos executivos com "ego inflado", "egoísmo à flor da pele". Sem contar os "mentirosos" e "espertos no mau sentido".

Mas também conhecemos amigos e amigas, parceiros éticos, e gente honesta disposta a esticar a mão e nos ajudar a evoluir. Durante a minha longa carreira jornalística, conheci todos estes tipos, mas confesso que os amigáveis foram os mais valiosos.

Nunca o Salmo 91:7 demonstrou ser tão atual: "Mil poderão cair ao teu lado, e dez mil à tua direita; mas tu não serás atingido". A minha primeira oportunidade de trabalho foi uma indicação de uma colega de faculdade, Ana de Ava Câmara, que, convidada a produzir um programa de madrugada na Rádio Roquette Pinto, convidou alguns de nós para sermos colaboradores. E eu fui nessa barca. A direção da emissora foi mudada. O novo comandante que assumiu foi o jornalista Procópio Mineiro. Antes de sentar-se na cadeira, ele me ligou e disse que havia gostado do meu trabalho diante do microfone da rádio e me perguntou se eu gostaria de participar dos novos projetos que ele pretendia implantar. Aceitei e logo fui transferido para o horário da manhã, onde comecei como repórter de geral e, mais tarde, de política.

Em 1985, o presidente escolhido pelo Colégio Eleitoral, Tancredo Neves, passou mal em Brasília e foi tratado emergencialmente no Hospital de Base, da Capital Federal. Em seguida, foi transferido para o Incor, em São Paulo.

Havia tensão no ar, depois de presidentes militares, como seria feita a transição democrática no Brasil? Os olhos do mundo estavam voltados para Tancredo. A nossa chefe de redação, Regina Bodstein, reuniu a equipe e disse que iria credenciar três repórteres para aquela importante cobertura jornalística e perguntou quem gostaria de ir.

Eu fui o único que levantei o braço e fui logo aceito. As outras duas vagas foram preenchidas por duas colegas que estavam até mais bem preparadas do que eu. Fizemos um excelente trabalho. Permaneci por dezessete dias em frente ao hospital paulista levando aos nossos ouvintes as informações sobre o calvário do "presidente que nunca assumiu o cargo".

Ao retornar ao Rio, fui muito bem avaliado pelos meus chefes, e, por capricho do universo, quem sabe sorte minha, os dois âncoras do principal jornal não estavam se entendendo. E Procópio me consultou se eu aceitaria substituir um deles. Em caso afirmativo, ele transferiria o outro para outro programa da casa. Todos estavam de acordo com a mudança e, meteoricamente, a separação foi consumada, e, sem saber, eu estava iniciando minha carreira de apresentador. E havia outros olhos da concorrência acompanhando nosso desempenho. Afinal, tiramos a rádio do último lugar do Ibope, que avaliava a audiência, para a quinta posição.

A Rádio Jornal do Brasil, líder do segmento, não estava satisfeita com nosso sucesso e, sem que eu soubesse, acompanhava o meu desempenho e me fez uma oferta. Por cinco anos, fui o entrevistador do Encontro com a Imprensa na nova casa.

Senti que poderíamos ir mais longe e partir para cima da Globo e propus uma nova programação *all news*, como já existia nos Estados Unidos, mas a JB não aceitou e eu saí para empreender em outra emissora. A única disposta a arriscar foi a pequena rádio Panorama, sediada em Nilópolis, Baixada Fluminense.

Eu tinha tanta certeza no meu palpite que larguei o maior salário do lugar em que estava e fui empreender na Panorama. O programa Panorama Brasil foi o primeiro da história a levar jornalismo para a FM, porque existia a crença de que AM era para falar e FM para transmitir só música. Foi um sucesso retumbante. Fizemos um produto consagrado.

Cumprimos um ano no ar, no início dos anos 90, e eu fui abordado por José Roberto Marinho com a proposta de integrar a equipe que ainda seria montada para criar a rádio CBN. Fomos para lá e, gradativamente, montamos a grade 24 horas de puro *all news*.

A CBN deu tão certo que Alice Maria, diretora de um projeto ainda em gestação para ser implantado na TV fechada, que viria a se chamar GloboNews, foi buscar talentos com experiência, como se dizia, que pudessem emprestar o que aprenderam na rádio para a TV. O plano dela era levar o know-how radiofônico para TV.

Fui lá conversar, e ela quis saber se me importaria de fazer um teste de vídeo. Eu disse que não e que estava pronto para gravar naquela hora, mesmo! Como já havia sido apresentador do Jornal do Rio, da TV Bandeirantes, fiz o que ela pediu, sem dificuldade, num primeiro momento.

Ela disse ter gostado muito e perguntou se eu poderia fazer outro, só que, dessa vez, de terno. Ela também avaliou bem. Eu pensei que isso já bastava, mas só que não.

E voltou a pedir uma terceira avaliação, mas dessa vez, de terno, teleprompter, equipe completa no estúdio e maquiagem. Fui aceito. Fiquei por lá de 1997 até 2015. Por volta de 2006 percebi, por alerta sistemático de meu filho Francisco Rezende, que o futuro da comunicação seria jogado num conjunto de novas tecnologias hospedadas na internet. Busquei a direção-geral da Globo e me ofereci para ter uma coluna numa das plataformas da casa. Muito se tentou um encaixe, mas não foi possível. Agradeci e sugeri uma alternativa: criar com recursos do meu próprio bolso e risco, um site próprio para abrigar um blog. Eles aceitaram, desde que eu não utilizasse o veículo que só existia na minha cabeça para atacar a Globo ou prejudicá-la nos seus interesses comerciais. Em maio daquele ano, fundamos o site SRzd. www.srzd.com.

Meritocracia

Existem várias maneiras de conceituar a meritocracia. Provavelmente a mais conhecida seja aquela baseada no esforço pessoal, o "fazer por merecer". Penso ser mais complexo do que isso e não é o suficiente para explicar as razões que levam alguns a "chegarem lá!" e outros, aparentemente mais equipados, ficarem no meio do caminho.

Para aquele livro que escrevi, que abriu este texto, os bem-sucedidos disseram que o mérito do seu sucesso seria "sorte". Será?

O segundo elemento mais votado, "trabalho". Seguido de talento, perseverança, determinação, vocação, estar no lugar certo na hora certa, dedicação, estudo e paixão.

O último item, "vontade, virtude e treinamento".

Não concordo.

Para mim, vontade, virtude e treinamento têm que estar nos primeiros lugares. A meritocracia deveria ter oportunidades iguais, mas se você não colocar o carro para andar, de que adiantará?

Com quase 40 anos de jornalismo, Sidney Rezende é diretor do portal SRzd e colunista do *Jornal O Dia*. Já passou por veículos como CNN Brasil, Rádio CNN, GloboNews, TV Globo, Rádio CBN, TV Manchete, Rádio Roquete Pinto, Tribuna da Imprensa e Rádio Nacional.

Autor dos livros *Deve Ser Bom Ser Você* e *Ah, se eu fosse presidente...*

Ganhador do prêmio Golfinho de Ouro e o de Melhor Analista de 2022 dado pelo site Na Telinha, voto popular.

Lições tiradas

Nesse caso específico, o autor do case faz menção a alguns pontos que levantamos no livro, como fundamentais para que se obtenha sucesso, que são eles:

- Ter um objetivo
- Sorte se busca
- Resiliência e perseverança
- A importância de se conhecer o outro lado
- Talento + esforço = sucesso
- Sucesso é relativo

Case 4 | Caio Velasco – um aluno diferenciado e participativo

Em mais uma das turmas do Alumni Coppead, em que tive a oportunidade de ministrar aulas de estratégia de capital de giro, conheci o aluno

Caio. Ele era muito participativo em sala de aula, e todo bom professor gosta de alunos participativos. Mas Caio queria mais, passou a me enviar e-mails com dúvidas sobre a matéria, e eu, prontamente os respondia, pois, bons professores gostam de alunos interessados em sua matéria. Dessa forma, após vários e-mails respondidos, Caio me elogiou pela minha presteza e rapidez nas respostas. Assim, se formou uma amizade, tivemos oportunidades de fazer uns estudos juntos e sempre conversamos bastante, dei-lhe alguns conselhos e aprendi muito com ele também. Mas após ver suas postagens no LinkedIn, passei a entender um pouco de sua vida. O que despertou mais meu interesse para que ele divulgasse sua história neste livro é que, para chegar a ser destaque nos estudos, ele se esforçou muito, tese que vai ao encontro da ideia de Angela Duckworth sobre a teoria da garra, e sobre a ideia de código mental construtivo da autora neurocientista da Universidade de Stanford, Carol Dweck. Dessa forma, chamei-o para escrever este case.

Abaixo vocês podem ler sobre a história de vida de Caio, "o aluno diferenciado".

A história de Caio Velasco

Não há como falar de resiliência, esforço pessoal, networking e ambição sem falar do histórico familiar e do ambiente onde uma pessoa cresce. Acredito que são fatores cruciais na história de cada um. Há uma discussão mundial enorme hoje em dia sobre igualdade de oportunidades vs. igualdade de resultados*. O que vou expor aqui não está necessariamente baseado em pesquisas científicas, mas na minha vivência pelos ambientes por onde passei. Entenda por ambiente uma palavra ampla, seja ela a escola, a família, uma rede privada por conta de uma bolsa de estudos, ou uma experiência em outra cultura.

---

* Boas referências podem ser encontradas neste site da Stanford University, que é parte de um grande projeto que quer examinar a relação entre o ideal da igualdade de oportunidades e a provisão de educação como um bem público, ou seja, um "bem ou serviço" provido pelo governo como um direito de todos: < https://edeq.stanford.edu/>. Acesso em: 25/11/2023.

Eu cresci na Tijuca, no Rio de Janeiro. Não cresci no Norte, nem no Nordeste, nem no Sul. Só de viver a cultura e as oportunidades do Rio de Janeiro, já é algo que considero estar associado a privilégios. Eu acredito que há diferentes níveis de privilégios, uns têm mais, outros, muito menos. De certa forma, nascer e crescer no Rio deve ser um nível de privilégio maior do que no interior de um estado no Norte. O Sudeste é de fato um lugar com mais oportunidades, dependendo da indústria. O Rio tem uma fama mundial, isso também deve ser um fator. Eu não cresci na Zona Sul do Rio de Janeiro, reconhecido como um lugar com um nível de privilégio bem alto tanto no contexto do Rio quanto no do Brasil. A Copa do Mundo e as Olimpíadas já são bons exemplos. Os artistas (brasileiros ou estrangeiros) que visitam a lazer ou a negócios, muitos europeus e americanos visitam o Rio e se apaixonam, enfim, todos já ouviram falar da Cidade Maravilhosa. Em todas as minhas experiências, entre os Estados Unidos, Holanda, Portugal e Espanha, quando você fala que é do Rio, as pessoas abrem um sorriso no rosto. Se já existe um fator psicológico enorme na visão dos outros que coloca o Rio num pedestal, acredito que seja um bom fator a se considerar quando começamos a avaliar as oportunidades que cada um de nós teve. A ideia é falar de esforço, mas não podemos deixar de analisar outras características importantes, pois não é tão simples assim tirar uma conclusão do que é causa e do que é efeito.

A Tijuca é um lugar de classe média brasileira. É isso que crescemos ouvindo. Porém, você cresce, olha para trás e pensa: se 90% das pessoas no Brasil, ou seja, aproximadamente 193 milhões de pessoas, têm renda média menor que 3 mil reais, em que patamar será que um tijucano se encontra? Tente alugar um apartamento de dois quartos na Tijuca em 2023 e colocar seu filho numa escola privada de reputação média. É assustador. Bem, nessa hora começamos a repensar se de fato é uma classe média na perspectiva Brasil ou até mesmo na perspectiva do Rio de Janeiro. O ponto é, eu cresci na Tijuca, e minha família tinha apartamento próprio. Hoje tenho plena noção de que esse ponto de partida foi essencial na minha trajetória. O que teria sido da minha vida se eu estivesse em outra situação? É impossível saber. Na estatística, um método bastante usado quando se buscar tentar entender se uma intervenção de fato causa um certo fenômeno (por exemplo, se a eficácia de um remédio novo para uma certa doença é de fato devido ao remédio), usa-se a análise do contrafactual, ou seja, "o que teria acontecido se". Não acho que seja possível testar isso em minha vida com métodos científicos, mas se pegássemos algumas pessoas em condições parecidas e observássemos suas trajetórias, teríamos ao menos uma opinião formada.

Eu estudei no Colégio Militar do Rio de Janeiro, pois eu não tinha condições financeiras de estudar numa escola privada, a não ser que nos colocássemos numa posição de muito mais restrição, morando longe, enfrentando ainda mais problemas numa das metrópoles mais complicadas do Brasil. Meus pais eram separados, e meu pai não possuía boas condições financeiras, então ficou tudo com minha mãe e nossa família materna. Minha mãe entrou para o exército e, vinte anos depois, aposentou-se como coronel e também com doutorado em educação pela UFRJ. Leia bem: 20 anos depois. Eu já tinha por volta dos 30. Não cresci com isso, mas acompanhei tudo de perto. A renda da família era de um tenente do exército em 1999, onde comprar um computador era luxo. O Colégio Militar ajudou a mim e à minha família a poder respirar durante toda minha adolescência. De certa maneira, acho que por conta de como minha família me criou, com avós muito corretos, organizados e muito próximos de nós, além de uma mãe educada, organizada e batalhadora, eu já percebia que precisava dar um retorno por conta das oportunidades que tive na vida. Não éramos abastados, longe disso, mas possuía o mínimo para ir a um cinema ou comer uma pizza. Independentemente disso, realmente me esforcei, e bastante. Não somente eu, mas os meus amigos próximos também.

Durante o Colégio Militar, eu já notava uma certa diferença para a maioria dos alunos do meu ano. Nunca fui um gênio, mas sempre fui esforçado. Não estava entre os melhores, mas estava próximo deles. Eu fazia o básico, e quando as provas estavam chegando, dava o meu jeito para aprender. Também era ambicioso por natureza, então não gostava de ir mal numa prova. Eu me via um dia morando na Zona Sul do Rio, perto da praia e perto dos bares e restaurantes mais badalados.

Hoje confesso que nem o Brasil está no meu radar, afinal, a vida muda bastante com o tempo. Não queria enfrentar uma hora de metrô ou de ônibus, normalmente lotado em dias de sol. Como um bom engenheiro mecânico, eu adorava carros, máquinas e tecnologia. Claro que ter acesso a carros confortáveis para poder viajar seria algo legal. Nunca fui uma pessoa consumista, ainda mais depois de ter morado na Europa, mas há uma diferença entre a tal ostentação e o conforto. Nunca me vi renunciando ao conforto, nem para mim, nem para a minha futura família. Além disso, era impulsionado por uma vontade pessoal de morar fora, desde pequeno já me imaginava fora, seja estudando, trabalhando, como atleta, ou como turista. Porém, nada disso era o meu dia a dia no Rio de Janeiro, muito menos de minha família. Tínhamos o básico, e nossas viagens se resumiam ao Rio de Janeiro ou Minas. Afinal, quem não gosta de uma comida mineira?

Os meus amigos mais próximos (nós nos falamos e nos encontramos até hoje, com algumas exceções) tinham condições muito parecidas e vivenciaram ambientes parecidos. Novamente, é muito pouca informação para chegar a uma conclusão, mas hoje meus amigos estão espalhados no mundo em cinco países diferentes, todos em posições de destaque no mundo acadêmico e profissional. Não éramos ricos. Vivíamos de futebol no play dos amigos (a vida de descer para o play de crianças das metrópoles antes dos smartphones), eu mesmo jogava futebol descalço numa pracinha todo sábado de manhã. Adorávamos rodízios de pizza no final de semana (apostando em quem comia mais) e fazíamos uma viagem anual para passar o carnaval em outro estado. Tínhamos boas roupas, não nos faltava comida, tínhamos o mínimo de lazer e transporte. Aparentemente, tínhamos um excelente ambiente para nos educar e seguir nossas ambições.

Independentemente de todos esses fatores, sempre fui ambicioso e sempre quis dar a mim e à minha família uma vida confortável. Além do esforço acadêmico, também me esforçava nos esportes. Sempre fui "atleta", algo característico meu e já não tanto dos meus amigos. Até hoje jogo meu futebol semanal, muitas vezes em competições. Já joguei handebol pelo colégio e pela universidade e ganhei algumas medalhas amadoras. Eu não mencionei, mas o meu pai foi jogador profissional de futebol, até no Vasco da Gama conquistou. Temos uma boa relação, mas digamos que ele é mais um jogador que não nasceu na época dos milhões. Um gaúcho de uma família bem pobre do Rio Grande do Sul, apenas com ensino médio. De fato, acho que sou uma mistura dos meus pais, dedicado aos estudos e aos esportes. Fatores que talvez sejam, também, importantes na minha trajetória e em como enfrento adversidades. Meu sonho era ter jogado profissionalmente no exterior e ingressado numa universidade renomada na graduação, mas talvez esse tenha sido apenas outro sonho de criança. De toda maneira, isso estava completamente fora do meu alcance. Completamente. Essa dificuldade em entender se a Tijuca era de fato um lugar de classe média, de ricos, ou de pobres é difícil de concluir. De toda maneira, foi apenas quando ingressei na UFRJ que conheci pessoas muito mais privilegiadas. Eram ricas em conhecimento, em dinheiro, em networking. Os pais eram engenheiros, médicos e advogados, tinham negócios de família. Para mim, parecia um outro mundo. Ali, as oportunidades eram claramente outras.

Já no final do colégio, estava na hora de decidir sobre a graduação. Quanto mais maduro eu ficava, mais aumentava minha vontade de sucesso e mais eu estudava, não foi diferente quando chegou o vestibular. Comecei a perceber que o acesso à educação de qualidade, a serviços de qualidade e à famosa qualidade de vida que eu almejava não viria fácil. Talvez por questões de aptidão, ao final do ensino médio eu estava prestando vestibular para engenharia, mas o foco era IME e ITA. O treinamento que tive foi, sem sombra de dúvida, diferenciado. Até hoje, quando, por exemplo, estudo as complexidades matemáticas e estatística de modelos usados em ciência de dados, ainda me lembro de assuntos muito complexos que aprendi aos 18 anos, muitas vezes usados em olimpíadas de matemática e física. Não havia uma razão específica que me levou a ser treinado numa Turma IME-ITA. Eu apenas percebi que gostava das exatas e o ambiente ao meu redor respirava isso, dentro e fora do Colégio Militar. No final das contas, obtive aprovações em alguns concursos militares, mas decidi por seguir na UFRJ. Lá, no fundo, não queria mais nada com o militarismo, pois eu me sentia preso num sistema que não entendia.

O meu primeiro vestibular foi ainda no terceiro ano do ensino médio, no Colégio Militar. De manhã, tínhamos nossas obrigações como aluno (educação física, disciplinas, desfiles e algumas outras pequenas atividades militares). De tarde, o cursinho começava e acabava por volta das 17h. Depois, eu ia para casa e estudava o quanto conseguia, talvez até umas 22h. A rotina de estudos era pesada, umas dez horas por dia, mas o conteúdo era muito pior. Os vestibulares para as escolas militares são muito mais complexos do que as melhores universidades públicas do país. E, como já mencionei, eu não era o mais inteligente, então tudo para mim ainda era difícil, mas nunca desisti. Não tive um pai ou mãe que pudessem me ensinar matemática ou física e nunca tive professor particular, não tinha como pagar. Acho que isso tudo foi internalizado por mim de forma orgânica e, de certa maneira, eu sabia o que tinha que fazer. Aliás, não me lembro de nenhum dia da minha vida em que minha mãe me mandou estudar. Nunca. Nem acredito que isso é verdade, mas realmente é. Já era responsável e não sabia.

Porém, não passei nos vestibulares que eu queria. Apesar de ter passado na UFRJ na reclassificação, ainda acreditava que o futuro estava nos vestibulares militares que tínhamos como objetivo, como o IME e o ITA. O ambiente em que eu vivia ignorava tudo que não fosse isso, então incorporei isso sem muita orientação. Gostaria de me arrepender, mas não adianta, eu não tinha informação naquela época. Portanto, recebi uma bolsa de estudos integral para estudar num cursinho bem famoso, ao lado do Colégio Militar. Não somente eu, mas quase toda minha turma do vestibular não passou, e todos fomos juntos para o mesmo curso. Eles eram muito mais inteligentes que eu, então, já que ninguém passou, tive uma percepção que não tinha ido tão mal, então, era só tentar de novo.

Bem, o ano seguinte, já em 2006, realmente foi o ano em que eu mais estudei em toda minha vida. Nem na UCLA, nem na Holanda eu estudei tanto como estudei naquele ano. Saía de casa às 6h, tinha aula até 13h. Ia escondido para uma biblioteca privada na Tijuca com meus amigos e ficávamos até fechar, às 21h. Depois, ia para casa e normalmente só parava entre meia-noite e 2h da manhã. Provavelmente umas catorze horas de estudo por dia, incluindo os finais de semana. Nós éramos tão unidos no vestibular que uma vez por mês, após os simulados, nós íamos ao shopping jantar, e era esse o nosso lazer, ao longo do ano todo. Não tenho a menor noção de como consegui fazer aquilo. Participei até de olimpíadas de física e matemática, cheguei até razoavelmente longe. Os meus professores de matemática tinham sido medalhistas de prata nas olimpíadas mundiais de matemática. Foi o melhor ensino que tive na minha vida. A única hora em que me lembro que fui educado no mesmo nível foi com quatro professores da UFRJ, na engenharia mecânica e na produção. Fora isso, só me lembro de outros professores do MIT, mas tudo online e por iniciativa minha.

No final das contas, fui aprovado no IME, mas não classifiquei por conta de dez vagas. A minha nota de física foi uma das maiores, cheguei perto de gabaritar. Eu era apaixonado por física, foi por isso que escolhi a engenharia mecânica. Fui aprovado também na AFA (Academia da Força Aérea), como Aviador, e, novamente, na UFRJ. Recebi convites até de outros estados para fazer mais um ano de cursinho. Quando olho para trás, com todo o conhecimento que tenho hoje, penso que nós realmente não sabemos sobre como o mundo funciona, muito menos quando não temos um maior nível de privilégio. De toda maneira, que bom que não aceitei e fui para a UFRJ, afinal, a engenharia da UFRJ é uma das instituições mais renomadas e eu estava muito feliz. Realmente não me lembro de ter ficado frustrado de não ter classificado para o IME e ITA, mas talvez seja justo dizer que devo ter internalizado isso e transformei em motivação para a engenharia da UFRJ.

Tanto no ensino médio quanto na engenharia da UFRJ, eu me esforcei bastante. Tive experiências muito boas e recebi algumas premiações ao longo do caminho. Quando entrei na UFRJ, percebi que tudo que eu estudava em cálculo e física já fazia parte de muitos assuntos do meu vestibular. Já comecei na frente dos demais alunos, claro, pelo meu próprio esforço. Dentre alguns fatos, destaco: sempre tirei as maiores notas em cálculo e física. Também tirei as maiores notas da maioria das disciplinas da mecânica. Eu adorava o que eu estudava, adorava aprender, adorava ensinar e o reconhecimento vinha em forma de notas e de aprendizado. Consegui uma bolsa semestral do programa Scholar-Leaders da General Electric Foundation, por três anos dei aulas de matemática e física em pré-vestibulares comunitários, joguei handebol pela engenharia, fiz um semestre de intercâmbio acadêmico na engenharia mecânica da North Carolina State University pela CAPES (antes do Ciência sem Fronteiras) com bolsa integral, fui monitor de cálculo I e cálculo IV, enfim, fiz o melhor que pude e, o mais importante, fiz o que eu queria. Agora, preciso comentar uma coisa. Foram muitos finais de semana durante esses cinco anos de graduação em que eu via amigos indo para festas e eu ficava estudando. Sempre fui uma pessoa muito ativa e balanceada. Eu namorava, fazia esportes, frequentava academia, saía com meus amigos, mas, quando olhava para o lado, de fato, percebia que muitas pessoas não se esforçavam da mesma maneira. Isso não quer dizer que essas pessoas não obtiveram sucesso de outras maneiras, isso é apenas um fato que eu percebia na época.

Um ponto interessante que queria destacar é que eu tinha (ainda tenho) uma paixão enorme por ensinar. Como fui treinado com professores muito respeitados, absorvi a maneira como muitos ensinavam e carrego isso até hoje. Quando fui monitor de cálculo IV na UFRJ, eu emprestava o meu material (exercícios resolvidos, aulas copiadas e organizadas etc.) para alguns alunos. Meses depois, descobri que a "xerox" (como chamávamos umas das lojas) do Bloco D estava vendendo cópias dos meus materiais. Naquela época (2007–2012), ainda não era comum ter vídeos no YouTube ou startups de educação resolvendo exercícios de livros famosos, ou seja, eu — sem saber — estava resolvendo a dor de muitos alunos. Quando descobri isso, resolvi escanear todos os meus materiais e fiz um Google Site, onde hospedei tudo de maneira organizada. Na época, o MIT (Massachusetts Institute of Technology) estava no início do MIT Open Course Ware, recurso que usei muito na época para estudar para as (temidas) provas de física. Foi assim que criei o Poli Open Course e comecei pelas disciplinas da engenharia mecânica. Se não me engano, mais de 15 mil alunos já passaram por ali, pelo menos é o que o Google Analytics fala sobre os usuários únicos. Até hoje, onze anos depois, quando converso com algumas pessoas (às vezes até aleatoriamente), algumas lembram o meu nome por conta disso. Numa tentativa de ajudar fazendo o que eu mais gostava, acabei favorecendo um espaço para o meu próprio marketing pessoal.

Eu me formei em 2012 e trabalhei por três anos antes de me mudar para os Estados Unidos. Um período, foi no mercado de pagamentos e outro, em educação. Nesse período, fui selecionado para duas experiências internacionais bastante diferenciadas. Fui para a Yale University participar do Global Pre-MBA Leadership Program, um programa patrocinado pelo Goldman Sachs onde os selecionados ficariam um mês na escola de business de Yale para sentir como seria o programa de MBA. Foi uma experiência incrível. A outra experiência foi numa conferência na Suíça, patrocinada pelo Club of Rome, uma organização internacional que discute problemas mundiais. Essas experiências, sem dúvida, abriram meus olhos para o mundo. Não foi fácil sair da Tijuca para a Suíça. Era um mundo muito diferente e até hoje sinto que não estava preparado. Eu me sentia bastante atrás em tudo. As pessoas falavam várias línguas, tinham conhecimentos culturais extraordinários, já tinham morado em vários países e muitos já eram líderes em seus contextos. Foram experiências muito boas e ficaram guardadas na minha mente e memória.

Não foi fácil chegar ao final da engenharia e perceber que tive um ensino extremamente especializado. Apesar de todas as experiências, eu me sentia bastante sozinho. Mesmo tendo sido próximo a alguns professores, não tive muita mentoria. Na maioria dos professores com os quais eu me conectei, não percebi a menor empatia ou habilidade de mentoria. Um exemplo foi quando conheci o mundo da economia e descobri como são as relações entre alunos e professores nas melhores instituições do Brasil. Fiquei espantado com a diferença. Já na graduação, os alunos que querem, são direcionados a cursinhos para tentar uma boa colocação na prova nacional da ANPEC, que direciona os alunos para os mestrados em economia nas melhores universidades no Brasil. Durante o mestrado, a depender de seu progresso, os alunos são direcionados para as melhores instituições do mundo, para fazerem o PhD em economia. Os que não querem seguir para o PhD, assumem posições de destaque em diversas instituições públicas e privadas no Brasil e até no exterior, acadêmicas ou profissionais. Não posso falar por outros alunos, por outros cursos ou por outras universidades, mas, mesmo com uma excelente formação e um relativo destaque na UFRJ, não consegui identificar onde estavam as oportunidades na engenharia.

Não tive muita orientação, então, quando cheguei ao final da universidade e comecei a pesquisar possíveis caminhos, tudo que eu me imaginava fazendo não parecia existir no Brasil. Eu não via uma carreira aqui, não me via nas funções que alguns amigos assumiram quando formados. Um aluno dedicado que olhava em volta e não percebia muito espaço na sua própria indústria, qual o sentido disso? Esse é o Brasil.

Não estava feliz com o que via no Rio de Janeiro e nem no Brasil em relação às oportunidades para engenheiros. Não me via no mercado financeiro, lugar bastante comum onde alguns amigos da engenharia trabalhavam. Não me sentia conectado com isso naquele momento. Uma das minhas experiências foi em educação e, como sempre fui apaixonado pelo ensino, sabia que um dia eu voltaria a estudar. Ao mesmo tempo, queria tornar realidade minha vontade de ter mais experiências no exterior, dessa vez com algo mais concreto. Foi assim que decidi fazer um mestrado nos EUA. Porém, como eu iria pagar por isso? Era obviamente fora de cogitação.

Comecei a entender o cenário e a conversar com algumas pessoas e foi assim que conheci a Fundação Lemann, que apoia brasileiros nas melhores universidades do mundo. Comecei a marcar cafés e conversas com pessoas que já tinham obtido as bolsas de estudo e faziam parte da rede da Lemann para entender se eu teria chances. Quando percebi que faria sentido tentar, comecei a correr atrás. De certa maneira, mesmo com uma boa formação e uma boa história para contar, ainda sentia que esse mundo estava muito distante da minha realidade. Porém, isso não me parou, pelo contrário, comecei a estudar para a prova do GRE. Confesso que depois de tantos anos estudando matemática, tive uma excelente nota sem muito esforço, afinal o GRE testa conhecimentos matemáticos do ensino médio, mas o treinamento para ir bem na prova é de fato pesado, pois você precisa resolver questões muitas vezes em menos de um minuto.

Como um breve comentário, eu não quis usar o trabalho das consultorias de *admission*, pois achei muito caro, muito mesmo. Eu me apoiei em pessoas que conheci, que me ajudaram bastante com cartas e escolha das escolas. Meses depois de um longo processo de *application*, fui aceito em duas universidades de ponta para o mestrado em políticas públicas: Columbia University e University of California, Los Angeles. Porém, ganhei a bolsa da Fundação Lemman para a UCLA e foi para lá que fui. Meu objetivo era estudar matemática e estatística para entender como a economia entrava nas avaliações de políticas públicas. Eu vi nessa oportunidade a chance de voltar a estudar a base de exatas, mas para objetivos mais próximos ao indivíduo. Aos poucos, fui saindo da engenharia para um mundo mais estatístico, um mundo de dados. Como eu tinha a ideia de impacto social como algo que gostaria de ter perto de mim, foi uma boa escolha.

Durante o curso, destaquei-me nas disciplinas, percebi como o ensino de ponta no Brasil forma alunos capazes de competir com os bons alunos de outros países, fui premiado com bolsas da própria universidade e do departamento de políticas públicas, conheci um ex-governador da Califórnia, conheci o Jorge Paulo Lemann, trabalhei como monitor dando aulas de microeconomia para uma professora formada na Harvard University e fui pesquisador assistente para uma professora renomada no mundo da economia, formada pela Columbia University. Foi uma experiência incrível. Andava de bicicleta em Santa Monica e Venice Beach, joguei futebol numa competição onde o Justin Bieber jogava (sim, ele mesmo), conheci até o Del Piero (sim, o jogador da Seleção da Itália, ele sempre estava com os filhos no campo de futebol da UCLA — não me pergunte o porquê). Enfim, aproveitei a experiência da maneira que deu e não pude perder os estudos de vista, pois a bolsa e as posições de monitor e pesquisador eram dependentes do meu bom progresso na universidade, eram meritocráticos. Vivia bastante apertado, mas consegui pagar tudo com esses trabalhos internos da universidade e com a bolsa da Fundação Lemann.

Sem dúvida, olho para trás e percebo que todo esse esforço realmente não é para todos. Eu, sem perceber, já me metia nessas situações e quando via, já estava no processo. Ao menos, eu tentava e abraçava o desafio. As adversidades não me paravam, elas — de certa forma, me desafiavam e eu fazia o meu melhor para conquistar meu espaço e aprender no caminho. Um fator importante para comentar é que você muda (muito) no caminho. A forma como penso é diferente, foram muitas experiências. O inglês, por exemplo, se tornou parte da minha vida, como uma segunda língua. Não estar mais na sua cultura tem um fator de peso também. Você aprende a se desapegar por sobrevivência. Para muitos, voltar ao Brasil já não é tão simples, há um mundo de oportunidades no exterior. Mas essa é uma outra conversa para outra hora.

Atrás disso tudo, existia uma crença na meritocracia, ou seja, que eu seria recompensado pelo meu próprio esforço e que atingiria o que almejava se me dedicasse muito. Continuo acreditando que o esforço e a dedicação são fatores cruciais em qualquer situação da vida, mas não sei se acredito na meritocracia como algo puramente imposto socialmente. Depois de navegar, principalmente, nos países desenvolvidos europeus e sentir na energia das pessoas no dia a dia como tudo pode ser diferente, simples e leve, as suas crenças inevitavelmente balançam. Não sou nenhum conhecedor dos assuntos e nem tenho uma posição formada. Acredito no esforço, no talento, na aptidão, na sorte e em diversas outras características que permeiam as pessoas que julgo serem de sucesso. Entendo também que não podemos comparar sociedades de maneira leviana. Agora, não é fácil ver que, enquanto no seu país a meritocracia é condição necessária para sobrevivência até de quem não tem oportunidade, em outros parece ser opção para alguns momentos da vida. Porém, de certa forma, trouxe-me até aqui, com muitos altos e baixos, mas abriu portas.

Ainda estou construindo minha história e muitas coisas aconteceram na minha vida por conta da pandemia. Fui fazer PhD em economia na Holanda, fui aceito numa instituição de ponta e preferi desistir, pois, o momento não parecia mais ser o certo. Essa história é mais complicada. Posso adiantar que eu estava num país chuvoso, escuro e sozinho num estúdio de 20 m² na pandemia, com aulas canceladas, dentro de um programa reconhecidamente complexo. O mundo de PhD em economia é um mundo à parte e merece o seu próprio capítulo. Prefiro deixar isso de lado por agora e dizer que eu decidi sair e, depois de alguns meses, entrei no mercado de ciência de dados americano, remotamente. Às vezes estou em Portugal, às vezes na Espanha, às vezes no Brasil. Ainda não me reencontrei depois de tantas mudanças repentinas dos últimos anos, ainda me sinto na ressaca pós-covid e ainda não sei se voltarei ao doutorado, vontade interna pela fronteira do conhecimento não me falta, mas a realidade fala mais alto muitas vezes, ainda mais quando ficamos mais velhos. No mais, continuo me esforçando, mas dessa vez sempre com um olho no que acho que é bom para mim e outro na indústria, afinal, sou apenas um tijucano esforçado.

Engenheiro mecânico brasileiro, mestre em economia e políticas públicas pela UCLA com bolsa integral da Fundação Lemann e da UCLA Luskin Family. Iniciou um prestigioso doutorado em economia na Europa durante a pandemia, mas decidiu parar e fazer a transição para a ciência de dados. Atualmente, trabalha remotamente para uma empresa de consultoria em ciência de dados e Machine Learning, nos EUA.

Antes de ingressar na pós-graduação, ajudou a construir uma FinTech brasileira (NASDAQ: STNE) no setor de aquisição e trabalhou como consultor educacional em grandes escolas particulares no Brasil. Paralelamente, aventurou-se na área de negócios sociais e criou, do zero, um curso online de preparação matemática para GRE/GMAT de baixo custo (MePrepara) para alunos carentes, com mais de 140 vídeos de matemática, e fez parceria com instituições brasileiras e americanas.

Lições tiradas

Nesse caso específico, o autor do case faz menção a alguns pontos que levantamos no livro, como fundamentais para que se obtenha sucesso, que são eles:

- Ter um objetivo
- Família
- Networking
- Sorte se busca
- Resiliência e perseverança
- A importância de se conhecer o outro lado
- Talento + esforço = sucesso
- Sucesso é relativo

Conclusão

Após a leitura dos cases dessas pessoas, pude fazer uma análise dos fatos. Ainda que tivesse uma amostra pequena de quatro pessoas, sem validade acadêmica para pesquisa, pude reparar que, nesses casos, as pessoas acreditam na meritocracia, esforço pessoal, networking, resiliência, dentre outras características. No entanto, acreditam também em desigualdade, mas observem que nenhum deles pensou que deveria ser igual aos outros que estavam em melhor situação econômica, mas sim pensaram em perseguir um sonho com garra e determinação para atingirem o sucesso. E o mais engraçado, falavam que não tinham ideia como conseguiram o que conseguiram, dado ao esforço feito somado a outras estratégias para obter o sucesso. Em resumo, os quatro cases são uma aula de sobrevivência na vida e um estímulo para que o leitor possa se destacar num mundo desigual, onde a meritocracia é justa e a igualdade injusta.

Bibliografia

Allen, A. Michael. "Young's The rise of the meritocracy: A philosophical critique". *British Journal of Educational Studies*, v. 59, n. 4, p. 367-382, 2011.

Ambition. In American Psychological Association Dictionary of Psychology. *Merriam-Webster.com*. Disponível em: <http://www.merriam-webster.com/> Acesso em: 20 ago. 2015.

Arneson, R. J. "Equality and equal opportunity for welfare". *Philosophical Studies: An International Journal for Philosophy in the Analytic Tradition*, v. 56, n. 1, p. 77-93, 1989.

AVERY, J.; GREENWALD, R. "A New Approach to Building Your Personal Brand How to communicate your value to the world". *Harvard Business Review*, v. 101, n. 5-6, p. 147-151, 2023.

Banet-Weiser, S. Authentic™. In: *Authentic™*. New York University Press, 2012.

Brooks, D. "The lies our culture tells us about what matters – and a better way to live". *TED*, 2019. Disponível em: <https://www.ted.com/talks/david_brooks_the_lies_our_culture_tells_us_about_what_matters_and_a_better_way_to_live/transcript?subtitle=en>. Acesso em: 25 nov. 2023.

Browman, A. S.; Destin, M.; Carswell; K. L. & Svoboda, R. C. "Perceptions of socioeconomic mobility influence academic persistence among low socioeconomic status students". *Journal of Experimental Social Psychology*, v. 72, p. 45-52, 2017.

Brown, C. "No one will ever pay you what you're worth. They'll only ever pay you what they think you're worth". *TED*, 2017. Disponível em: <https://www.ted.com/talks/casey_brown_know_your_worth_and_then_ask_for_it>. Acesso em: 25 nov. 2023.

Burris, R. W. *Human learning: handbook of industrial and organizational psychology*. Chicago: Rand McNally, 1976.

C. Kaputa, *Staňte se značkou!: osobní branding, aneb, jak si chytří lidé budují značku, která jim zajistí úspěch*, Management Press: Praha, 2011.

Carver, C. S.; Scheier, M. F.; Segerstrom, S. C. "Optimism". *Clinical psychology review*. v. 30, p. 879–889, 2010.

Casciaro, T.; Gino, F., Kouchaki, M. "Managing yourself — Learn to love networking". *Harvard Business Review*, v. 94, n. 5, p. 104-107, 2016.

Castro Júnior, P. G. de. "Ética, ambição e crescimento". *GV-EXECUTIVO*, v. 2, n. 1, p. 74-78, 2003.

CBS News Poll: "Does Practice Make Perfect in Sports?", *CBS News*, 6 abr. 2014. Disponível em: <https://www.cbsnews.com/news/cbs-news-poll-does-practice-make-perfect-in-sports/>. Acesso em: 25 nov. 2023.

Chambliss, D. F. "The mundanity of excellence: An ethnographic report on stratification and Olympic swimmers". *Sociological theory*, v. 7, n. 1, p. 70-86, 1989.

Clark, D. *Harvard Business Review Digital Articles,* 2, v. 4, 2016.

Costello, E. J.; Compton, S. N.; Keeler, G.; Angold, A. "Relationships between poverty and psychopathology: A natural experiment". *Jama*, v. 290, n. 15, p. 2023–2029, 2003.

Coutu, D. L. "How resilience works". *Harvard Business Review*, v. 80, n. 5, p. 46-56, 2002.

Cross, R.; Dillon, K.; Greenberg, D. "The Secret to Building Resilience". *Harvard Business Review*, 2021.

Destin, M. "How everyday interactions shape your future". *TED*, 2023. Disponível em: <https://www.ted.com/talks/mesmin_destin_how_everyday_interactions_shape_your_future/comments/transcript>. Acesso em: 25 nov. 2023.

Driskell, J. E.; Hogan, J.; Salas, E.; Hoskin, B. "Cognitive and personality predictors of training performance". *Military Psychology,* v. 6, n. 1, p. 31, 1994.

Duckworth, A. *Grit: the power of passion and perseverance.* Nova York: Scribner, 2016, v. 234.

Dweck, C. S. *Mindset: the new psychology of success.* Random house, 2006.

Dworkin, R. "What is equality? Part 1: Equality of welfare". *Philosophy & public affairs*, p. 185-246, 1981.

Feder, A.; Nestler, E. J.; Charney, D. S. "Psycho biology and molecular genetics of resilience". *Nature Reviews Neuroscience,* v. 10, p. 446–457, 2009.

Field, V. K. "Why winning doesn't always equal success". *TEDWomen,* 2019. Disponível em: <https://www.ted.com/talks/valorie_kondos_field_why_winning_doesn_t_always_equal_success/transcript>. Acesso em: 25 nov. 2023.

Fleshner, M.; Maier, S. F.; Lyons, D. M.; Raskind, M. A. "The neurobiology of the stress-resistant brain". *Stress,* v. 14, p. 498–502, 2011.

Folkman, S.; Moskowitz, J. T. "Positive affect and the other side of coping". *American psychologist,* v. 55, p. 647–654, 2000.

Fonseca, J. "Não é a meritocracia; é o valor que se cria". *Mises Brasil,* 20 out. 2015. Disponível em: <https://www.mises.org.br/article/2054/nao-e-a-meritocracia-e-o-valor-que-se-cria>. Acesso em: 25 nov. 2023.

Gaventa, J. *Power and powerlessness: Quiescence and Rebellion in an Appalachian Valley.* Urbana, IL: University of Illinois Press, 1980.

George Reisman. *Capitalism.* Ottawa, IL: Jameson, 1998, p. 331.

Goodin, R.; Dryzek, J. "Rational participation: the politics of relative power". *British Journal of Political Science*, v. 10, n. 3, p. 273-292, 1980.

Gross, J. J. "Emotion regulation: affective, cognitive, and social consequences". *Psychophysiology,* v. 39, p. 281–291, 2002.

Hansson, R. O.; Hogan, R.; Johnson, J. A.; Schroeder, D. "Disentangling type A behavior: the roles of ambition, insensitivity, and anxiety". *Journal of Research in Personality,* v. 17, n. 2, p. 186–197, 1983.

Hare, R. M. *Rawls' theory of justice — I,* 1973.

Hausmann, R. "What Next for Inequality?", *Weforum*, 2023. Disponível em: <https://www.weforum.org/events/the-growth-summit-jobs-and-opportunity-for-all-2023/sessions/what-next-for-inequality>. Acesso em: 27 abr. 2023.

Heine, K.; Sikora, T. "Pojęcie marki luksusowej", 2012. Disponível em: <https://upmarkit.com/sites/default/files/content/20130403_Heine_The_Concept_of_Luxury_Brands.pdf>. Acesso em: 25 nov. 2023.

Hogan, J.; Holland, B. "Using theory to evaluate personality and job-performance relations: a socioanalytic perspective". *Journal of Applied Psychology*, v. 88, n. 1, p. 100, 2003.

Hogan, R.; Chamorro-Premuzic, T. "Personality and career success", 2015.

"How to find the person who can help you get ahead at work". *TED*, 2018. Disponível em: <https://www.ted.com/talks/carla_harris_how_to_find_the_person_who_can_help_you_get_ahead_at_work>. Acesso em: 25 nov. 2023.

Johnson, J. A. "Seven social performance scales for the California psychological inventory". *Human Performance,* v. 10, n. 1, p. 1–30, 1997.

Jones, A. B.; Sherman, R. A.; Hogan, R. T. "Where is ambition in factor models of personality?", *Personality and Individual Differences,* v. 106, p. 26-31, 2017.

Judge, T. A.; Kammeyer-Mueller, J. D. "On the value of aiming high: the causes and consequences of ambition". *Journal of Applied Psychology*, v. 97, n. 4, p. 758–775, 2012.

Jung, C. G. *Two essays on analytical psychology*. Bollingen series 20, 1953.

Kern, M. L. et al. "Conscientiousness, career success, and longevity: A lifespan analysis". *Annals of Behavioral Medicine*, v. 37, n. 2, p. 154–163, 2009.

Kern, M. L., Friedman, H. S., Martin, L. R., Reynolds, C. A., & Luong, G. (2009).

Kim, C. H.; Choi, Y. B. "How meritocracy is defined today? Contemporary aspects of meritocracy". *Economics & Sociology*, v. 10, n. 1, p. 112, 2017.

King, M. *Social chemistry: decoding the patterns of human connection*. Penguin, 2022.

Kraus, M. W.; Piff, P. K.; Mendoza-Denton, R.; Rheinschmidt, M. L.; Keltner, D. "Social class, solipsism, and contextualism: how the rich are different from the poor". *Psychological Review*, v. 119, n. 3, p. 546, 2012.

Leontopoulou, S. "An exploratory study of altruism in Greek children: relations with empathy, resilience and classroom climate". *Psychology*, v. 1, p. 377–385, 2010.

Lipsey, D. "The meretriciousness of meritocracy". *The Political Quarterly*, v. 85, n. 1, p. 37-42, 2014.

Mani, A.; Mullainathan, S.; Shafir, E.; Zhao, J. "Poverty impedes cognitive function". *Science*, v. 341, n. 6149, p. 976–980, 2013.

Martin, G.; Dymock, D.; Billet, S.; Johnson, G. "In the name of meritocracy: managers' perceptions of policies and practices for training older workers". *Ageing and Society*, v. 34, n. 6, p. 992-1018, 2014.

McNamee, S. J. "The meritocracy myth revisited". *Sociation Today*, v. 12, n. 2, 2014.

McRae, K.; Ciesielski, B.; J. J. "Unpacking cognitive reappraisal: goals, tactics, and outcomes". *Emotion*, v. 12, p. 250–255, 2012.

Mendes, C. Após eliminação, Giannis perde a paciência com repórter em entrevista pós-jogo. *Primeiro Basquete,* 2023. Disponível em: <https://primeirobasquete.com.br/apos-eliminacao-giannis-perde-a-paciencia-com-reporter-em-entrevista-pos-jogo/>. Acesso em: 27 abr. 2023.

Messi venceu 70% das finais que disputou na carreira; confira os números. *O Dia*, 23 jan. 2023. Disponível em: <https://odia.ig.com.br/esporte/copa-do-mundo/2022/12/6542403-messi-venceu-70-das-finais-que-disputou-na-carreira-confira-os-numeros.html>. Acesso em: 23 jan. 2023.

Mito. In: *Michaelis, Dicionário Brasileiro da Língua Portuguesa*. Disponível em: <https://michaelis.uol.com.br/busca?r=0&f=0&t=0&palavra=mito>. Acesso em: 07 jan. 2023.

Min, J. A.; Jung, Y. E.; Kim, D. J.; Yim, H. W.; Kim, J. J.; Kim, T. S.; ... & Chae, J. H. "Characteristics associated with low resilience in patients with depression and/or anxiety disorders". *Quality of Life Research*, v. 22, p. 231-241, 2013.

"Mindfulness: 5 dicas para aplicar esta técnica", 28 out. 2021. *PUCRS Online*. Disponível em: <https://online.pucrs.br/blog/public/mindfulness-5-dicas-para-aplicar-essa-tecnica?>. Acesso em: 25 nov. 2023.

Mischel, W.; Shoda, Y.; Rodriguez, M. L. "Delay of gratification in children". *Science*, v. 244, n. 4907, p. 933–938, 1989.

Mullainathan, S.; Shafir, E. *Scarcity: the new science of having less and how it defines our lives*. New York City, NY: Picador/Henry Holt, 2014.

Mulligan, T. *Justice and the meritocratic state.* Taylor & Francis, 2018. p. 238.

Newman, B. J.; Johnston, C. D.; Lown, P. L. "Replication data for: False consciousness or class awareness? Local income inequality, personal economic position, and belief in American meritocracy". *Harvard Dataverse,* 2015.

Newman, B. J.; Johnston, C. D.; Lown, P. L. "False consciousness or class awareness? Local income inequality, personal economic position, and belief in American meritocracy". *American Journal of Political Science*, v. 59, n. 2, p. 326–340, 2015a.

Oxfam. O 1% mais rico do mundo embolsou quase duas vezes a riqueza obtida pelo resto do mundo nos últimos dois anos, 16 jan. 2016. Disponível em: <https://www.oxfam.org.br/noticias/o-1-mais-rico-do-mundo-embolsou-quase-duas-vezes-a-riqueza-obtida-pelo-resto-do-mundo-nos-ultimos-dois-anos/>. Acesso em: 25 nov. 2023.

Ozbay, F.; Fitterling, H.; Charney, D.; Southwick, S. "Social support and resilience to stress across the lifespan: a neurobiologic framework". *Current psychiatry reports,* v. 10, p. 304–310, 2008.

Ozer, D. J.; Benet-Martinez, V. "Personality and the prediction of consequential outcomes". *Annual Review of Psychology,* v. 57, p. 401–421, 2006.

Panayotakis, C." Capitalism, Meritocracy, and Social Stratification: A Radical Reformulation of the Davis-Moore Thesis". *American Journal of Economics and Sociology*, v. 73, n. 1, p. 126-150, 2014.

Park, J. J.; Liu, A. "Interest convergence or divergence? A critical race analysis of Asian Americans, meritocracy, and critical mass in the affirmative action debate". *The Journal of Higher Education*, v. 85, n. 1, p. 36-64, 2014.

Piff, P. K.; Kraus, M. W.; Keltner, D. "Unpacking the inequality paradox: the psychological roots of inequality and social class". In: *Advances in experimental social psychology.* Academic Press, v. 57, p. 53-124, 2018.

Raffoni, M. "How to Get Noticed by Your Boss's Boss". *Harvard Business Review,* 2019. Disponível em: <https://hbr.org/2019/10/how-to-get-noticed-by-your-bosss-boss>. Acesso em: 23 jan. 2023.

Reynolds, J.; Xian, H. "Perceptions of meritocracy in the land of opportunity". *Research in Social Stratification and Mobility*, v. 36, p. 121-137, 2014.

Roberts, B. W.; Kuncel, N.; Shiner, R. N.; Caspi, A.; Goldberg, L. R. "The power of personality: the comparative validity of personality traits, socio-economic status, and cognitive ability for predicting important life outcomes". *Perspectives on Psychological Science*, v. 2, p. 313–345, 2007.

Rutter, M. "Resilience as a dynamic concept". *Development and psychopathology*, v. 24, n. 2, p. 335-344, 2012.

S´liwa, M.; Johansson, M. "The discourse of meritocracy contested/reproduced: foreign women academics in UK business schools". *Organization*, v. 21, n. 6, p. 821-843, 2014.

Scheier, M. F.; Matthews, K. A.; Owens, J. F.; Magovern, G. J. Sr.; Lefebvre, R. C.; Abbott, R. A. et al. "Dispositional optimism and recovery from coronary artery by-pass surgery: the beneficial effects on physical and psychological well-being". *Journal of personality and social psychology*, v. 57, p. 1024–1040, 1989.

Seeling, T. "The little risks you can take to increase your luck". *TED Salon*, 2018. Disponível em: <https://www.ted.com/talks/tina_seelig_the_little_risks_you_can_take_to_increase_your_luck/transcript>. Acesso em: 25 jan. 2023.

Shah, A. K.; Mullainathan, S.; Shafir, E. "Some consequences of having too little". *Science*, v. 338, n. 6107, p. 682–685, 2012.

Smith, B. W.; Ortiz, J. A.; Steffen, L. E.; Tooley, E. M.; Wiggins, K. T.; Yeater, E. A. et al. "Mindfulness is associated with fewer PTSD symptoms, depressive symptoms, physical symptoms, and alcohol problems in urban firefighters". *Journal of consulting and clinical psychology*, v. 79, p. 613–617, 2011.

So, B. W. Y. "Exam-centred Meritocracy in Taiwan: hiring by merit or examination?", *Australian Journal of Public Administration*, v. 74, n. 3, p. 312-323, 2015.

Solt, F.; Hu, Y.; Hudson, K.; Song, J.; Yu, D. E. "Economic inequality and belief in meritocracy in the United States". *Research & Politics*, v. 3, n. 4, p. 2053168016672101, 2016.

Southwick, S. M.; Vythilingam, M.; Charney, D. S. "The psychobiology of depression and resilience to stress: implications for prevention and treatment". Annu. *Rev. Clin. Psychol.*, v. 1, p. 255–291, 2005.

Southwick, S. M.; Charney, D. S. "The science of resilience: implications for the prevention and treatment of depression". *Science* v. 338, p. 79–82, 2012.

Staub, E.; Vollhardt, J. "Altruism born of suffering: the roots of caring and helping after victimization and other trauma". *American Journal of Orthopsychiatry*, v. 78, p. 267–280, 2008.

Survey of America's Inner Financial Life, Worth Magazine, nov. 1993.

Talib, N.; Fitzgerald, R. "Inequality as meritocracy: the use of the metaphor of diversity and the value of inequality within Singapore's meritocratic education system". *Critical Discourse Studies*, v. 12, n. 4, p. 445-462, 2015.

The *60 Minutes/Vanity Fair* Poll, *Vanity Fair*, 2010. Disponível em: <https://www.vanityfair.com/topic/60-minutes-poll>. Acesso em: 25 nov. 2023.

Vaillant, G. E. "The historical origins and future potential of Sigmund Freud's concept of the mechanisms of defence". *International Review of PsychoAnalysis*, v. 19, p. 35–50, 1992.

Van der Heijde, C. M.; Van Der Heijden, B. I. "A competence-based and multidimensional operationalization and measurement of employability". *Human Resource Management*, v. 45, n. 3, p. 449–476, 2006.

Vlach, R. *Na volné noze: podnikejte jako profesionálové*. Jan Melvil Publishing, 2017.

Welfare. *Merriam-Webster.com*. Dicionário. Disponível em: <https://www.merriam-webster.com/dictionary/welfare>. Acesso em: 26 nov. 2023.

Werner, E. E. "Children and war: Risk, resilience, and recovery". *Development and psychopathology*, v. 24, p. 553–558, 2012.

"What does ambition mean: an overview". *BetterHelp Editorial Team*, 2022. Disponível em: <https://www.betterhelp.com/advice/ambition/what-does-ambition-mean-an-overview/>. Acesso em: 31 ago. 2022.

Winter, B.; Breitenstein, C.; Mooren, F. C.; Voelker, K.; Fobker, M.; Lechtermann, A. et al. "High impact running improves learning". *Neurobiology of learning and memory*, v. 87, p. 597–609, 2007.

Wittert, G. A.; Livesey, J. H.; Espiner, E. A.; Donald, R. A. "Adaptation of the hypothalamo-pituitary adrenal axis to chronic exercise stress in humans". *Medicine and science in sports and exercise*, v. 28, p. 1015–1019, 1996.

Young, M. *The rise of the meritocracy*. Penguin Books, 1962.

Young, M. "Looking back on Meritocracy". *The Political Quarterly*, v. 77, n. 1, p. 73-77, 2006.

Zabojnik, R. "Personal branding and marketing strategies". *European Journal of Science and Theology*, v. 14, n. 6, p. 159-169, 2018.

Índice

A

B

C

D

E

F

G

H

T

U

V

W

X

Y

Z